PRÉFACE

DE LA DEUXIÈME ÉDITION.

Lorsque je publiai, il y a vingt ans, le livre dont je donne ici une seconde édition, il y a deux choses que je ne mettais pas plus en doute l'une que l'autre : la première, que sur le sujet de ce livre, la démonstration et l'explication du fait du *Démon de Socrate*, j'avais trouvé et je disais la vérité ; la seconde, que cette vérité, telle que je l'exposais, et avec son cortége de preuves, ne pouvait manquer d'apparaître à tous aussi claire, aussi éclatante, qu'elle m'était apparue à moi-même.

La première de ces persuasions est encore, et plus que jamais, la mienne, et cette préface a pour objet d'en témoigner une fois de plus.

Quant à la seconde, elle constituait, je l'avoue, une illusion bien naïve, et que je n'ai pas tardé à perdre.

Quel était, en effet, le but de l'ouvrage qu'on va

Le Génie

La Raison et la Folie

LE

DÉMON DE SOCRATE

APPLICATION DE LA SCIENCE PSYCHOLOGIQUE
A L'HISTOIRE

PAR

L.-F. LÉLUT
MEMBRE DE L'INSTITUT

PARIS

LIBRAIRIE J.-B. BAILLIÈRE ET FILS

RUE HAUTEFEUILLE, 19, PRÈS DU BOULEVARD SAINT-GERMAIN

lire, ou, pour quelques lecteurs peut-être, relire? Ce but, c'était d'abord et d'une manière générale de montrer qu'il est tel état de l'esprit, qui peut durer toute une vie, dans lequel aux apparences ou plutôt aux réalités de la raison la plus entière et la plus puissante, se joignent de fausses perceptions, sans cause aucune dans le monde extérieur, et qui, pour l'individu qui les éprouve, sont des motifs de détermination identiques et équivalents à ses perceptions les plus vraies.

C'était ensuite et plus particulièrement, comme l'exemple le plus frappant à l'appui de cette proposition générale, de faire voir que tel avait été le cas de Socrate, tel l'état intellectuel dans lequel avait vécu, cinquante ans, cet homme sage parmi les plus sages, grand parmi les plus grands, vertueux parmi les plus vertueux, et que là est la seule explication légitime de ces perceptions surnaturelles dont il se disait le sujet, et que les siècles qui se sont succédé ont rapportées, d'après ses dires, à un *génie* ou *démon familier*.

Mais dire cela de Socrate, dire qu'il avait ainsi vécu en proie à de fausses perceptions ou plus vulgairement à des visions, c'était dire qu'il était un visionnaire. Dire qu'il était un visionnaire, c'était, dans un langage plus exact, dire qu'il était un halluciné. Et comme, dans le vocabulaire, ou mieux dans les réalités de la science, un halluciné, en tant qu'halluciné et au moment de son hallucination, c'est-à-dire d'une fausse sensation qu'il juge une sensation vraie, c'est un aliéné, un fou ; dire que Socrate avait de fausses perceptions, qu'il était un visionnaire, un halluciné, c'était dire qu'il était un aliéné, un fou.

Et c'était là, en effet, ce que je disais, nettement, naïvement, brutalement, comme la chose du monde la plus simple et la plus admissible ; oubliant qu'il s'agissait de Socrate ; perdant de vue la grandeur du nom, pour ne voir que la réalité du fait ; parcourant imperturbablement la chaîne de mes déductions ; passant d'un de leurs termes à l'autre, suivant ce procédé tout algébrique : $a = b$; $b = c$; $c = d$; donc $a = d$; et arrivant ainsi à cette équation définitive, Socrate = fou.

Assurément c'eût été là une proposition d'une hardiesse insensée, si je m'étais cru hardi, et je ne me croyais que logique. Mais, je le reconnais, et je le répète, aux yeux de tout autre que moi, une semblable affirmation devait paraître exorbitante, monstrueuse, ridicule, et je n'ai certainement pas entendu tous les rires qui ont accueilli l'apparition du livre dont elle constituait le fond.

Et qui est-ce qui se permettait de dire cela de Socrate, d'affirmer sur son compte de pareilles énormités, de blesser à ce point la conscience des siècles, le respect dû à leurs respects?

Un jeune homme, un médecin, dans une position des plus modestes, dont le nom n'était guère plus connu en médecine qu'en philosophie; et qui ne pouvait se prévaloir que d'une grande ardeur pour la science et d'un grand amour de la vérité.

Et pour mettre le comble à ces disparates, pour que rien ne manquât à une telle profanation, en regard de cette grande histoire de Socrate, de cette vie si élevée au-dessus des niveaux les plus hauts de l'humanité, l'ouvrage contenait, comme terme de comparaison et comme moyen de démonstration, des histoires, ou, pour parler le langage de la médecine, des observations particulières de vies folles ou hallucinées, prises parmi les plus abaissées, ayant eu pour dernier théâtre, ou plutôt pour dernier asile, les plus humbles et les plus tristes lieux; comme si l'imagination, dans quelque rêve, se fût plu à rapprocher violemment des antiques splendeurs d'Athènes les misères modernes d'un hôpital; du Parthénon, ce temple de la sage Minerve, Charenton et sa sombre colline; des calmes promenades d'Academus, les fureurs d'un préau de maniaques.

Je me rappellerai toujours l'effet que produisirent sur l'esprit pourtant si bon et si tolérant d'un de mes maîtres en philosophie, le vénérable M. Laromiguière, ces étranges et douloureux rapprochements ; ces vies de pauvres hallucinés comparées à l'incomparable vie de Socrate, ces repoussantes histoires de fous mises en regard de l'histoire de la sagesse même. J'étais allé lui porter mon livre, bien humblement, bien timidement, comme un témoignage de respect pour sa glorieuse vieillesse et un faible remercîment pour l'instruction que j'avais puisée dans les siens. Je ne le trouvai pas chez lui; j'y laissai le livre et j'y retournai quelques semaines apres. M. Laromiguière avait eu le temps et avait pris la peine de le lire, ou au moins de le parcourir. C'est un grand courage, me dit-il, peut-être un peu ironiquement, que le courage que vous avez eu de croire tout ce que vous dites de Socrate et surtout de l'imprimer. Il y a véritablement à cela de la hardiesse. Est-ce qu'en écrivant votre ouvrage, en y rapprochant du grand homme qui en fait le sujet, ces pauvres esprits dégradés que vous traitez dans vos hospices, la plume ne vous a pas tremblé dans les mains? Est-ce que votre esprit n'a pas tremblé lui-même? Est-ce que vous ne vous êtes pas demandé quelquefois lequel était l'halluciné, de vous ou du maître de Platon, du maître de tout philosophe?

Toutefois, ajouta l'illustre vieillard, je suis bien forcé de l'avouer, il y a là, dans votre ouvrage, quand il n'y serait question que de Socrate, et ce n'est pas de lui seulement que vous vous occupez, l'indication d'un grand et redoutable problème, à côté duquel on a passé depuis des siècles, mais qui devait enfin être abordé. Grâces à vous, il l'est nettement, résolûment, et l'on a, dans la seconde partie du livre, celle où vous avez rassemblé si soigneusement et si exactement tous les faits particuliers dont se compose le fait général du *Démon socratique*, tous les éléments nécessaires à sa solution. Cette solution est-ce celle que vous proposez? Vous avez le droit de le croire. Vos études personnelles vous le donnent. Mais tout le monde ne les a pas faites, et la conclusion à laquelle elles vous conduisent, au moins en ce qui concerne Socrate, pour de simples et purs et respectueux philosophes, est bien difficile à admettre.

Dans tous les cas, continua M. Laromiguière, j'en conviens bien, je le vois bien, votre conclusion ou plutôt les faits sur lesquels elle s'appuie et dont la collection forme cette seconde partie de votre livre, ces faits sont là, comme une sorte d'épée de Damoclès, suspendus, dans la personne de Socrate, sur la tête de la philosophie et de la raison humaine. Il faudra bien qu'un jour le fil de cette épée soit coupé. L'épée frappera-t-elle à l'endroit où vous avez marqué sa chute ? Je n'ose vous dire oui ; mais je ne vous dis pas non. Je suis trop vieux, du reste, et trop affaibli par l'âge, pour prendre une part quelconque à la discussion de ces problèmes, et il n'y en a désormais plus qu'un dont la contemplation m'intéresse.

Je répondis, je crois, à M. Laromiguière, que sans doute la question soulevée dans le livre dont j'avais osé lui offrir un exemplaire, était des plus délicates et des plus graves, que je le pensais plus que personne, parce que, plus que personne, j'en avais approfondi la nature et les conséquences; que je l'avais peut-être résolue d'une manière un peu violente et dans des termes qui eussent pu être plus ménagés; qu'aussi, et comme il le disait, je n'en étais pas arrivé à formuler ma conclusion sans quelques hésitations et quelques battements de cœur.

Et pourtant, il faut bien que je l'avoue, cette réponse n'était pas tout à fait sincère. Il y entrait beaucoup de politesse, ou plutôt de déférence, de respect.

pour l'âge, la supériorité, la gloire du philosophe auquel je la faisais. Hélas ! tout grave que fût le problème, je n'avais conçu aucun doute sur la solution que j'en avais donnée. Ma plume, en l'écrivant, n'avait pas tremblé, le cœur ne m'avait pas battu. J'avais écrit mon livre, la conclusion aussi bien que les prémisses, comme une chose toute simple, parce qu'elle me paraissait toute vraie. Le doute, l'incrédulité d'un homme comme M. Laromiguière avait bien pu me rappeler qu'une vérité vraie n'est pas une vérité admise, et qu'il y a souvent loin de l'une à l'autre ; mais l'impression s'était arrêtée là. Aussi descendis-je de chez lui, très-défiant assurément du succès de mon idée, mais m'en remettant de cela au temps, et murmurant, toute comparaison à part, l'*e pur si muove* de Galilée.

Toutefois ces observations, ces répugnances de M. Laromiguière, et d'autres observations, d'autres critiques, beaucoup moins bienveillamment exprimées, firent naître dans mon esprit un doute, ou plus exactement une question.

Je n'avais pas songé, je l'ai dit, à donner à mon ouvrage, à la discussion qui le constitue, à la conclusion qui en est la fin, d'autres formes, des formes plus adoucies que celles mêmes de sa conception. J'avais dit la chose ou les choses sans précautions ni ambages, telles absolument qu'elles m'étaient apparues. Il ne m'était pas même venu à l'esprit d'en parler d'une autre façon.

Cette question que je ne m'étais pas faite en pensant ou plutôt en écrivant mon ouvrage, je me la fis à la suite des observations et des critiques auxquelles je viens de faire allusion, mais, je l'avoue, un peu tard. Je me dis, je me rappelai alors qu'il y a deux manières de produire la vérité dans le monde.

La première et la plus ordinaire, c'est de l'y faire entrer par quelque porte souterraine et obscure, comme le fond du puits qu'elle habite, de l'envelopper de toutes sortes de voiles, de lui faire baisser la tête et les yeux, ployer le corps et les genoux, de sorte qu'on ne la reconnaisse pas tout d'abord et qu'on puisse, durant quelque temps, la prendre pour l'erreur ou la fausseté, sa rivale, c'est-à-dire pour la vérité convenue.

La seconde manière de présenter la vérité aux hommes, c'est de lui faire franchir résolûment son puits d'un seul bond, la taille droite, le front haut, les yeux parfaitement ouverts, sans vêtements, gazes ni voiles, enfin dans toute sa nudité primitive et resplendissante.

C'est cette seconde manière que j'avais employée,

et, je le répète, sans soupçonner que dans le cas présent on pût en employer une autre.

Or, je me le demande maintenant dans cette préface, comme je me le demandai peu de temps après la publication de mon ouvrage et à propos des critiques que souleva son apparition ; ai-je eu tort, ai-je eu raison de l'employer, cette seconde manière, et de la préférer à l'autre? Pour la science, comme pour moi, dois-je m'en repentir ou m'en applaudir?

Eh bien ! non ; à vingt ans de distance, après vingt ans de réflexion de ma part, de critique d'un autre côté, non, je ne me repens pas d'avoir ainsi brutalement posé et résolu la question, d'avoir donné à sa solution cette forme anguleuse qui ne pouvait manquer de blesser quelques justes susceptibilités. Non, je ne me repens pas d'avoir, par cette franchise un peu risquée, provoqué l'étonnement et la douce ironie de l'excellent Laromiguière. Je ne me repens de rien de tout cela, et voici pour quelles raisons.

Il n'y a qu'un âge de la vie où, ne considérant que la vérité en elle-même et pour elle-même, on ait la hardiesse, qui n'en est pas une alors, de la dire telle qu'on la voit, mettant franchement les noms sous les choses et appelant un chat un chat, sans craindre ou plutôt sans soupçonner ses égratignures. Cet âge, c'est celui que j'avais, cette indépendance, cette témérité d'esprit, c'était là condition même de l'exercice de ma pensée, quand j'écrivis le livre qu'on va lire ; âge écoulé sans retour, dispositions d'esprit qui se sont au moins modifiées. Si j'avais à écrire maintenant le livre du *Démon de Socrate*, très-probablement, très-certainement, je ne l'écrirais pas tel qu'il est écrit, je ne le composerais pas tel qu'il est composé, je ne le penserais même pas tel absolument qu'il est pensé.

Et pourtant je crois qu'il y avait, pour la science de l'âme et de l'homme, utilité, nécessité à ce qu'un ouvrage de cette nature, relatif aux questions de cet ordre, fondé sur des faits de ce genre, fût pensé, composé, écrit, comme il l'est, comme il l'a été.

Il y avait nécessité d'abord à ce que tout ce qui existe de documents sur le fait du *Démon de Socrate* fût compulsé, rassemblé, discuté, ainsi que cela est fait dans mon livre, sur des textes soigneusement extraits, où ne manquât ni un point, ni une virgule. Cela seul posait à jamais la question, à mon avis la résolvait, et dans tous les cas ne permettait plus à son sujet cette prétérition ridicule qui durait depuis des siècles (1).

(1) Ce parti pris de prétérition, je devrais en être fort humilié, est celui auquel semble s'être arrêtée presque

Mais la question ainsi posée, fallait-il, au lieu d'y entrer hardiment, s'arrêter à mi-chemin, fallait-il,

toute la philosophie moderne. Elle a passé et passe encore à côté du fait du *Démon de Socrate*, à peu près comme si l'histoire, l'histoire même de la philosophie, n'en eût fait aucune mention; comme si la philosophie et la psychologie elle-même n'avaient pas à s'occuper de si petites choses; comme si cela était indifférent à la science de l'âme humaine.

Dans cette manière de voir et de faire de la philosophie moderne, Socrate, le père de toute philosophie et en quelque sorte de tout philosophe, a donné à l'esprit et au cœur humains des enseignements et des préceptes que n'ont plus fait que développer et affermir les plus grands mêmes parmi ses disciples, et Platon tout le premier. Ces enseignements et ces préceptes, c'est là tout ce qu'on doit considérer en Socrate, comme, au reste, en tout philosophe, sans s'occuper de la nature, quelque bizarre qu'elle ait pu être, de l'esprit où ils ont été conçus. Qu'importe donc, pour ne parler que de Socrate, que son esprit ait pu offrir de ces bizarreries, de ces travers? Qu'importe, pour dire le mot, que ce grand homme ait eu ou n'ait pas eu un démon; qu'il en ait affirmé la présence à tous les jours de sa vie; que l'antiquité toute entière ait répété, comme un écho, l'écho le plus convaincu, la même affirmation, ait énoncé le même fait et cru tout ce qu'en croyait Socrate? Cela ne mérite pas d'être discuté. Ce qui importe, encore une fois, en lui, ce sont ses principes, ses idées, sa doctrine, son influence sur le mouvement philosophique du monde;

Le reste ne vaut pas l'honneur d'être nommé.

C'est là assurément, sur des faits de la nature du *Démon socratique*, une façon d'arranger les choses commode encore plus que superbe, et qui lève toute difficulté. C'est la

en d'autres termes, ne la résoudre qu'à demi-mot? Non d'abord, parce que le mot tout entier était déjà renfermé dans la simple réunion des textes; non, ensuite et surtout, parce que ne résoudre la question qu'à demi-mot, c'était ne plus même la poser. Il fallait donc dire le mot tout entier, le gros mot, ne fût-ce que pour en faire admettre un plus doux, mais qui eût exactement le même sens et la même portée. Ce mot plus doux, en effet, on a fini par l'admettre, ne s'apercevant pas qu'en l'admettant on admettait l'autre, ne s'apercevant pas surtout que l'acceptation de ce mot plus doux était, soit en thèse générale, soit en thèse particulière, l'unique fin de tout mon livre.

Toutefois, avant de se décider à cette acceptation, qu'on ne regardait ainsi que comme un moyen

méthode que suit d'instinct l'enfant qui couvre ses yeux de ses petites mains pour ne pas voir l'objet qui lui est désagréable ou l'effraye; la méthode qu'emploie plus instinctivement encore ce naïf oiseau du désert, qui, dans un but analogue, cache sa grosse tête dans le sable. Mais, pour parler sérieusement, la philosophie est trop vieille à la fois et trop spirituelle pour imiter ici l'enfant et l'autruche, et il n'y a véritablement pas moyen que, sur un fait aussi avéré et aussi capital que celui du démon de Socrate, et sur tous ceux qui y ressemblent, elle s'obstine indéfiniment à mettre sa main sur ses yeux ou à cacher sa tête dans le sable.

terme, on s'est longtemps fait tirer l'oreille. On l'a repoussée d'abord et bien loin, et Dieu sait dans quelles formes et quels termes. Il y a eu de gros mots lâchés, de mauvaises, de très-mauvaises paroles dites. De grands airs surtout ont été pris, de ces airs d'une outrecuidance si risible, que prend parfois à ses dépens une rhétorique bouffie et bouffonne, contre la science qui ne se bouffit pas, mais qui prouve.

Sans doute, ont dit, en prenant ces grands airs, en retroussant le croc de leur plume, les plus superbes défenseurs de l'*inaliénabilité* des grands hommes, sans doute il peut se faire, et nous l'admettons, que Socrate et d'autres esprits de sa trempe, et même d'une trempe inférieure, aient vu quelquefois leurs pensées prendre une forme trop sensible, trop plastique; qu'ils les aient vues, entendues, senties, là où les autres hommes ne font qu'en avoir, en ont à peine conscience; que les reportant, ces pensées, à l'auteur de toute pensée, ils aient même cru les tenir directement de lui, par sentiment, impression, voix et parole, et qu'ils aient exprimé cette persuasion dans un langage dont il n'est pas donné à tout le monde de saisir le sens et de sentir la majesté. Ce sont là de suprêmes marques imprimées par Dieu lui-même à ces créatures d'élite, l'honneur et le flambeau de l'humanité. Mais qu'ont de commun ces magnifiques et hauts caractères avec ces tristes perversions de la pensée, que la médecine observe dans ses asiles? Quelle comparaison établir entre ces signes dégradants de la maladie de l'esprit, ou plutôt de ses organes, et tout ce que ce même esprit offre de plus pur et de plus élevé dans ses facultés, ses actes, et de plus exceptionnel dans les témoignages de la divinité de son origine (1)?

Voilà, certes, de bien belles paroles, mais qui maintenant nous semblent bien usées; car il y a vingt ans que nous les entendons. Livres, journaux, discussions orales, il y a vingt ans que, sur

(1) Les déclamations ci-dessus résumées ont eu cours à l'étranger comme en France. Qu'on ouvre, par exemple, le tome II *della Storia Universale, del signor Cesare Cantu,* à la page 204, on y lira qu'un docteur d'Athènes (*medico ad Atene*), *il* Lélut, a publié, sur le *Démon de Socrate,* un livre bon, tout au plus, à montrer « combien la froide raison (*il freddo calcolo*) est impuissante à comprendre l'aspiration irrésistible qui entraîne vers le beau et le bien une âme formée de longue main à la pratique de la sagesse et de la vertu. »

Va pour l'aspiration ou inspiration, et surtout pour la sagesse et la vertu. Mais où donc *il signor* Cantu a-t-il vu que l'auteur de l'ouvrage en question fût, le moins du monde, citoyen d'Athènes, et peut-être un arrière-neveu de Socrate? Ce n'eût pas été trop, ce semble, pour juger le livre, de jeter au moins les yeux sur la couverture.

tous les tons et sous toutes les formes, y traînent les idées qu'elles expriment. Mais aujourd'hui, comme alors et plus qu'alors, nous dirons de ces idées ce que nous en disions dans leur nouveauté, qu'elles retardent de quelques siècles. Il faut en reporter la date à l'époque où l'on s'imaginait que l'espèce humaine se divise naturellement en deux classes, celle des maîtres, qui auraient en partage tous les biens, y compris une inaltérable sagesse, celle des serviteurs, de la plèbe, pour laquelle tous les maux, et au premier rang la folie, seraient soigneusement réservés ; imagination burlesque, où revit cette orgueilleuse opinion du Portique, que semblent avoir partagée Cicéron et Sénèque, qu'un grand esprit, un sage, peut bien tomber en fureur, mais qu'il ne saurait devenir fou.

Hélas ! et c'est bien malheureux pour les grands esprits et les maîtres, il n'y a absolument rien de vrai dans ces magnifiques idées-là. Comme la monture de Roland, elles n'ont, dans leur grandeur, qu'un défaut, celui d'être mortes, ou plutôt de n'avoir jamais vécu. On peut dire des esprits ce qu'Arlequin disait du train du monde, *tutto il mondo è fatto come la nostra famiglia*. Oui, tous les esprits sont de la même famille, exposés à extravaguer les uns comme les autres, en haut comme en bas de l'échelle, et, quand ils s'y mettent, extravaguant de la même façon. Aussi peut-on parfaitement conclure des humbles folies des valets aux superbes folies des maîtres, les assimiler coup pour coup. Nous reviendrons tout à l'heure sur ce point ici capital.

Et d'ailleurs, dirions-nous à ceux qui seraient tentés d'habiller de neuf ces vieilles prétentions et ces vieilles idées, est-ce que vous croyez, messieurs les barons de la pensée, est-ce que vous croyez que, sous les grilles de nos asiles, ou pour dire tout crûment le mot qui vous déplaît tant, dans nos hôpitaux de fous, nous n'ayons absolument que de pauvres hères, n'ayant jamais porté que des sabots et de la toile, tout au plus détaillé du coton à l'aune, absolument étrangers à ces occupations et distinctions de l'esprit, qui, suivant vous, préserveraient de ses dérangements, ou au moins de ses dérangements vulgaires?

Vous seriez loin de la vérité. A côté de ces misérables, que vous croyez si différents de vous, si inférieurs à vous dans leur âme et jusque dans ses troubles, qu'en un mot vous ne daignez pas admettre à l'égalité même dans la folie, nos asiles en contiennent d'autres et en quantité, qui sont de votre sang ou de votre rang, dont la raison a fléchi sous la misère ou le vice, un vice aussi relevé que les vôtres, et que la pauvreté seule a forcés de recourir aux soins de la charité publique. Nos asiles en renferment de cette espèce, et de tout état et de toute position ;

Des gens de tous états, de tout poil, de tout âge,

des avocats, des médecins, des gentilshommes, des administrateurs, des prêtres, des magistrats, des acteurs, des musiciens, des officiers, des hommes et des femmes de lettres, des hommes d'argent, des hommes d'affaires, qui, malheureusement, n'ont plus ni argent ni affaires. Nous y avons vu tel vieux marin, brave officier de vieille souche, qui jadis avait eu l'honneur de faire feu de ses caronades à côté du bailli de Suffren. Nous y avons vu telle blonde *Junie*, beauté émérite et de mérite, qui avait eu cet autre honneur de donner à *Néron* la réplique. Nous y avons vu tel grand auteur, poëte, romancier, journaliste, qui vint, sous notre consécration, joindre à cette triple couronne, la couronne qu'ont ceinte avant lui Torquato Tasso et bien d'autres.

Mais nous vous y avons vu, vous, monsieur, qui tenez d'une main si brillante et si sûre le sceptre de la critique, vous dont les fermes jugements semblent les oracles de la raison. Ce ne fut pas sans un véritable serrement de cœur que je vous vis, à une orageuse époque, prendre place au plus épais de notre *Pandémonium*, vous que j'avais vu et admiré naguère dans de si différentes conditions : grand, jeune, beau garçon, à l'œil noir sous une noire chevelure, vivante copie de l'Antinoüs, fils spirituel de la spirituelle Provence, plein de force, d'espoir, d'avenir. Ah ! tous ces charmants avantages, toutes ces riches qualités, avaient alors subi une cruelle éclipse. L'œil n'était plus vif, il était désordonné, et l'esprit encore davantage. La fumée de la poudre des barricades vous avait monté à la tête, et avait fait plus que vous griser. Vous vous retraciez dans votre délire, car vous étiez en proie au délire, toutes ces scènes violentes auxquelles vous n'étiez pas resté étranger, et qu'un de vos livres avait décrites. Vos craintes, vos regrets peut-être, vous poursuivaient sous la forme d'ardents fantômes, et par une sorte de contrainte expiatoire, qui n'était pas le symptôme le moins curieux du trouble de votre raison, vous invoquiez d'une façon bizarre, dans la langue même de vos outrages, ces princes que vous insultiez naguère et que vos amis voulaient détrôner.

Mais enfin tout ce grand mouvement de l'imagination se calma. Les fantômes, les démons s'évanouirent. Les invocations burlesques cessèrent. Vous redevîntes, à ma grande joie, ce que vous étiez, ce que vous êtes encore, un esprit fin, délicat, bien meublé. Vous fûtes rendu au monde, à vos amis, aux lettres que vous honorez. Vous rentrâtes dans la plénitude de cette raison dont les arrêts sans appel rendent si redoutable et si redoutée votre critique.

Toutefois, de vous à moi, avouez-le, cette reprise de possession de vous-même ne fut pas l'affaire d'un jour. Il y fallut du temps, des soins, de la constance. Rentré dans la société, dans le tourbillon même de ses distractions, au sein de vos nombreux travaux, la folle du logis resta longtemps encore un peu folle.

Vous vous rappelez certainement dans quelles conditions étranges vous composâtes un des romans qui vous ont placé à si juste titre parmi les hommes distingués du genre? Vous n'avez pas perdu le souvenir de ce *démon*, de cette *voix démoniaque*, qui vous troublait dans sa composition, s'y opposait, vous défiait d'en sortir à votre honneur, semblable, dans ces empêchements, au *Démon de Socrate*, qui n'était jamais pour Socrate qu'un *Moniteur de veto*, un empêchement à l'action? Et pourtant, chose singulière, mais qui ne l'est nullement pour moi, votre livre, d'une conception si nette, d'une exécution si irréprochable, ne porte aucune trace des obstacles que vous créait ce démon. On le dirait écrit par la main de la raison en personne, si ce n'était avant tout une œuvre remarquable d'imagination.

Vous souvenez-vous aussi de cette bonne rencontre que nous fîmes l'un de l'autre, dans l'avenue des Champs-Élysées, ce jour d'hiver, ce grand jour, où l'on ramenait en grande pompe, de Sainte-Hélène à l'Hôtel des Invalides, les restes mortels du grand empereur ? Quel froid ! mais quelle belle cérémonie ! Et puis quelle conversation nous tînmes, de votre part presque aussi piquante que le froid ! Vous portiez un bel enfant sur vos épaules, le vôtre, un garçon, je crois. Vous vouliez empreindre en sa jeune mémoire le souvenir de ce grand retour de fortune. Et comme vous me parliez de ces retours ! et avec quelle perspicacité, rapprochant le passé du présent, vous plongiez dans les profondeurs de l'avenir, pour y lire des retours plus miraculeux encore ! J'étais émerveillé, je vous admirais, je vous *observais ;* je ne vous avais pas rencontré depuis plusieurs années. Ah ! tant mieux, me disais-je ; merci, mon Dieu ! Enfin la folle du logis est redevenue raisonnable. La voix du démon a cessé de se faire entendre. Voilà une belle intelligence rendue à son premier éclat. Et comme je pensais cela, je ne sais quel tour de la conversation, peut-être un peu provoqué de ma part, reporte votre esprit vers un passé déjà loin, sur des idées qu'on eût pu croire oubliées. Voilà la pédale frappée; le son part comme d'un tuyau d'orgue; et ce son, cette voix, c'est la voix démoniaque, qui, de loin en loin, tintait encore à vos oreilles, symbole et expression de perceptions fausses dont la persistance continuait à vous faire croire à des persécutions dirigées contre votre personne.

Combien de temps, d'années, cette voix a-t-elle tinté encore? Je l'ignore et je ne veux pas vous le demander. Mais maintenant qu'elle ne se fait plus entendre (car elle ne se fait plus entendre, n'est-ce pas?); maintenant que vous avez repris le plein usage de vos solides et brillantes facultés, soyez miséricordieux pour des études dont certaines applications au moins ne furent pas complétement étrangères à cet heureux résultat. Ne niez pas la trop réelle existence de ces démons imaginaires dont l'un a été votre familier. Venez en aide à celui de Socrate; j'en ai plus d'une fois rapproché le vôtre, quand je cherchais à vous en délivrer, et je puis vous donner l'assurance qu'ils sont bien de la même famille.

Êtes-vous difficiles, nos maîtres? Ce que je viens

de vous dire de l'identité des sujets d'observation psychologique dans le meilleur monde des fous et dans les refuges consacrés par la charité publique aux aliénés du petit monde, cela ne vous satisfait-il pas? Pensez-vous que ce ne soit pas encore assez de ces cerveaux fêlés des professions libérales qu'on y rencontre de temps à autre, de ces avocats, de ces médecins, de ces administrateurs, de ces poëtes, et que ce n'est là que du fretin, dont les *démons*, si démons il y a, ne sauraient être rapprochés, sans injure et sans erreur, des grands et illustres démons dont celui de Socrate est, de droit, le chef et le prototype? Vous faut-il quelque chose de mieux? ah! nous sommes en mesure de vous l'offrir.

Dans ces prés fleuris
Qu'arrose la Seine,

aux endroits les plus riants des délicieux environs de Paris, non loin de ses barrières, qui sont devenues des murailles, parmi ces charmantes villas qui rivalisent de confort et d'élégance, vous en avez remarqué deux, trois, quatre, qui se distinguent des autres par un développement plus vaste, un caractère peut-être plus sévère, un abord un peu moins facile. De beaux parcs, de beaux ombrages, les entourent néanmoins comme les autres. De verts gazons coupent ces ombrages. Dans ces gazons l'alouette, sous ces ombrages le rossignol, font entendre, comme ailleurs, leurs plus douces et leurs plus joyeuses chansons. Tout dans ces lieux, enfin, décèle l'aisance, le luxe, un luxe poussé, il est vrai, jusqu'à la plus extrême prévoyance.

Chaque jour, au seuil de ces belles demeures, aux grilles des parcs qui les environnent, s'arrêtent de brillants équipages, des carrosses couverts d'armoiries, mais de ces armoiries de bon aloi, dont quelques-unes n'ont au-dessus d'elles que l'écu des familles souveraines. Il descend de ses équipages, appuyés sur le bras des laquais les mieux galonnés, de beaux messieurs, de belles dames, qui ont sans doute l'honneur d'être de votre connaissance, car on ne les rencontre que dans les cercles les plus élevés. Suivons-les; pénétrons avec eux au delà de ces grilles, dans l'intérieur de ces riches maisons, sous les dômes de ces beaux parcs, qu'égaye le soleil du printemps. Entrons, glissons, sur leurs pas, dans les colonnades et sous les feuillées. Ces élégants visiteurs étaient attendus. Ils accostent, sous ces ombrages, sur les marches de ces péristyles, d'autres personnages, d'une mise un peu moins soignée peut-être, mais qui évidemment sont de leur rang, de leur race, de leur famille. On s'aborde, on s'accueille, on se promène; des groupes se forment sous la ramée, d'autres dans les salons, les galeries voisines; on joue, on fait de la musique, on cause; vous pourriez assister quelquefois à des conversations fort intéressantes, fort suivies, fort piquantes.

On les prendrait pour des gens fort honnêtes,
Point querelleurs et point extravagants,
Quelques-uns, même, étaient de bonnes têtes.

Vous devinez bien, n'est-ce pas, où nous sommes, en quels lieux je vous ai conduits? Nous sommes dans un de ces somptueux refuges, créés et entretenus à grands frais pour la folie riche, qui veut qu'on lui dore sa misère, qu'on lui enrubanne ses liens, qu'on parfume d'eau de senteur ses douches. Nous sommes dans ces galeries où elle abrite ou dérobe sa tristesse ou son délire; sous ces ombrages où elle promène ses démons, démons de toute forme, de toute couleur, de toute bigarrure, mais surtout, ce qui nous importe ici, démons de haute position, de haut titre, de haut mérite, de haut renom: démons de baron et baronne, de marquis et marquise, de duc et duchesse, de prince et princesse, démons de ministre, de diplomate, de compositeur et grand compositeur, de poëte et grand poëte, de guerrier et grand guerrier.

Ne sont-ce pas là, entre nous, des personnages

dont le rang et la qualité puissent faire accepter les folies et en garantir à vos yeux la distinction et le bon aloi ? Leurs démons ne vous semblent-ils pas démons de bonne compagnie, dignes, sans trop d'irrévérence, d'être rapprochés de ces grands démons historiques, que je me suis permis de dépouiller de leurs oripeaux ? Et ce rapprochement, que la science est à même de faire tous les jours, ne vous paraît-il pas devoir conduire à des résultats de quelque valeur ?

Non ? Cela ne vous suffit pas encore ? Cette observation, cette étude de *sujets* placés sous le contrôle direct de la médecine blesse votre susceptibilité, au point de vous faire détourner les yeux des comparaisons et des conclusions, pourtant si inévitables, qui en découlent ? Il vous faut encore quelque chose de mieux ?

Nous avons de quoi vous satisfaire.

Laissez-moi d'abord vous rappeler que nous vivons dans le même monde que vous, à côté de vous, fort honorés de ce voisinage ; que nous y voyons ce que vous y voyez, que nous y entendons ce que vous y entendez ; et que, par-dessus le marché, nous y voyons, y analysons, y comprenons ce que, de prime abord au moins, vous ne pouvez ni analyser, ni comprendre, et ce que vous devriez vous estimer heureux de voir par des yeux meilleurs et plus exercés que les vôtres ?

Venez donc, venez faire un peu avec nous le tour de ces salons, vous embusquer, avec nous, sous la gaze de leurs tentures. La réunion y est nombreuse et variée. La plus entière liberté y règne, liberté charmante, spirituelle, animée. La médecine n'a rien à y prescrire ni à y reprendre ; mais il ne lui est pas défendu d'y voir et d'y observer.

Tenez, car nous jouons de bonheur, tenez, apercevez-vous là-bas, tout près de la porte, cette dame, cette veuve, jeune et belle encore, aux cheveux blonds, aux yeux bleus, à la physionomie spirituelle, pénétrante, mais un peu mélancolique ? Savez-vous pourquoi elle examine avec tant de soin, sous son éventail, la serrure de cette porte près de laquelle elle est assise, comme si elle en étudiait les dimensions et le mécanisme ? Oh ! non, vous ne le savez pas et vous ne pouvez pas le deviner. Il me faut donc bien vous l'apprendre. Cette dame, dont la raison semble aussi entière que son esprit est gracieux et vif, cette dame a pourtant, presque chaque nuit, la *vision* suivante ; vous appelez cela des visions, vous autres, faute d'un mot plus doux et plus trompeur. Presque chaque nuit, du fond de son alcôve, avant que le sommeil ne la gagne, elle voit tout un régiment de dragons entrer et se ranger tout à coup dans sa chambre. L'état-major, les trompettes, la musique, rien n'y manque ; cette troupe défile au grand galop dans la pièce, en faisant un infernal bruit de piétinement et de fanfares. Ce n'est pas seulement une vision, comme vous voyez et comme vous diriez, mais bien aussi une belle et bonne *audition*. Après dix minutes, un quart d'heure de ce défilé et de ce tapage, tout cesse, et le régiment disparaît comme il était venu. Par où? Probablement par où aussi il était venu, par le trou de la serrure. Cette dame au moins le croit ainsi ; car elle parle quelquefois de sa vision durant le jour. Elle en parle, non pour la discuter, car les visions ne se discutent pas, pas plus que les perceptions les plus vraies, mais seulement pour se l'expliquer ; et c'est pour cela qu'elle examine avec tant de soin les serrures, se demandant, dans le but de cette explication, lequel est le plus élastique, d'une serrure, d'un cheval ou d'un homme ; au demeurant, la femme la meilleure et la plus aimable du monde ; que vous épouseriez très-probablement, monsieur, si elle vous faisait l'honneur de vous accepter pour remplacer, durant ses insomnies, l'état-major de son régiment de dragons.

Passons maintenant du beau sexe à l'autre, à celui qui n'est pas beau, de la robe de velours au frac ou à l'habit habillé. Arrêtons-nous dans ce salon, où semble s'être donné rendez-vous ce que les têtes masculines offrent de plus spirituel et de plus fort. Dans ce sexe comme dans l'autre, la moisson pourrait être abondante, mais il nous suffit de recueillir et d'égrener quelques épis de choix.

Voyez-vous là, dans ce groupe, la tête haute, le verbe plus haut encore, ce grave et grand personnage, qui approche de la soixantaine, tout chamarré de rubans et de croix, que lui ont valus ses services administratifs et diplomatiques? Je regrette de ne pas avoir pu vous le montrer plus tôt. Vous auriez été témoin d'une scène curieuse qu'il joue presque toutes les fois qu'il va dans le monde, et c'est à peu près tous les soirs qu'il y va. Il ne s'arrête pas, lui, comme la jeune veuve que je vous montrais tout à l'heure, à examiner les serrures; il ouvre et franchit les portes, et gagne en toute hâte le plus reculé et le plus désert des salons, dans l'espoir de s'y trouver seul. Puis, quand il croit n'être vu et surtout entendu de personne, il entr'ouvre une fenêtre, donnant, s'il se peut, sur une cour, une rue isolée, y lance deux ou trois *kokoriko*, en battant des bras, qu'en ce moment il croit des ailes; referme la fenêtre; puis, comme si de rien n'était, s'en revient au plus épais des groupes et contre le velours de la cheminée, à la place d'honneur, le dos au feu, le visage à l'assistance, disserter, comme à son ordinaire, c'est-à-dire en termes pleins de science et de raison, sur les questions économiques et politiques, les plus hautes et les plus difficiles (1).

Cet homme, ce véritable homme de Platon, suivant Diogène, puisque avec deux pieds il n'a pas de plumes, et qu'il imite le chant du coq absolument comme s'il en avait, cet homme est pourtant un

(1) En fait de folie, ainsi qu'en fait de raison, il n'y a rien de nouveau sous le soleil, et l'apophthegme d'Arlequin, comme celui de Salomon, est applicable à tous les siècles. Saint-Simon a tracé de main de maître l'énergique tableau des *bizarreries*, souvent féroces, de M. le Prince, ce triste fils du grand Condé, *bizarreries* qui durèrent autant que sa vie. Voici comment se termine ce tableau.

« Les quinze ou vingt dernières années de celui dont on parle ici furent accusées de quelque chose de plus que d'emportement et de vivacité. On crut y remarquer des égarements, qui ne demeurèrent pas tous renfermés dans sa maison...

« On disait tout bas qu'il y avait des temps où tantôt il se croyait chien, tantôt quelque autre bête, dont alors il imitait les façons; et j'ai vu des gens très-dignes de foi qui m'ont assuré l'avoir vu au coucher du roi, pendant le prier-Dieu, et lui cependant près du fauteuil, jeter la tête en l'air subitement, et ouvrir la bouche toute grande, comme un chien qui aboie, mais sans faire de bruit. » (Saint-Simon, *Mémoires*, tome XIII, ch. CCXXV, p. 17, de l'édition in-12, Paris, 1847.)

homme du même monde que vous et moi, nos maîtres, un homme qui non-seulement ferait parfaitement bien les affaires publiques et les a faites, mais fait parfaitement bien les siennes; sentant, pensant, parlant, agissant comme tout le monde, même comme les plus forts critiques, fort en état même de les critiquer.

Voilà, indépendamment de la dame à la serrure, voilà un échantillon, en habit très-brodé, des démons qui se promènent dans votre monde, le claque sous le bras et l'épée au côté. Je ne sais quel jugement vous en porterez et quel rapprochement vous croirez devoir en faire avec les meilleurs démons antiques, ceux qui portaient avec le plus d'élégance le pallium ou la prétexte. Mais ce qu'il y a de sûr, et c'est ici le lieu de le répéter, c'est que, pour le fond et pour la forme, nous avons des démons tout pareils dans les asiles, riches ou pauvres, qui en font collection obligée. Seulement on est forcé de garder et d'entretenir ces sortes de personnages dans les asiles, soit à raison de leur pauvreté, circonstance parfaitement compatible avec le haut caractère du démon, soit parce que, pauvres ou riches, il leur est arrivé, une fois ou deux, dans l'exercice de leur petit talent de visionnaire, de commettre quelques excentricités un peu trop fortes qui ont attiré sur eux l'œil et la main de l'autorité administrative.

En ai-je enfin assez dit et prouvé pour faire justice de toutes ces objections ou assertions orgueilleuses et vaines, venues de gens qui ne connaissent pas le premier mot des choses dont ils parlent : qu'en fait de dérangements intellectuels, pour l'étude qu'on peut en faire et les applications qu'elle comporte, il faut tout laisser et restreindre à l'observation et à la pratique médicale ; qu'on ne peut absolument rien tirer du genre et des résultats de cette observation pour le jugement à porter sur les troubles ou les singularités d'esprit, qu'ont pu offrir certains grands personnages de l'histoire et de la philosophie ; que ce sont là deux ordres de faits et de personnes tellement différents, qu'il n'y a aucun rapprochement à en faire et aucune conclusion à tirer de ce rapprochement ?

Je viens de montrer, au contraire, que les hommes, les psychologues, qui ont le droit et le devoir de faire, dans l'intérêt de la science, de plus d'une science, des comparaisons de ce genre, sont loin d'en être réduits à ces termes, à ces éléments extrêmes. J'ai fait voir que, pour ces rapprochements et les conclusions à en tirer, il leur est donné de parcourir, comme les échelons d'une même échelle, comme les touches d'un même clavier, tous les degrés des conditions sociales et intellectuelles; que c'est ainsi qu'ils arrivent à prendre au collet ces grands visionnaires de l'histoire et de la philosophie antiques, qu'on tient si fort à garder dans les nuages, et à les comparer, face à face, épaule à épaule, avec ces grands visionnaires modernes qui peuplent les refuges ouverts, à prix d'or, à la folie opulente et orgueilleuse, ou, ce qui est plus démonstratif, dont les démons, libres encore, courent le monde, le plus grand monde. J'aurais *pu*, à ce propos, placer ici quelques noms propres, quelques croquis faits d'après nature, qui eussent fait voir et bien voir, en coupant court, une bonne fois, à des dénégations au moins imprudentes, que les Socrate, les Tasse ne sont pas tous à Athènes ou à Ferrare, et qu'il y en a plus d'un à Londres ou à Paris. On comprend que je ne l'aie pas *voulu*. Peut-être pourrai-je le vouloir un jour, *forsan et hæc olim meminisse juvabit*, le jour qui aura vu la fin des héros de ces histoires, sans voir celle de leur biographe.

Toutefois, je consens à oublier tout ou presque tout ce que je viens de dire. Je veux faire une concession ou plutôt une supposition. Je suppose que la science des troubles de l'intelligence, pour l'analyse et l'appréciation des visions et des visionnaires de la plus haute et de la plus antique volée, n'ait pas la possibilité de parcourir cette échelle des conditions sociales, politiques, intellectuelles, au haut de laquelle le problème apparaît tout résolu. Je suppose que pour cette solution elle en soit réduite à l'étude des plus pauvres hallucinés, hôtes des plus pauvres asiles. Je prétends que de cette étude seule, de ce genre d'observation seul, peuvent sortir, à cet égard, la démonstration la plus victorieuse et les conclusions les plus légitimes. Pourquoi, en effet, en serait-il autrement ? Pourquoi les folies et les visions du pauvre, pauvre de bourse, pauvre d'esprit, ne pourraient-elles être comparées aux folies et aux visions du riche ? Pourquoi n'auraient-elles pas le même caractère, la même nature, ne porteraient-elles pas le même témoignage ? Est-ce que dans l'espèce humaine, et, à plus forte raison, dans la même race humaine, dans le même peuple, dans la même fraction du même peuple, il y a deux espèces ou même seulement deux catégories d'hommes ? Est-ce que dans cette famille, cette variété, ce peuple de l'espèce humaine, il y a deux natures de cerveau, d'esprit, deux natures de sensibilité, d'imagination, de raison, et par conséquent deux natures de folie, deux natures de visions ? Ceux qui le penseraient, qui pousseraient jusqu'à ce point l'infatuation des distinctions et du privilége, seraient dans une grande erreur. Non, non; ici encore la nature, la vraie nature, est plus démocratique, dans le bon et vrai sens du mot. Il y a, dans l'espèce humaine, dans les races, les variétés, les individus dont elle se compose, dans leurs facultés, leurs qualités, leurs mérites, des différences de degré; oui, il y en a et de grandes; des différences d'espèce, il n'y en a pas. Et encore, pour les différences de degré, il est des cas, des accidents de la vie, où, de la plus haute individualité à la plus humble, ces différences s'effacent, disparaissent, à un point qu'on n'eût pas cru supposable. C'est là, pour me renfermer dans mon sujet, ce qui a lieu, d'une façon bien extraordinaire, dans la folie, dans les hallucinations, les visions.

Je l'ai pensé bien souvent, et je l'ai dit quelquefois, si la folie, considérée dans laquelle que ce soit de ses formes ou espèces, n'était pas tout ce qu'il y a de plus lamentable et de plus funeste, elle serait tout ce qu'il y a de plus vulgaire et de plus bête. Or, la folie, et particulièrement ici les hallucinations, les visions, sont aussi vulgaires et aussi bêtes dans le haut que dans le bas de l'échelle sociale et intellectuelle, chez l'halluciné riche, éclairé et libre, que chez l'halluciné pauvre, ignorant et reclus. Elles affectent dans les deux cas absolument les mêmes caractères, y revêtent la même expression. Se figurer que ces hallucinations, ces fausses perceptions, les causes imaginaires auxquelles les attribuent les pauvres créatures qui les subissent, présentent des formes diverses et diversement graduées, suivant les positions diverses de fortune, de rang, d'esprit, de talent, de génie même; savantes, distinguées, brillantes dans un cas, humbles, communes, terre à terre dans un autre; une telle imagination résulterait de la plus complète ignorance des faits.

Envisagées en masse et dans ce qu'elles ont de relatif à leurs causes imaginaires, à l'idée que se font de ces causes les hallucinés, les hallucinations offrent deux caractères généraux, qu'on retrouve chez l'halluciné des classes éclairées, comme chez celui des classes ignorantes, chez le diplomate et l'académicien, comme chez le paysan et le portefaix.

Pour le fond de cette idée, la plupart des hallucinés croient (parce qu'ils le sentent, disent-ils) qu'ils ont des ennemis, qu'on leur en veut, qu'on les persécute, qu'on les empêche, qu'on les arrête, comme était arrêté Socrate, dont le démon ne poussait jamais son maître et se bornait à le détourner.

Or, je le demande, y aurait-il dans l'état de raison croyance plus vulgaire et moins raisonnée, que la croyance à des persécutions, à des poursuites systématiquement dirigées contre notre vie, notre fortune, seulement même contre notre repos ? Sans doute, il nous arrive quelquefois de faire naître l'envie, l'inimitié, la colère, d'avoir passagèrement quelque ennemi; mais la plupart du temps, tous tant que nous sommes, nous ne rencontrons que l'indifférence. Le monde passe à côté de nous sans nous voir, et s'il nous heurte, c'est sans le savoir. Eh ! qui sommes-nous en effet, pour qu'il en soit autrement, pour que nous occupions beaucoup de nous la partie même de ce monde avec laquelle nous sommes le plus en contact? Faibles brins de paille, que le vent du destin soulève et ballotte! misérables grains de poussière, perdus dans cette immense ronde des choses et des hommes, où chacun de nous compte pour si peu et peut si peu !

C'est pourtant ce sentiment à la fois si grossier et si faux de notre importance personnelle, c'est ce sot et trivial orgueil, qui, chez les hallucinés d'en haut comme chez les hallucinés d'en bas, donne lieu à cette croyance inepte à des persécutions impossibles, pivot presque unique autour duquel tournent leurs fausses perceptions. Et, chose non moins remarquable, chez les uns et chez les autres, cette croyance revêt les mêmes caractères, se traduit de la même façon. Elle est relative à de prétendues vexations, de la nature la plus commune, quand elle n'est pas la moins supposable. C'est le second caractère de l'hallucination considérée dans ses rapports avec ses causes imaginaires.

Un halluciné, appartenant aux classes élevées et instruites, conclut de ses fausses perceptions à des persécutions dirigées contre sa personne. Vous croyez qu'il va donner à ces machinations chimériques, filles de son cerveau malade, quelques-uns des caractères qui pourraient être tirés de ses idées, de ses opinions antérieures, idées et opinions nées de sa position et de ses lumières? Détrompez-vous, il ne se met pas tant en frais. Il a recours tout simplement et du premier coup aux causes les plus vulgaires, à celles qui ne lui seraient certainement pas venues à l'esprit, quand cet esprit était bien portant, mais qui ne peuvent manquer de venir à l'esprit des hallucinés des classes inférieures. Le visionnaire de qualité, tout comme celui d'humble condition, attribue les persécutions auxquelles il se croit en butte, aux manœuvres de la physique (et Dieu sait quelle physique!), de la franc-maçonnerie, mais surtout des jésuites et de la police. La police et les jésuites, voilà les deux grands foyers des persécutions des hallucinés de toutes les classes. Hommes de science, hommes de lettres, hommes d'affaires et de grandes affaires, tous passent sous ces fourches caudines, tous se courbent sous ce niveau ridicule, absolument comme ce qu'il y a de plus ignorant et de plus abaissé. Cela en est nauséabond. Veut-on, changeant de théâtre, passer de la terre au ciel, de la *physique* à la *métaphysique*, des machinations des jésuites aux vexations des méchants esprits, ce sera encore le même spectacle d'abaissement dans le nivellement, et cela se conçoit à merveille. La métaphysique est en ceci bien moins variée encore que la physique, et offre bien moins de ressources ; les mauvais démons, comme les bons, s'il peut y en avoir de tels, sont les mêmes partout et pour tous ; et il ne faut pas un grand effort d'esprit, une fois qu'on l'a un peu perdu, pour se croire en relation avec ce genre de personnages. Si l'artiste qui chaussait Socrate se fût mis en tête d'avoir aussi son démon, mauvais ou bon, il ne l'eût pas choisi de moindre condition que celui de son illustre pratique. Mais j'oublie que c'est là une supposition toute gratuite, car Socrate ne portait jamais de souliers.

Je viens, je crois, de montrer surabondamment,

et j'aurais pu être plus surabondant encore, que l'étude des visionnaires modernes donne parfaitement les moyens et le droit d'apprécier et de juger les plus grands visionnaires antiques ; que les uns et les autres sont faits de la même poussière, et que de la même poussière aussi sont faits, parmi les modernes, les grands et les petits hallucinés ; aussi fous, en tant qu'hallucinés, et aussi absurdes les uns que les autres, ceux qui divaguent en toute liberté, sinon d'esprit, au moins de corps, comme ceux qui extravaguent sous les grilles de nos asiles, ceux qui déraisonnent en frac, comme ceux qui délirent en veste ; qu'en un mot et sous tous les rapports ils n'ont rien à s'envier ou à se reprocher les uns aux autres et peuvent être appréciés et jugés par comparaison des uns aux autres.

Mais ce qui a été articulé contre les moyens, les sujets et les lieux d'observation, base de cette étude comparative de la psychologie morbide, moderne et antique, l'a été, et tout aussi haut au moins, contre les observateurs eux-mêmes, contre les auteurs de ces comparaisons et de ces études. Ils n'ont pas été plus épargnés que leurs *sujets*. On les a traités avec les mêmes grands airs, quand on a daigné s'occuper d'eux (1).

(1) Voici, par exemple, ce que disait (Journal *La Presse*

Les médecins, les anthropologistes, a-t-on dit, n'ont rien à voir dans l'appréciation de ces grandes intelligences, dont l'histoire est l'histoire même et la gloire du genre humain, et dont les écarts, les trou-

du 21 décembre 1846) M. Eugène Pelletan, dans un article sur l'*Amulette de Pascal*, article du reste plein de talent, et j'ajouterai d'obligeance pour l'auteur et pour l'ouvrage.

« La maladie, qui n'est chez le vulgaire que la déchéance, la défection d'un ou de plusieurs organes, n'est chez les grands chercheurs d'idées qu'une prédisposition naturelle au sublime. Le vulgaire ne vit que dans son corps ; son existence commence et finit là. Le génie ne vit que dans son âme, dans les leçons qu'il jette au monde, dans les millions d'hommes qu'il s'assimile ; il ne meurt pas, et à chaque parole, à chaque œuvre, il tire de plus en plus à lui l'humanité.

« Nous ne pouvons donc pas accepter la thèse ou l'hypothèse de ce débat, malgré la patiente investigation, la science et l'autorité du savant membre de l'Institut. Nous ne pouvons admettre la vision et l'hypochondrie de Pascal ; car nous ne sommes habitués à voir dans ces deux maladies que de véritables dégradations de notre corps ; car les hallucinations, en traversant l'esprit vide de la plupart des visionnaires, n'y rencontrent rien et n'en font rien sortir. Il n'en est pas ainsi pour notre illustre malade. Les symptômes corporels peuvent être les mêmes peut-être chez lui que chez les autres ; mais les phénomènes intellectuels sont bien différents.

« Les regards au ciel et une main sur le flanc dévoré du mal intérieur, Pascal souffre, mais il transforme sa douleur en pensée. Ce que vous appelez sa vision n'est que la retraite d'une âme dans le sein de la Providence. Ce que vous appelez son amulette, c'est le signe du Christ, c'est le dra-

bles mêmes échappent à une aussi outrageuse juridiction. Sans doute, ces rares et quelquefois bizarres esprits se servent, pour leurs opérations, du corps qui a l'honneur d'être leur enveloppe, des organes de ce corps, et, parmi ces organes du cerveau. Il le faut bien ; c'est la loi de nature. Mais ils les dominent, ces organes, ils n'en sont jamais dominés. La matière est pour eux un instrument ; jamais elle ne leur devient un maître. Un tel assujettissement est bon pour la plèbe des âmes. Que les anthropologistes, les médecins, aillent donc porter ailleurs l'analyse de leur scalpel et de leur science. Et d'ailleurs, que peuvent-ils attendre de cette analyse ? que prétendraient-ils y saisir ? quelques basses aberrations des sens, où la matière est presque seule en jeu, quelques entraînements, quelques souffrances, imprimés par la passion à l'âme, et que celle-ci a bientôt vaincus. Qu'est-ce que tout cela a de commun avec ce qui constitue les grandes idées, les grandes bizarreries, les grandes erreurs même de ces grands esprits ? Il faut, pour les apprécier, ces idées, ces bizarreries, ces erreurs, autre chose que l'orga-

peau que, pauvre soldat mourant, il serre sur sa poitrine. Nous abandonnons volontiers le corps de Pascal à l'autopsie des médecins, mais nous ne leur abandonnons pas son intelligence. »

nologie des anthropologistes, que leur psychologie terre à terre, que leur science du corps et des sens. Il y faut la vraie science de l'âme, la science qui sait, avec l'âme, se dégager des liens terrestres, pour ne plus sentir que la main et la voix d'en haut.

Cors Dieu, eut dit maître Alcofribas, *nous auons treuvé ung causeur*. Voilà, certes, encore un beau bruit, un bien pompeux et fier langage ; et je n'ai dissimulé, comme on le voit, ni l'objection, ni les prétentions. Mais ces prétentions, que nous connaissions déjà, qui s'étaient produites sous une autre forme, ne sont toujours que des prétentions.

Vous vous rappelez cette phrase où Pascal, le grand Pascal, parle de ce bourdonnement de mouche, qui trouble les méditations de la plus puissante intelligence, de ce nez de Cléopâtre, qui, plus court, eût changé la face du monde, de ce gravier de Cromwell, qui ramena les Stuarts sur le trône d'Angleterre ; et cette autre phrase encore du même incomparable écrivain, où il est question de l'imbécile ver de terre, qui est l'homme, de ces grands hommes, aussi vers de terre que les petits, tenant à la terre par le même limon ; et bien d'autres passages de même tendance, de même force et de même vérité.

Ces idées, ces peintures de Pascal, et la vie de

Pascal lui-même, ont répondu aux objections et aux prétentions que je résumais tout à l'heure. Eh ! oui, sans doute, l'homme, l'homme le plus grand, est attaché à la terre, par son corps, qui est de la terre. Eh ! oui, sa nature est double, *homo duplex* : saint Paul l'a dit ; double aussi sa connaissance de lui-même ; elle n'est même réelle qu'à cette condition. Eh ! oui, l'homme qui veut connaître et faire connaître l'homme, doit l'étudier dans son esprit et dans ses organes, dans leurs liens, leur dépendance réciproque. Il doit savoir et faire savoir que cette dépendance est plus grande ou au moins plus sensible dans les maladies, et qu'elle y est de plus en plus à l'avantage des organes ; que dans les maladies surtout qu'on nomme maladies de l'esprit cette suprématie du corps est presque absolue ; d'où cette dégradation attristante, qui, dans ces sortes d'états morbides, abaisse, comme je l'ai montré plus haut, les plus grands personnages au niveau des plus petits.

Or, qui est-ce qui peut mieux savoir et faire connaître tout cela, que les hommes qui, par le double privilége de leur position et de leurs études, ont pu, jour par jour, heure par heure, et cela durant des années, dans le petit monde, dans le grand, dans les établissements de toute sorte, destinés au soulagement des troubles de l'intelligence, étudier, au moment où ils crient le plus fort et éclatent, les engrenages de nos deux natures, faire, à cet égard, dans le passé et dans le présent, et du passé au présent, suivant les âges, les sexes, les conditions sociales, les degrés d'intelligence, de talent, de génie, faire, dis-je, tous les rapprochements et toutes les comparaisons nécessaires ?

Et conçoit-on que, quand de tels hommes, si pleinement autorisés, viennent vous dire : Voilà ce qui est, ce qui nous paraît être, ce que nous croyons avoir vu, il s'en trouve d'autres sans études, sans position qui les favorise, sans connaissances préalables, ignorant jusqu'à la langue dont ils sont obligés de se servir, et néanmoins assez osés pour leur répondre : Non, vous n'avez pas vu cela ; non, cela n'est pas ; non, cela ne peut pas être ; parce que nous ne l'avons pas vu ; parce que nous ne le savons pas ; parce que nous ne le comprenons pas ; parce que cela dérange toutes nos vieilles idées, froisse toutes nos vieilles arrogances ?

Quand, au contraire, ces hommes, s'ils avaient quelque respect d'eux-mêmes, quelque respect pour les droits de l'étude et de la raison, devraient tout au plus se dire : Eh bien, non, nous ne savons pas cela ; nous ne le comprenons pas ; mais nous allons chercher à le savoir, à le comprendre; nous nous ferons écoliers pour devenir maîtres, et, s'il y a lieu, contradicteurs. Il y a, sous ces assertions, que nous voulons contrôler, de grandes questions, de grands problèmes, problèmes de philosophie, problèmes d'histoire; nous nous montrerons dignes et capables de les résoudre, d'admettre ou de rejeter les solutions qu'on nous en propose.

Mais non, au lieu de cela, au lieu d'un examen sérieux de propositions elles-mêmes bien sérieuses, et fondées au moins sur les plus graves présomptions; au lieu d'un apprentissage nécessaire de faits et de rapports qu'il n'est donné qu'à un petit nombre d'observer d'une manière directe et complète, on a pris, on a préféré prendre cette attitude magnifique dont j'ai plus haut reproduit les traits. Après avoir impudemment nié et le fait d'hallucinations solitaires chez les intelligences d'élite, et, bien mieux, sa possibilité, on n'en a pas moins eu recours, à tout événement, à ces explications déclamatoires, où il est pêle-mêle parlé: des mystères de la raison, mais d'une raison supérieure, plus grands encore que ceux de l'imagination; de l'essence et des priviléges du génie, de son don de seconde, de troisième, que sais-je, de quatrième vue; de ce monde des idées que portent en eux ces grands esprits et qui est l'archétype du monde des choses; ce qui fait qu'il leur est permis de prendre indifféremment l'un pour l'autre ; c'est-à-dire, pour parler clair, d'avoir des hallucinations, des visions.

On a eu recours à un dernier genre d'argumentation, qui n'est pas si prétentieux, si guindé que ces prétendues explications, mais qui est bien aussi habile. Il y entre un peu de Basile, et même, à l'occasion, de Tartuffe; il n'en est que plus à l'usage et à la portée de tous.

On a accusé ces études de psychologie morbide comparée de témoigner d'une propension impie à élargir, outre mesure, le cercle de la déraison, de la folie, propension qu'on a rattachée à la nature et à l'esprit même de ces études. Voir des fous partout et surtout parmi les grands hommes, suivant cette pensée d'Aristote, malheureusement comprise et plus malheureusement étendue, qu'il n'y a si grande cervelle qui n'ait son grain de folie; traîner ainsi, de dessein prémédité, aux petites maisons tous ceux qui ont poussé le monde dans les voies de la raison, de la morale et de la civilisation ; faire peser sur les plus illustres têtes, sur elles plus particulièrement, une imputation insultante pour le jugement et la vénération des siècles : telle est, a-t-on dit et conclu, la triste fin de ces recherches, telle est l'œuvre blasphématoire des hommes qui en sont les auteurs (1).

Et sur ces allégations bouffies et menteuses, tous les moutons de Panurge de bêler et sauter en signe d'approbation; tous les applaudisseurs sur parole de se gaudir et d'applaudir; tous les ricaneurs à la suite de se frotter à l'envi les mains.

Il est pourtant bien vrai, il est incontestable que, prévoyant cette objection, cette calomnie, j'y avais répondu à l'avance et dans l'ouvrage qu'on va lire et dans celui que j'ai publié, dix ans plus tard, sur Pascal et son *Amulette*, et dans tout ce que j'ai écrit sur le même sujet. Dans ce livre du *Démon de Socrate*, j'avais distingué avec le soin, la sollicitude

(1) Je ne me bats pas contre des moulins à vent. Voici, pour ne citer qu'un exemple de cette sorte d'accusation, l'opinion qu'on me prête dans un article du *Journal des Débats*, dont j'aurai à extraire plus loin d'autres citations: « Dans la doctrine de M. Lélut, il y a presque autant d'hallucinés que de génies supérieurs au reste de l'humanité; de telle sorte qu'il faudrait considérer comme fous précisément tous ceux que le genre humain place à sa tête, qu'il admire comme la plus belle expression de la création, et qu'il prend pour guides! »

Est-ce clair et encourageant? Écrivez donc pour être compris et jugé de cette façon, même par des juges d'un esprit et d'un cœur à vous mieux juger! Quel triple idiot serait-ce pourtant que celui qui aurait conçu et émis la jolie doctrine qu'on m'attribue si libéralement!

la plus extrême, tout ce qu'il peut y avoir de singularités, de bizarreries, d'extravagances même, acceptables, respectables, dans le talent, dans le génie, et ce qui enfin, caractérisé par le signe irréfragable du dérangement de l'esprit, l'hallucination, n'est plus seulement bizarrerie, singularité, excentricité même la plus excentrique. J'avais dit et je répéterai qu'ils sont peu nombreux, rares, bien rares, les hommes réellement grands, qui, durant une vie plus ou moins longue, ont été en proie à ce trouble isolé de l'imagination. J'avais ajouté et je le répète aussi, que de tous ces grands et rares visionnaires, l'objet de mes analyses, des analyses de la psychologie morbide, il n'y en a pas un dont le trouble intellectuel n'eût déjà été signalé par la science, l'histoire ordinaires, dont le nom, le caractère, la conduite n'eussent déjà été enregistrés par elles à ce point de vue. J'avais dit que Socrate lui-même n'avait pas échappé à ce commencement d'appréciation. J'avais rappelé, à ce sujet, les opinions très-formelles de plusieurs philosophes ou écrivains de réputation, et entre autres de Diderot et de Barthélemy, celle enfin d'un des plus grands successeurs de Socrate et presque un de ses disciples, Aristote, qui rangeait sans plus de façon son maître parmi les mélancoliques ou extatiques, tels, dit-il, qu'Ajax et Empédocle. Je n'avais pas ajouté, je n'ajoute pas un seul nom à la liste déjà bien assez longue des noms qui ont été considérés par l'histoire la plus réservée, la philosophie la plus indulgente, comme les noms d'hommes illustres que leur imagination d'abord exaltée, puis malade, a fini par transformer en visionnaires.

Qu'ai-je donc fait de si exorbitant, au sujet de ces grands visionnaires, restés jusque-là dans la pénombre où se dérobait leur vrai nom? J'ai démontré ce qui n'avait été avant moi que soupçonné ou indiqué. J'ai porté, je le crois, la lumière, là où ne régnaient jusqu'alors que les ténèbres et le doute. Je l'ai fait avec tous les éléments d'appréciation nécessaires pour des recherches et des solutions de cet ordre, de cette difficulté, de cette importance, recherches et solutions où étaient intéressées des réputations de cette grandeur. Le fait une fois parfaitement établi, j'en ai approfondi la nature, montré la portée et suivi les conséquences. J'ai cherché à faire servir ce fait et son entière connaissance à l'histoire de l'esprit humain, de ses opinions, de ses systèmes, de ses progrès, de ses fautes, de ses erreurs. Mais ces applications graves et délicates, avec quelle mesure ne les ai-je pas tentées? De quelles réserves, de quelles restrictions ne les ai-je pas entourées? Réserves et restrictions que commandait la science elle-même, la science seule; car c'étaient là des questions toutes de science, auxquelles n'auraient pas dû se mêler des questions et des accusations d'un autre ordre.

Je viens d'exposer la manière dont fut reçu de prime abord, non pas par tous, mais par beaucoup, le livre du *Démon de Socrate;* l'accueil qui fut fait à la détermination de ce grand fait de psychologie historique, à l'indication des faits analogues, surtout à leur explication et à leur formule communes; les fins de non-recevoir qui leur furent opposées, les objections qui y furent faites, les sarcasmes dont furent accompagnées ces objections.

On serait tenté, ou plutôt il semble nécessaire de conclure que, de la part au moins des personnes de qui étaient venues ces fins de non recevoir, ces objections, ces railleries, et sur le fait du *Démon de Socrate* et sur les faits de même nature et sur leur explication psychologique, considérée soit en elle-même, soit dans son application à l'histoire de l'esprit et des événements humains, il y aurait rejet, mais rejet absolu et à toujours, de toutes ces choses, faits, explications et applications. Cela paraissait juste, logique, nécessaire. Or il s'en faut bien qu'il en ait été ainsi.

D'abord et dès les premiers instants, tout en paraissant ou croyant nier tout ou presque tout et du fait du *Démon Socratique*, et des faits démonologiques analogues, et surtout de leur explication, on admettait beaucoup et des faits et de l'explication, beaucoup plus qu'on ne le pensait, ne le voulait, ne le disait. C'était le résultat inévitable de discussions auxquelles on n'était ni préparé, ni propre, et où l'on ignorait tout ce qu'il eût fallu savoir, à commencer par le dictionnaire. Mais depuis quelques années surtout les choses ont pris un aspect bien meilleur encore, et la victoire n'est pas loin d'être complète. Peu à peu, par l'effet d'études auxquelles il a bien fallu se livrer, de réflexions qu'il a bien fallu faire, par suite de ce progrès sourd et fatal que fait toute seule la vérité, quand elle est, la vérité, on en est venu à admettre tout, absolument tout ce que je croyais, ce que j'avais dit, ce que je dis être cette vérité, les faits et les explications. Et par ceux qui les admettent, j'entends non-seulement ceux qui maintenant les reconnaissent pleinement, mais ceux qui les discutent encore, qui croient même encore les nier, se perdant dans des distinctions illusoires, combattant des propositions qui n'avaient pas été émises et ne pouvaient pas l'avoir été.

Ainsi, d'abord, j'avais avancé et prouvé, et je ne saurais trop le répéter, je n'avais avancé et prouvé que cela, qu'il y a tel état de l'esprit, conciliable, sous tous les autres rapports, avec les apparences et presque la réalité de la raison la plus entière, où il se fait une transformation des sentiments et des idées en sensations et perceptions de nature externe, et rapportées par l'esprit qui les éprouve à l'action du monde extérieur (1).

En second lieu, ou plutôt simultanément à cette proposition générale, j'avais dit que cet état d'hallucinations tout à fait isolées et compatibles avec l'exercice apparent de la raison la plus droite, avait été celui de plusieurs grands hommes de l'antiquité et des temps modernes, et en particulier celui de Socrate.

J'ai rappelé plus haut quelles avaient été et sur la proposition générale et plus encore sur les déterminations particulières, les oppositions, les dénéga-

(1) J'avais non-seulement avancé et prouvé cela dans la première édition du livre du *Démon de Socrate*, publiée en 1836; mais je l'avais avancé et prouvé, comme on le verra dans les *Pièces justificatives* qui terminent ce volume : en 1830, dans un travail ayant pour titre, *Des hallucinations au début de la folie;* en 1832, dans des *Observations sur la folie sensoriale*; en 1834, dans des *Recherches sur les analogies de la folie et de la raison*.

tions, de quelles railleries, de quels anathèmes, s'étaient mêlées ces dénégations.

Or, maintenant tout cela est admis presque sans conteste, et comme la chose la plus simple, d'une part, par les anthropologistes qui ont voix directe et autorisée au chapitre, ou, puisqu'il faut les appeler par leur nom, par les médecins d'aliénés; d'autre part, par des écrivains qui n'avaient été amenés qu'incidemment à s'occuper de ces matières, et qui, dans leur incompétence, s'étaient d'abord rangés parmi les opposants. Voici ce que disent les uns et les autres et du fait général et des faits particuliers, comment ils parlent de Socrate et de quelques autres personnages historiques qui se sont montrés dans le même état que lui :

« Les faits d'hallucinations, dit un des médecins (1) qui se sont occupés avec le plus de vérité de l'étude des maladies mentales, et en particulier de celle des hallucinations, les faits d'hallucinations existant dans la science sont extrêmement nombreux. Non-seulement les médecins qui ont écrit sur les maladies mentales en ont beaucoup publié, mais tous les traités sur la démonologie, la sorcellerie, les apparitions, en offrent une foule d'exemples. Il serait facile d'en recueillir chaque jour de nouvelles obser-

(1) M. Baillarger, *Des hallucinations, des causes qui les produisent et des maladies qu'elles caractérisent*; Mémoires de l'Académie de médecine, 1846, t. XII, p. 275, 279, 286, 287, 288, 292, 302.

vations dans les hospices d'aliénés et même dans le monde ; car les fausses perceptions sensorielles se rencontrent assez souvent d'une manière passagère chez les personnes saines d'esprit.

« Souvent, ajoute le même médecin, souvent les hallucinés répondent à leurs voix et tiennent avec elles de longues conversations. Tels étaient les sublimes entretiens du Tasse avec son Démon familier, et les discussions si ardentes de Luther avec le Diable.

« Les discussions de Luther avec le Diable sont bien connues, et la plupart des auteurs qui ont écrit sur les hallucinations en ont fait mention. On ne peut d'ailleurs conserver de doute sur l'existence de ces fausses perceptions sensoriales rapportées par Luther lui-même avec les détails les plus précis.

« M. Lélut, dans son livre *du Démon de Socrate*, rapporte, d'après Bodin, l'histoire d'un halluciné, qui offre beaucoup d'analogie avec celle du célèbre philosophe. »

« Il appartient, dit un autre médecin, à qui l'on doit un savant *Traité des maladies mentales* (1), il appartient à un médecin français, M. le docteur Lélut, d'avoir analysé avec un grand tact médico-philosophique, les hallucinations de Socrate et de Pascal, et d'avoir ainsi, avec cet esprit de saine appréciation, posé les bases du criterium qui doit guider l'observateur dans le jugement à porter sur l'état mental de quelques illustres personnages.

« Les faits d'hallucinations dans les circonstances que je cite sont nombreux. Qui ne connaît les hallucinations du Tasse dans son cachot, de Cellini dans sa prison et celles du fameux Luther ? »

C'est dans des termes analogues que se prononce, à son tour, sur le compte de ces mêmes illustres

(1) M. Morel, *Traité théorique et pratique des maladies mentales*, Paris, 1853, t. II, p. 460.

personnages, un troisième médecin, auteur d'un livre sur les *hallucinations* (1); livre dans lequel, à la vérité, on prétend établir que ce phénomène de psychologie anormale, lorsqu'il existe à l'état d'isolement, ne participe de la folie que chez les hallucinés de bas étage, mais qu'il offre un caractère en quelque sorte opposé chez les hallucinés de haut rang, et que leur raison, comme leur gloire, n'en doit nullement être entachée.

« Certes, *sous le rapport* (l'auteur veut dire du point de vue) *de la science*, Luther est *atteint et convaincu d'avoir* eu des hallucinations.

« A ces faits (ceux non-seulement de Luther, mais de Pierre l'Hermite et de Loyola) nous croyons devoir joindre celui de l'héroïne à laquelle la France doit l'expulsion de l'étranger. Les hallucinations de presque tous les sens sont chez Jeanne d'Arc évidentes.

« Aux exemples que nous venons de citer, nous aurions pu ajouter celui de *Socrate*, le plus beau génie des temps antiques... Mais qu'importe que Socrate ait eu des hallucinations?» (En effet, c'est si ordinaire et si indifférent un démon qui vous parle dans l'oreille, et dont on regarde et suit les avertissements comme parole d'Évangile!)

Mahomet aussi, pour le médecin dont nous citons les paroles, Mahomet était halluciné, et toujours sans que cela tirât, le moins du monde, à

(1) M. Brierre de Boismont, *Des hallucinations, ou Histoire raisonnée des visions, des songes, de l'extase, du magnétisme et du somnambulisme*, p. 426, 427, 438, 455, 465.

conséquence. Il en était de même de Numa, pour ses colloques avec la nymphe Égérie; bien que le royal interlocuteur n'ait tout probablement pas plus existé que la nymphe elle-même et sa *voix*.

Un écrivain, un médecin encore, qui occupe et à juste titre un rang élevé dans la direction de l'instruction publique (1), a fait récemment et pour la seconde fois un examen plein de bienveillance des deux ouvrages, *le Démon de Socrate* et *l'Amulette de Pascal*, auxquels se rapporte cette préface. Tout en combattant ou plutôt en croyant combattre ma doctrine des hallucinations, voici ce qu'il reconnaît et proclame dans tout le cours de sa critique et particulièrement dans le paragraphe suivant, qui va aussi loin que j'aie dû et voulu aller, et qui eût pu servir d'épigraphe à mon livre.

« Il n'y a pas moyen de contester la réalité de cette *infirmité* de Socrate, de ces *visions* que lui-même raconte et qui sont attestées par ses plus fidèles disciples. Il n'y a pas lieu non plus d'accuser sa bonne foi; sa croyance, sa crédulité, si l'on veut, est sincère, et il serait plus monstrueux de le considérer comme un fourbe que comme *atteint d'un grain de folie*. Nous partageons entièrement la conviction de M. Lélut, qui lui fait repousser avec énergie l'accusation de fourberie portée contre ces grands réformateurs, ces guides et ces sauveurs de l'humanité, *qui*

(1) M. Donné, *Journal des Débats* du 12 mars 1853, article déjà mentionné ci-dessus.

n'ont pas été moins hallucinés que Socrate : Pythagore, Démocrite, Empédocle, Mahomet, Luther, le Tasse, Jeanne d'Arc, Pascal, etc...

« Nous tenons donc Socrate, non-seulement pour un homme assujetti aux misères humaines, dont la figure ne doit pas seulement rayonner d'une gloire divine, *mais pour un halluciné, ayant des visions, des apparitions et des auditions imaginaires.* S'ensuit-il qu'il fût fou? » (Il y aurait plus que de la mauvaise grâce à répondre par l'affirmative, en présence de la déclaration qui précède. Qu'importe le mot, quand on a la chose?)

Enfin, et pour terminer ces citations, que j'aurais pu rendre dix fois plus nombreuses (1), pour les terminer par un grand exemple, un grand fait de

(1) J'ai dû restreindre le nombre de ces citations. Aussi ajouterai-je ici, en note, que l'existence de la forme solitaire de l'état d'hallucination est désormais admise par tous les médecins qui ont écrit ou écrivent, avec quelque autorité, sur les maladies mentales, et entre autres par les suivants : Leuret, *Fragments psychologiques sur la folie*, 1834; Archambault, *Traduction du Traité de l'aliénation mentale d'Ellis*, 1840, introduction; Moreau (de Tours), *Du hachisch et de l'aliénation mentale*, 1845; Ch. de Feuchtersleben, *Abrégé de médecine psychique* (allemand), 1845; W. Griesenger, *La pathologie et la thérapeutique des maladies psychiques* (allemand), 1845; Calmeil, *De la folie considérée sous le point de vue pathologique, philosophique, historique et judiciaire*, depuis la renaissance des lettres en Europe jusqu'au XIXe siècle, 1845; Michéa, *Du délire des sensations*, 1846; Droste, *Examen du livre de l'Amulette de Pascal*; dans le *Journal de psychiatrie* (allemand), rédigé par les docteurs Damerow, Flemming et Roller; Berlin, 1849, 6e vol., 3e cahier.

résipiscence, voici comment, dans deux de ses ouvrages, et à quelques années seulement d'intervalle, s'exprime un critique en renom, sur les hallucinations des grands hommes et des grandes femmes.

« Mais pendant que nous admirons la sœur et le frère (Pascal et sa sœur Jacqueline), pendant que la scène de l'évanouissement nous inspire pensée sur pensée, ne serions-nous point dupe de notre préoccupation ? N'aurions-nous point affaire tout simplement à un malade, à un visionnaire, je n'invente pas les termes, à un *halluciné?* Pascal, en un mot, comme on l'a dit de Lucrèce, n'a-t-il pas eu, vers la fin, un véritable égarement de la raison (1)? »

« Allons! point de rigorisme pourtant; je ne veux pas *tout à fait* supprimer ni combler l'abîme (tout à fait est charmant; un abîme, c'est comme une porte, ça doit être ouvert ou fermé); il a servi et peut encore servir à de belles métaphores. Que feraient les poëtes, dit Pascal lui-même, si la foudre tombait sur les lieux bas? (Les poëtes des lieux bas se tairaient ; ceux des hauts lieux se garderaient mieux de la cellule de Ferrare. Pour les lecteurs et les poëtes, ce serait tout bénéfice.) Le *feriuntque summos fulmina montes* reste une belle image. Mais si tout autre qu'un poëte, si un de ces savants qui se piquent de rigueur, si un physiologiste, venait, sur la foi de cette anecdote, réclamer Pascal comme un de ses malades, et faisait mine de le traiter en conséquence ; oh ! alors, au nom du bon sens comme au nom du bon goût, nous lui dirions : Holà ! (A quoi le physiologiste pourrait répondre, toujours d'après Despréaux : Hélas !)

« Sans prétendre nier les singuliers accidents nerveux de Pascal et leur contre-coup sur son humeur ou sur sa

(1) M. Sainte-Beuve, *Port-Royal*, t. III, p. 285.

pensée, nous maintenons qu'à cette distance et dans l'état des renseignements transmis, il n'y a lieu à venir asseoir là-dessus *aucun diagnostic*, comme on dit. Ce qui nous paraît au contraire positif, c'est que, si malade des nerfs qu'on le voie, en effet, Pascal demeura jusqu'à la fin dans l'intégrité de sa conscience morale et de son entendement (c'est précisément ce qu'établit, et rien autre chose, le livre sur son *Amulette*). Le reste nous échappe. Ceux qui se montrent si prompts à croire à la folie de l'homme, n'ont pas assez réfléchi, au préalable, à ce que c'est que la folie de la croix (1). »

Rien assurément de plus digne de respect et d'admiration que cette *folie de la croix*, la folie du dévouement et du génie, que crucifie l'égoïsme ou l'ignorance du vulgaire, et qui, au reste, n'a malheureusement que trop de disposition à se crucifier elle-même. Mais il y a d'autres folies, qui sont un peu moins respectables ; il y a par exemple cette folie, à laquelle le lecteur saura bien donner son nom, qui tranche sur ce qu'elle ignore, et qui, plus tard, est obligée de faire amende honorable de ses faux jugements. Nous venons de voir M. Sainte-Beuve, qui, en 1848, ne veut pas admettre que Pascal ait pu avoir une vision, une *hallucination*, même la plus isolée et la plus passagère, parce qu'il regarde l'hallucination comme le signe d'un *véritable égarement de la raison ;* pour qui le fait

(1) M. Sainte-Beuve, *Port-Royal*, t. III, p. 288, 289.

incontestable de l'abîme imaginaire n'est qu'un thème à *belles métaphores*, à l'usage des seuls poëtes, et où n'ont rien à voir ces *savants* assez hardis pour se *piquer de rigueur*; qui, à cette occasion, et tout à la fois au nom du bon sens et du bon goût, lance à ces malheureux *physiologistes* l'anathème que lançait au vieux Corneille ce Boileau, dont jadis le mobile écrivain ne respectait guère les arrêts. Nous allons le voir maintenant, à quatre ou cinq ans d'intervalle, en 1851, parler dans les termes suivants d'un autre bien grand personnage de notre histoire, Jeanne d'Arc, de l'état de son esprit et des inspirations de sa conduite.

« Sachons que tout le XVIIIe siècle adorait cette *Pucelle* libertine (la *Pucelle* de Voltaire); que les plus honnêtes gens en savaient par cœur des chants entiers; j'en ai entendu réciter encore. M. de Malesherbes lui-même, assure-t-on, savait sa *Pucelle* par cœur. Il y a dans un siècle de ces courants d'influence morale auxquels on n'échappe pas. Aujourd'hui on est passé à une autre extrémité contraire; et on serait assez mal reçu, je pense, si on avait la vilaine idée de venir risquer le plus petit mot pour rire. Cette disposition, après tout, même dans son exagération, est des plus respectables; elle est la plus juste et la plus vraie, et ce n'est pas moi qui m'aviserai d'y porter atteinte (1). »

(1) *Causeries du lundi*, 2e édition, in-12, Paris, 1853, t. II, p. 314; *Causerie* du 19 août 1850, à propos des *Procès de Jeanne d'Arc*, publiés par M. J. Quicherat.

M. Sainte-Beuve, en effet, n'exprime sur Jeanne d'Arc aucune *vilaine idée*, et il ne se permet pas, sur le compte de la touchante héroïne, *le plus petit mot pour rire ;* bien qu'il semble en avoir parfois envie, et qu'au sujet de la *Pucelle libertine* sa mémoire ait peut-être gardé quelque chose de ce qu'*il en a entendu réciter*. Mais sur la nature d'esprit de Jeanne d'Arc, sur son état psychologique (que M. Sainte-Beuve me passe ce terme du métier), voici ce qu'il dit ou plutôt une partie de ce qu'il dit ; je regrette de ne pas pouvoir tout citer.

« C'est alors (au milieu des dévastations d'une guerre qui durait depuis quatorze ans), que dans un village de la vallée de la Meuse, aux confins de la Lorraine, vallée qui venait elle-même d'être envahie par des bandes et d'avoir sa part des douleurs communes, une jeune fille, née d'honnêtes laboureurs, simple, pieuse, régulière, *crut entendre une voix;* elle avait environ treize ans alors. La première fois que cette *voix* se fit entendre à elle, c'était en la saison d'été, sur l'heure de midi, tandis qu'elle était dans le jardin de son père. Elle avait jeûné le matin et le jour précédent. Depuis ce jour-là, la *voix* continua de se faire entendre à elle plusieurs fois la semaine avec une certaine régularité, et plus particulièrement à de certaines heures, et de lui donner des conseils. Ces conseils, c'était de se bien conduire, de fréquenter l'église, et aussi d'aller en France. Ce dernier conseil revenait chaque fois plus pressant, plus impérieux, et la pauvre enfant ne pouvait plus tenir en place où elle était. Ces colloques mystérieux et solitaires, ces luttes intérieures durèrent bien deux ou trois ans : chaque écho des malheurs publics redoublait l'angoisse. La *voix* ne cessait de répéter à la jeune fille qu'il lui fallait aller à tout prix en France ; elle le lui redit surtout à dater du jour où les Anglais eurent mis le siége devant Orléans, ce siége dont l'issue tenait alors en suspens tous les cœurs. Elle lui commandait d'aller le faire lever au plus tôt. Et sur ce que l'enfant répondait qu'elle n'était qu'une pauvre fille, qui ne savait chevaucher ni faire la guerre ; la *voix* lui répliquait qu'elle ne s'en souciât et qu'elle allât néanmoins (1). »

Puis, après d'autres longs détails, dans lesquels il est de nouveau, et à chaque instant, question des *voix* de saintes et d'archanges, auxquelles obéit Jeanne d'Arc durant sa courte et glorieuse mission, M. Sainte-Beuve ajoute, en manière de première explication :

« Sans pouvoir me permettre ici d'aborder une question qui est tout entière du ressort de la physiologie et de la science, je dirai seulement que le seul fait d'avoir entendu des *voix* et de les entendre habituellement, de se figurer que les pensées nées du dedans et qui reviennent sous cette forme, sont des suggestions extérieures ou supérieures, *est un fait désormais bien constaté dans la science*, un fait très-rare assurément, très-exceptionnel, *mais qui ne constitue nullement un miracle*, et qui non plus ne constitue pas *nécessairement* folie. C'est le fait de l'*hallucination* proprement dite (2). »

Mais cette première explication, déjà très-bonne et très-suffisante, ne suffit pas au savant critique ;

(1) *Causeries du lundi*, t. II, p. 315.
(2) *Ibid.*, t. II, p. 317.

il ne tarde pas à y revenir, pour lui donner une meilleure forme et y mettre la dernière main. Après avoir parlé de l'état d'*exaltation* dans lequel Jeanne d'Arc, après son succès d'Orléans, écrit ou fait écrire, pour les amener à soumission ou les faire rentrer dans le sein de l'Église, au duc de Bedford, au duc de Bourgogne, et jusqu'aux Hussites de Bohême, M. Sainte-Beuve termine ainsi :

« Il me paraît bien certain que, pour peu que la fortune eût continué de la favoriser, et que ses alentours se fussent prêtés à ce rôle, qu'elle embrassait naïvement, elle se fût poussée loin avec le conseil de ses *voix*, et qu'elle ne se considérait point comme uniquement destinée à la levée du siége d'Orléans et à l'accomplissement du sacre de Reims. Cette jeune âme se serait volontiers donné un plus large essor. Encore une fois, je crois entrevoir là une Jeanne d'Arc primitive, *possédée de son Démon* ou *Génie*, nommez-le comme vous voudrez, *mais de son génie accoutré à la mode du temps* ; la vraie Pucelle en personne, sans rien de fade ni de doucereux, gaie, fière, un peu rude, jurant par son bâton et en usant au besoin, un peu exaltée et enivrée de son rôle, ne doutant de rien ; disant : *Moi, c'est la voix de Dieu ;* parlant et écrivant, de par le Dieu du ciel, aux princes, aux seigneurs, aux bourgeois des villes, aux hérétiques des pays lointains, disposée à trancher dans les questions d'orthodoxie et de chrétienté, pour peu qu'on lui laissât le temps d'écouter ses *voix* (1). »

Je ne vois pas, en vérité, ce qu'on pourrait dire et désirer de plus sur la nature des inspirations de

(1) *Causeries du lundi*, t. II, p. 323.

la Pucelle ; c'est aussi clair et aussi concluant que possible. Voilà donc, de l'aveu et de l'avis de M. Sainte-Beuve, Jeanne d'Arc, cette grande figure historique, aussi grande assurément dans son cadre que celle de Pascal, la voilà reconnue et proclamée *hallucinée*, dans le sens rigoureusement scientifique du mot ; entendant des *voix imaginaires*, ces *voix* qui déterminèrent sa conduite et la poussèrent aux combats, à la délivrance de la France, à la gloire, à la mort ; *possédée* enfin *d'un* vrai *démon* ou *génie*, *un génie accoutré à la mode du temps*, c'est-à-dire prenant la forme, sinon la voix, de sainte Catherine ou de saint Michel (1). En matière d'hallucinations et de visions, M. Sainte-Beuve, en bien peu d'années, est devenu croyant, et même, quoi qu'il en dise, savant. Il a donné la main, et c'est pour eux un véritable honneur, il a donné la main à ces pauvres physiologistes, qu'il avait d'abord si malmenés. Il lui est arrivé, en fait de doctrines psychologiques, la même chose qu'en fait de doctrines littéraires ; il a tourné au classique et au vrai : *feriunt summos ful-*

(1) Voir les *Recherches de la France*, d'Estienne Pasquier, liv. V, chap. VII. Du point de vue qui est ici le nôtre, cette partie de l'ouvrage de Pasquier est des plus intéressantes. Elle en apprend plus sur Jeanne d'Arc et sur son époque, leur esprit et leurs *démons*, que toutes les publications et causeries modernes.

mina montes. Je ne lui rappellerai donc plus ce superbe *holà* qu'il fulminait, en 1848, au nom du *bon sens et du bon goût*, contre ce physiologiste qui démontrait alors et depuis longtemps ce que lui, M. Sainte-Beuve, devait admettre quelques années plus tard, à savoir l'état d'hallucination d'un certain nombre de grands personnages des temps anciens et modernes. Je ne veux pas lui demander s'il croit encore que *l'abîme imaginaire* de Pascal n'est qu'un *thème à métaphores*, et si les *signes* contenus dans l'*amulette* ne lui paraîtraient pas désormais pouvoir être le *signe* de quelque mystique hallucination. La réponse, quelle qu'elle soit, qu'il pourrait me faire, ne vaudrait pas celle qui résulte de sa causerie sur Jeanne d'Arc. Cette causerie est, sur le sujet qui nous occupe, une belle et bonne déclaration de principes, qui rachète, et au delà, la tirade sur la *folie de la croix*. M. Sainte-Beuve n'avait pas voulu attacher à cette croix de la folie, ni seulement même en approcher Pascal, un philosophe, un homme ; il y a attaché la Pucelle. Ce n'est pas à moi à le contredire ; mais on me rendra cette justice que j'avais été plus galant et plus discret que cela.

Après avoir lu les opinions que je viens de rapporter, et les avoir rapprochées de celles qu'exprime cette préface, et qui ne sont que la reproduction de ce que j'ai avancé, soit dans l'ouvrage qu'on va lire, soit ailleurs, le lecteur se demandera, sans doute, quelle différence il y a entre les unes et les autres, et comment on a pu faire à la doctrine renfermée dans le livre du *Démon de Socrate* et dans les travaux qui ont préparé ce livre l'opposition qu'elle a rencontrée.

Cette différence, on doit en être persuadé maintenant, était une différence de mots, et cette opposition, malgré la vivacité hautaine de ses formes, était de même nature et n'avait pas plus de portée. J'avais raisonné ainsi qu'il suit.

Cet état intellectuel, dans lequel ou en vertu duquel des hommes, grands ou petits, n'importe, éprouvent, subissent des sensations, des perceptions externes, que rien dans le monde extérieur ne provoque, et qui croient à ces sensations, à ces perceptions comme à leurs perceptions réellement et le plus fortement externes, qui les affirment avec la même force, cet état intellectuel qu'est-il, et quel nom faut-il lui donner ?

Est-ce un état normal, régulier, un état qu'on puisse appeler raisonnable, aussi raisonnable que celui où rien de pareil n'est offert ou subi ? Non évidemment, et personne n'oserait ni le penser, ni le prétendre.

Il y a plus et beaucoup plus, cet état de l'esprit qui, en lui-même, et considéré isolément, n'est pas et ne saurait être appelé un état raisonnable, cet état, sous le nom d'hallucination, fait partie intégrante et obligée de l'état avéré de folie ; il se lie au début de la folie, marche avec elle, diminue avec elle, cesse avec elle. Il est elle. A tous les points de vue donc, suivant la science comme suivant le monde, il est le contraire de la raison. Il est de la folie, et c'est de ce nom qu'il faut l'appeler.

C'est ainsi que j'avais raisonné et conclu.

Une conclusion, au fond différente, ne peut plus être proposée. La nature du fait est désormais trop bien établie et trop claire. C'est sur le nom seul qu'on peut, d'une part, se faire encore prier et débattre, d'autre part, se montrer complaisant.

Donnons le bon exemple et essayons de nous montrer complaisant.

Vous trouvez le mot de folie, celui même d'hallucination, trop fort et trop scientifique, vous en préférez un plus usuel, plus doux, plus poli, celui de *vision*. Ce nom de *visionnaire*, appliqué à quoi et à qui vous savez, va mieux à votre susceptibilité et à votre délicatesse. Prenons-le donc, je le veux bien, mais à la condition que je vous rappellerai une dernière fois ce que c'est qu'un visionnaire.

Un visionnaire, de votre aveu et suivant vos propres expressions, ce n'est pas un homme qui n'ait que des idées singulières, bizarres, excentriques, des *visées* à lui particulières. Oh ! non pas ; c'est plus et mieux que cela.

Un visionnaire, c'est un homme qui est et se dit en rapport avec des êtres ou des actes imaginaires, mais auxquels il attribue la plus effective réalité. Un visionnaire, c'est un homme qui croit qu'on le touche ou le frappe, quand rien absolument n'est là pour le toucher ou le frapper ; qui perçoit des saveurs, des odeurs absentes ; voit des objets qui ne sont pas présents ; entend des voix qui ne se font pas entendre ; et *pense, parle, veut, agit en conséquence de toutes ces fausses perceptions.*

Ceci posé, sur ce visionnaire et sur son état, je veux et dois, en fin de compte, vous faire faire quelques remarques et vous adresser quelques questions.

Vous dites, et je le dis comme vous, je le disais avant vous, que cet état d'hallucination, de vision, semble ou a semblé quelquefois parfaitement compatible avec l'exercice de la raison la plus droite et la plus puissante, et que tel est précisément le cas de ces grands et pieux visionnaires de l'antiquité dont vous vous êtes faits particulièrement les répondants. Sans doute, nous disons cela, vous et moi. Mais sommes-nous complétement sûrs de la vérité absolue de notre assertion? Sommes-nous bien sûrs, d'une part, qu'aucune des pensées et des actions de ces illustres visionnaires n'a pu, soit de près, soit de loin, subir l'influence de ces fausses perceptions au sein desquelles ils ont passé leur vie; d'autre part, qu'il n'y a jamais eu dans cette vie, vie que nous ne connaissons que bien imparfaitement, mais dont nous connaissons parfaitement les hallucinations, d'autres pensées, d'autres actions, manquant de cette rectitude qu'on peut à la rigueur attribuer à l'ensemble de leur carrière.

Et puis avons-nous assez réfléchi à ces mystères de la double nature de l'homme, à ces connexions si intimes qui unissent l'esprit à son organe, associant peut-être tous les actes de l'un aux moindres dérangements de l'autre? Nous sommes-nous assez demandé si cette perversion, cette transformation du sentiment, de l'idée, peut marcher aussi isolée que tendrait à le faire croire cette doctrine d'une raison absolument indifférente à la coexistence de fausses perceptions; s'il est possible qu'une telle perversion n'influe pas, de loin ou de près, peu ou beaucoup, sur la droiture des jugements et sur la responsabilité des actes? Nous sommes-nous assez rappelé ce que sait le premier écolier de philosophie, que, dans l'exercice normal ou anormal de l'intelligence, il n'est pas possible de séparer une de ces trois grandes facultés de l'autre, la sensibilité de la raison, la raison de la volonté, et, pour revenir à notre sujet, que les hallucinations, tout en se rapportant d'abord et surtout au côté sensitif de l'action intellectuelle, impliquent en outre et nécessairement un jugement et une détermination de l'esprit?

C'est moi, sans doute, qui ai démontré (et j'en prends la responsabilité, c'est tout le fond et tout le but de mon livre), c'est moi qui ai démontré qu'il y a des hallucinations, des visions, qui peuvent exister et persister isolées durant toute une vie, compagnes de l'état de raison en apparence le plus droit et le plus actif. C'est moi qui ai fait voir encore, et je le rappelle à dessein, en présence des plagiats passés et en prévision des plagiats à venir, que dans les temps anciens l'état des idées, des opinions, des sciences, l'imperfection, l'incomplet de l'observation psychologique, expliquent tout à la fois comment ces hallucinations, ces visions, chez les grands comme chez les petits visionnaires, ont pu être, rester et dominer isolées, et comment il n'était pas possible alors que, soit par leurs sujets, soit par leurs témoins, elles fussent prises pour ce qu'elles étaient.

Mais j'ai dit, je me suis dit encore et bien plus ceci, et tout le monde devra se le dire avec moi : que cela est, que cela a toujours été et que ce sera toujours un état très-périlleux de l'esprit, même chez les têtes les plus puissantes, que l'état d'hallucination, quelque isolé, quelque restreint, quelque raisonnable qu'on le fasse ; un état dont personne ne voudrait ni pour soi, ni pour les siens, même au prix des plus grandes supériorités de toute sorte, y compris la supériorité de l'esprit. J'ai souvent comparé cet état des grands hallucinés à la position inquiétante de ces illustres acrobates, héros de la corde roide, qui exécutent, à d'immenses hauteurs, les pas et les tours les plus dangereux. L'abîme est là, sous leurs pieds, béant, et qui semble les attendre, et je ne suis rassuré sur leur compte que quand ils ont regagné la terre. Autant en pensé-je des hallucinés ; j'entends des hallucinés les plus grands et les plus raisonnables. Pour qu'ils ne me donnent plus aucune crainte, il faut aussi qu'ils aient, en quittant la vie, quitté le câble où ils se balancent. Les hallucinés antiques ont quitté le leur depuis longtemps ; quelques-uns, à ce qu'il paraît, à leur honneur; mais je ne les ai vus ni y monter, ni en descendre, et l'histoire, qui nous a transmis le récit de leurs hauts faits, ne m'inspire pas toute confiance. Quant aux grands hallucinés modernes, j'en connais qui, à l'heure qu'il est, se donnent de beaux mouvements sur leur corde. Mais je sais, hélas! comment ils y sont montés, et je crains de trop bien savoir comment ils en descendront.

Je pourrais étendre encore beaucoup ces considérations, et je le ferais certainement, je devrais le faire, si tout ce que j'aurais à y ajouter ne se trouvait surabondamment soit dans le livre qu'on va lire et les travaux antérieurs et préparatoires que j'y ai annexés, soit dans un autre ouvrage, ayant le même fond et le même but, et dont j'ai déjà plusieurs fois parlé, le livre de *l'Amulette de Pascal*. Dans leur sujet, leur doctrine, ces deux ouvrages n'en font qu'un, et dans l'un d'eux, le dernier, il y a une partie, la première, qui, pour les lecteurs sérieux, est une introduction nécessaire à l'un et à l'autre; elle a pour titre : *Du retour des idées à leur point de départ*. Elle contient une théorie psychologique des hallucinations, théorie, je me permettrai de le dire, qu'on ne trouverait nulle part ailleurs, et pour cause, pas plus dans les livres des médecins que dans ceux des philosophes. Je demanderai au lecteur de vouloir bien s'y reporter, et je serais bien étonné, si, après y avoir donné son attention, il n'arrivait pas, comme moi, aux trois conclusions générales suivantes, qui seront celles de cette Préface, comme elles sont celles des deux ouvrages auxquels elle se rapporte.

Premièrement, il y a, il peut se produire un état de l'esprit presque exclusivement caractérisé par de fausses sensations, compatibles, quelquefois même durant toute une vie, avec l'exercice, en apparence entier, de la raison même la plus puissante.

Deuxièmement, cet état de l'esprit a été, dans l'antiquité surtout, par les raisons exposées dans le livre qu'on va lire, celui d'un certain nombre de grands, de très-grands hommes, et notamment de Socrate.

En troisième lieu, on peut ne pas appeler du nom de folie cet état anormal de l'intelligence, en vertu duquel les plus vaines et les plus absurdes chimères sont admises et obéies comme les plus palpables réalités ; mais le difficile sera de lui trouver un autre nom.

Je ne puis pas clore cette Préface sans dire un mot, un seul mot, du contenu, du matériel, en quelque sorte, de cette *nouvelle* édition. Ce mot sera un mot de réponse à cette simple question : cette *nouvelle* édition est-elle nouvelle, ou plus exactement, contient-elle quelque chose de nouveau ?

Non, en ce sens cette édition n'est pas nouvelle ; je l'ai déjà fait pressentir, je dois le redire plus formellement. Cette nouvelle édition n'est guère qu'une réimpression. Si, après l'avoir *augmentée*... d'une préface, je l'ai encore *revue* et *corrigée*, suivant les deux autres termes de la formule, cela a été presque uniquement pour essayer d'en faire disparaître ces fautes de diction et autres, qu'on ne passe et avec raison qu'aux maîtres, parce qu'ils en font peu et les rachètent. J'en aurai laissé encore trop pour une troisième édition. Mais là se sont en réalité arrêtées mes corrections. Je me serais bien gardé d'en faire d'autres, et je ne parle pas de celles qui eussent porté sur le fond même du livre, sur l'objet et les éléments de la démonstration qui le constitue ; à cela, je viens de le dire, je n'avais pas une virgule à changer. Je parle de la forme donnée aux idées, du mouvement qui en fait la vie. Y toucher eût été une aventure que je n'eusse pas cru prudent de tenter. A peine même si je m'en serais cru le droit.

En fait de corrections de ce genre, surtout à de longues années d'intervalle, j'ai toujours présente à l'esprit une impression de ma jeunesse; et tant que la vérité m'en apparaîtra, je me croirai encore un peu jeune.

Je prenais des leçons de violon, en disciple, pourquoi ne le dirais-je pas, c'est maintenant un bien innocent mouvement d'amour-propre, en disciple qui eût pu être à son tour un peu maître. Je les recevais d'un artiste, alors jeune aussi, homme d'esprit en même temps qu'excellent violoniste. Un dimanche matin, comme à l'ordinaire, et avant la messe du roi, nous parcourions, le violon à l'épaule, la suite des grands concertos de Viotti. Nous tombons sur le vingtième, un des plus beaux qu'ait écrits l'illustre compositeur. « Savez-vous, me dit M. ***, qu'il existe de ce concerto deux éditions? Celle-ci, que nous venons de dire, c'est l'ancienne, la bonne, celle de la jeunesse de Viotti. Mais il y en a une autre, une nouvelle, fruit malheureux de son âge mûr. Tenez; la voici, parcourons-la. » Nous parcourûmes en effet. Hélas! mon maître n'avait que trop raison. A la place de ce que contenait de jeune et de beau l'édition originale, des traits devenus sages, mais plats, des mouvements plus réguliers, mais sans verve; partout la triste empreinte d'une main que l'imagination ne guide plus.

Cette leçon de musique fut pour moi une leçon de philosophie et de conduite. Je la retins pour me promettre que, s'il m'arrivait, dans cette jeunesse où j'entrais alors, d'écrire, n'importe sur quel sujet, un *concerto* un peu passable, je n'en demanderais pas à l'âge mûr une édition trop nouvelle.

C'est le moment de dégager ma parole, en remerciant, d'un souvenir, Viotti et mon maître de violon.

Paris, 15 novembre 1855.

AVERTISSEMENT

DE LA PREMIÈRE ÉDITION.

J'avais dessein de placer ici quelques considérations générales sur les faits historiques semblables à celui du *Démon de Socrate*, et sur leur formule commune. J'aurais, à ce propos, dit quelque chose sur la *Psychologie de l'histoire*, telle au moins que je la conçois (1). Mais ce travail, inutile peut-être pour les hommes qui

(1) Tout cela est fait maintenant, non point dans cette seconde édition du livre du *Démon de Socrate*, mais dans le livre de *l'Amulette de Pascal*, ouvrage, je l'ai dit dans la préface qu'on vient de lire, inséparable du premier.

Dans la première partie de ce livre de *l'Amulette*, je l'ai dit aussi, j'expose d'une manière, j'ose le croire, à la fois nouvelle et vraie, la théorie psychologique du grand fait des hallucinations. Dans la dernière des *Notes* qui en forment la troisième partie, je donne, sous le titre d'*Hallucinations des grands esprits*, et comme un des points de vue de la *Psychologie de l'histoire*, la *formule commune* des faits semblables à celui du *Démon socratique*.

Je n'ai donc plus, sur ces divers points du sujet, qu'à renvoyer à ces deux chapitres de l'ouvrage dont je viens de parler. (*Note de la deuxième édition.*)

se sont livrés aux mêmes études que moi, eût risqué d'être mal compris par ceux qui ne les ont pas faites. Je l'ajourne donc. La lecture de la démonstration suivante me semble nécessaire avant tout.

Paris, 15 avril 1836.

DU DÉMON DE SOCRATE

PREMIÈRE PARTIE.

HISTOIRE DE SOCRATE ET DE SON DÉMON.

CHAPITRE PREMIER.

BUT DE CET OUVRAGE.

SOCRATE, LA PREMIÈRE TÊTE DE LA PHILOSOPHIE, N'EST PAS CONNU, BIEN QU'IL AIT DU ÊTRE, ET AIT ÉTÉ, EN EFFET, IMMENSÉMENT ÉTUDIÉ. — IL FAUT LE CONNAITRE, POUR L'INTELLIGENCE COMPLÈTE DE LA NATURE HUMAINE, ET POUR DONNER A L'HISTOIRE LE SPÉCIMEN D'UN POINT DE VUE NOUVEAU, ET LES ÉLÉMENTS D'UNE ÉTIOLOGIE PLUS INTIME ET PLUS VRAIE.

Socrate est, avec Homère, le personnage le plus colossal de l'antiquité grecque, et peut-être de toutes les antiquités. C'est le type incarné de la philosophie et de la vertu, comme Homère est celui du génie poétique et de la gloire de l'esprit. Debout sur son piédestal formé des débris de la civilisation payenne, il est là, depuis plus de deux mille ans, exposé aux regards, aux études, à l'admiration enthousiaste de toutes les générations qui se sont succédé depuis que les collines d'Athènes n'ont plus ni cachots, ni ciguë, pour l'indépendance des idées et les progrès de la raison. Aussi n'y a-t-il pas d'homme qui ait été plus étudié que Socrate, pas d'homme qu'on pense mieux connaître... Et il n'en est aucun qui soit moins connu, aucun pourtant qui doive l'être davantage, pour l'intelligence de l'histoire, comme pour celle de la nature humaine.

Réformateur de la Philosophie Ionienne, où il introduisit la morale et la logique du sens commun (1), contempteur de ses explications cosmogoniques et panthéistiques (2), adversaire né du sophisme (3), portant, dans toutes les parties de la réforme qu'il entreprenait, cet esprit de suite opiniâtre et de passion réfléchie, qui fait naître le respect et provoque l'enthousiasme, rien ne lui manqua de ce qui peut recommander un grand homme à l'attention de son siècle et aux études de la postérité.

---

(1) Platon (édition des Deux-Ponts), *Apologie*, p. 65, 68, 70; *Phédon*, p. 218 et seq. — Xénophon, *Memorabilia*, lib. I, p. 710, 711, dans *Xenophontis Opera*, in-folio, ed. Leunclav., Lutet. Paris., 1625. — Cicéron, *Tuscul. quæst.*, lib. V, s. 4; *Academ. quæst.*, lib. I, s. 4; *Brutus*, s. 8. — Diogène-Laerce (*De vitis, dogmatibus et apophthegmatibus clarorum virorum*, 2 vol. in-4, 1692), lib. II, *Socrates*, s. 21. — Origène; *Philosophumena*, cap. 5.

(2) Platon, *Apologie*, p. 44; *Sophiste*, p. 231. — Xénophon, *Memorabilia*, lib. I, p. 710. — Cicéron, *Academ. quæst.*, lib. I, s. 4. — Plutarque, *Comment il faut lire les poëtes*, ch. 8. — Eusèbe, *Præparat. evangel.*, lib. I, n. 8, cap. 5.

(3) Platon, *Apologie*, p. 45; *Théétète*, p. 74; *Euthydème*, *Sophiste*, *Gorgias*, *Protagoras*. — Xénophon, *Memorab.*,

Sans avoir jamais rien écrit (1), sans avoir tenu école, sans jamais avoir enseigné du haut d'une chaire ou d'une tribune (2), il fut le père de toutes les sectes philosophiques qui vinrent après lui (3) ; et, sans parler de Xénophon, de Platon, et de leurs successeurs des trois académies ; sans parler d'Aristote et du Lycée, de Zénon et du Portique, d'Épicure et de ses jardins, d'Antisthène et du Cynosarge ; Eschine (4), Cébès (5), Phédon (6), Ménédème (7), Euclide (8), Aristippe (9), allèrent porter dans les villes les plus célèbres de la Grèce, de l'Asie Mineure et même de l'Afrique, le fruit de l'enseignement immédiat de leur maître.

Platon et Xénophon, ses deux disciples les plus chers et les plus célèbres, remplirent leurs ouvrages

lib. I, p. 721, 731. — CICÉRON, *De oratore*, lib. III, n. 16; *Brutus*, n. 8. — ELIEN, *Variæ historiæ*, lib. II, cap. 13.

(1) CICÉRON, *De oratore*, lib. III, n. 16. — ORIGÈNE, *Philosophumena*, cap. 18. — STOBÉE, *Loci communes*, serm. 21. — OTTO FRISINGENSIS, lib. II, cap. 19.

(2) PLUTARQUE, *Si l'homme d'âge doit se mêler encore des affaires publiques*, ch. 53.

(3) CICÉRON, *De oratore*, lib. III, n. 16 et 17. — ORIGÈNE, *Contra Celsum*, lib. III, n. 13.

(4) Après la mort de Socrate, il passa quelque temps en Sicile, à la cour de Denis le Tyran.

(5) Il était de Thèbes, et s'y retira après la mort de son maître.

(6) Chef de l'école d'Élis.

(7) Chef de la secte Érétriaque.

(8) Chef de la secte Mégarique.

(9) Chef de l'école de Cyrène.

de ses préceptes et en quelque sorte de ses actions. Thucydide, son contemporain, retraça, dans ses histoires, des faits militaires auxquels il avait pris une part glorieuse. Ameipsias, Eupolis, Aristophane, appelèrent sur lui, par leurs comédies, l'attention d'Athènes et de toute la Grèce. Plus tard, Plutarque, Diogène-Laërce, Apulée, Libanius, écrivirent sa vie ou son apologie, ou bien consacrèrent des écrits spéciaux à l'exposition et à la discussion de ce qui n'en est pas la partie la moins curieuse ; et depuis lors, une foule d'historiens et de philosophes, soit payens, soit chrétiens, et parmi ces derniers presque tous les Pères ou Docteurs de l'Église, grecs, asiatiques, latins, africains, remplirent, du nom de Socrate, des ouvrages de toute sorte, où la postérité savante est allée prendre le texte d'études et de jugements innombrables sur le caractère de sa philosophie et sur la nature de son esprit. Or, qu'est-il résulté de tous ces témoignages, de toutes ces traditions, de tous ces commentaires, pour le fait de cette double appréciation ?

Du premier point de vue, les voix ont été unanimes. Socrate est le restaurateur de la philosophie, celui qui l'a remise dans sa véritable voie, en faisant, comme l'a dit Cicéron (1), et comme tout le monde l'a répété

(1) « Socrates autem primus philosophiam devocavit e cœlo, et in urbibus collocavit, et in domos etiam introduxit ; et coegit de vita et moribus, rebusque bonis et malis quærere. » *Tuscul. quæst*, lib. V, n. 4.

d'après lui, descendre la morale du ciel, pour l'introduire dans les villes et jusque dans les maisons particulières; celui, enfin, qui a levé le premier, peut-être, l'étendard de la révolte philosophique contre les absurdités du polythéisme et les vices de la société ancienne, pour pousser le monde à un autre ordre d'idées et au changement de ses institutions.

Du second point de vue, c'est-à-dire du point de vue purement psychologique, tous les écrivains, tous les historiens, tous les philosophes, ceux surtout qui ont étudié Socrate avec le plus de soin, se sont accordés encore à voir en lui un homme au moins aussi extraordinaire, aussi différent des autres hommes, que du premier. Tous ont remarqué cette double fermeté de sa nature, qui le rendait presque insensible aux impressions de la douleur physique comme aux tourments de la souffrance morale (1) ; qui lui permettait de supporter, sans se plaindre, la faim, la soif, le froid (2), comme de recevoir, en riant, les invectives de Xantippe (3), et de braver, le front calme, les

(1) PLUTARQUE, *Comment il faut refréner la colère*, ch. 8, 21 ; *Comment il faut nourrir les enfants*, ch. 31. — SÉNÈQUE, *De ira*, lib. III, cap. 11, 13. — DIOGÈNE-LAERCE, lib. II, s. 23, 24, 25. — ELIEN, *Histor. var.*, lib. IX, cap. 29.

(2) PLATON, *Banquet*, p. 267. — XÉNOPHON, *Memorab.*, lib. I, p. 711, 723. — AULU-GELLE, *Noctes atticæ*, lib. II, cap. I.

(3) DIOGÈNE-LAERCE, lib. II, s. 36. — AULU-GELLE, *Noct. att.*, lib. I, cap. 17.

clameurs de la populace d'Athènes (1), ou les menaces de mort des Trente (2). Tous ont vu, avec une admiration mêlée de quelque étonnement, cette vie constamment et uniquement consacrée à faire triompher la vraie philosophie, c'est-à-dire la morale et la vertu; vie continuée en tous lieux, dans toutes les circonstances (3) : dans les places publiques d'Athènes, comme dans les camps de ses armées; dans les palais de Périclès et d'Alcibiade, comme à la forge de l'armurier Pistias (4) ; en compagnie des Béotiens Cébès et Simmias, comme aux pieds des savantes courtisanes Aspasie (5) et Diotime (6). Tous ont admiré cette espèce de préceptorat que Socrate s'était attribuée sur toute sa ville, et sur les étrangers qui la fréquen-

(1) PLATON, *Apologie*, p. 74, 75. — XÉNOPHON, *Memorab.*, lib. I, p. 711; lib. IV, p. 803. — ELIEN, *Histor. var.*, lib. III, cap. 17.

(2) PLATON, *Apologie*, p. 75, 76. — XÉNOPHON, *Memorab.*, lib. I, p. 716; lib. IV, p. 803. — DIOGÈNE-LAERCE, lib. II, s. 24. — ELIEN, *Histor. var.*, lib. III, cap. 17.

(3) PLATON, *Apologie*, p. 41, 49; *Banquet*, p. 268, 269.— XÉNOPHON, *Memorab.*, lib. I, p. 709, 710. — CICÉRON, *Brutus*, s. 8. — DIOGÈNE-LAERCE, lib. II, s. 21. — PLUTARQUE, *Si l'homme d'âge*, etc., ch. 53.

(4) XÉNOPHON, *Memorab.*, lib. III, p. 782. — ATHÉNÉE, *Deipnosoph.*, lib. V, cap. 20.

(5) PLATON, *Ménéxène*, p. 277. — PLUTARQUE, *Vie de Périclès*, ch. 46. — ATHÉNÉE, *Deipnos.*, lib. V, cap. 20.

(6) PLATON, *Banquet*, p. 227. Socrate appelait Diotime une femme *Prophétesse*, γυναικὸς μαντικῆς; c'est pour cela qu'il l'avait en si grande estime.

taient (1) ; préceptorat qu'il regardait comme bien supérieur, pour son utilité et son élévation, à toutes les magistratures qu'Athènes eût pu offrir à un homme de son mérite (2). Tous enfin ont vu, dans cette vie si constamment, si uniquement; si vertueusement consacrée au triomphe d'une seule idée, une particularité merveilleuse dont ils ont fait honneur à une organisation supérieure et presque divine, qui ne s'est plus représentée depuis Socrate, et qui a fait de lui, dans tous les siècles, un homme exceptionnel parmi tous les hommes (3).

Mais il est une singularité de sa vie ou plutôt de son intelligence, qui avait été prise en grande considération par l'histoire, par la philosophie et par la religion anciennes, et que les modernes ont presque complétement négligée, qu'ils ont même quelquefois niée, parce qu'ils ne pouvaient pas en donner l'explication; tandis qu'elle se trouvait tout expliquée, ainsi que je le montrerai plus tard, par les croyances grecques et par celles des premiers siècles de l'Église. Cette singularité psychologique est celle de son *Démon* ou *Esprit familier*, des *inspirations* qu'il lui devait, des *prophéties* qu'elle le mettait à même de faire et des *actes* dont elle le *détournait*.

(1) Platon, *Apologie*, p. 53, 69.

(2) Platon, *Apologie*, p. 67, 69, 83 ; *Gorgias*, p. 160, 161. — Xénophon, *Memorab.*, lib. I, p. 731 et 732.

(3) Platon, *Banquet*, p. 270.

Parmi ces écrivains, pourtant, des hommes profondément versés dans la connaissance des sources originales, se sont crus fondés à avancer que l'antiquité, en masse, s'était trompée sur le fait du génie de Socrate, et que l'histoire de ce démon vient d'une mauvaise interprétation des paroles dont le sage d'Athènes se servait pour rendre les inspirations de sa conscience. D'autres ont dit que l'histoire de ce démon et de ses avertissements n'était qu'une supercherie de Socrate, propagée par la fraude ou par l'enthousiasme imbécile de ses disciples ; et ils ont rapporté, à l'appui de leur manière de voir, de prétendus exemples de pareilles fourberies, attribuées à quelques autres éminents personnages de l'antiquité (1).

Cet ouvrage montrera, je crois, toute la fausseté de la première de ces opinions, sur laquelle, du reste, il me faudra revenir. Quant à la seconde, elle ne saurait provenir que d'une singulière préoccupation d'esprit, ou d'une étude bien superficielle des actes et des dits du philosophe athénien, et des témoignages de toute sorte qui nous les ont fait connaître. Il y a eu un démon ou un génie de Socrate, et ce grand homme, comme tous ses contemporains, y a cru et devait y

(1) SAINT AUGUSTIN, *Cité de Dieu*, liv. VII, ch. 27. — VANDALE, *De oraculis veterum ethnicorum*, 1700, in-4, p. 16 et 20. — ROLLIN, *Hist. anc.*, t. IV, liv. IX, ch. IV, s. 2. — BROTIER, *Observat. sur le Démon de Socrate*, de Plutarque. — BARTHÉLEMY, *Voyage du jeune Anacharsis*, ch. LXVII, *Génie de Socrate*.

croire, ainsi que je ne tarderai pas à le montrer.

Reste une troisième et dernière opinion, proposée par des écrivains qui croyaient à peine à sa vérité, et qui ne l'émettaient peut-être que pour conclure, d'une part, que Socrate n'était pas un fourbe, d'autre part, qu'il n'a rien existé chez lui de pareil aux inspirations de son génie ; et cette opinion, qui consiste à dire que Socrate était un *Théosophe* (1), un *visionnaire* (2), et, pour dire le mot, un fou, cette opinion est la seule vraie.

Je m'arrête ici un instant, pour prévenir les sarcasmes de la surprise, ou les reproches d'une indignation que je comprends. Je veux empêcher qu'on ne croie qu'un homme, voué, par nécessité et par goût, aux études philosophiques, veuille, de gaîté de cœur, et par un amour coupable du paradoxe, traîner, dans les cabanons de la folie, un des plus grands personnages de l'histoire, et la première tête de la philosophie. Je discute une question de psychologie historique, d'un intérêt immense et d'un caractère tout *élucidateur*, et je le ferai avec les secours qu'ont pu me fournir, sur ce sujet difficile, des études auxquelles la philosophie, la psychologie et l'histoire ordinaires ne sont pas habituées à se livrer. Mais je le ferai surtout avec la réserve qui m'est commandée par le sentiment que j'ai de ma faiblesse, et avec toute la pudeur que réclament et le nom de

(1) Diderot, art. *Socrate* et *Théosophes*, de l'*Encyclopédie méthodique*, t. III de la *Philosophie ancienne et moderne*.

(2) Barthélemy, *ouvrage et endroit cités*.

Socrate, et l'honneur de la philosophie, et le respect des opinions des siècles. Je prie seulement qu'on veuille bien ne pas me juger sur une idée, ni mon travail sur un mot. Je prie qu'on me lise jusqu'au bout, avec l'attention que demandent de pareilles matières, et qu'on fasse, comme moi, abstraction du nom, pour ne voir que la vérité de la chose, toutes les conséquences, sans doute, qu'elle comporte, mais aussi sans y ajouter celles qu'elle ne comporte pas.

Mais en m'accordant cette vérité, on va me demander, ainsi que je me le suis demandé à moi-même, quelle est la nécessité, l'utilité même de semblables études, et qu'est-ce que la philosophie et l'histoire et, avec elles, la société, gagneront à savoir que Socrate était fou, et à voir ainsi s'obscurcir la plus belle réputation peut-être dont se puisse enorgueillir le genre humain.

D'abord, je pourrais répondre que, si le fait est vrai, je n'ai point à m'occuper de ses conséquences. Elles se développeront bien d'elles-mêmes, et elles ne sauraient être mauvaises, parce que jamais la vérité n'a ce caractère, quelque hautement, quelque nettement professée qu'elle puisse être. J'entends la vérité philosophique, savante, celle qui ne descend dans les carrefours et les places publiques, quand toutefois elle a à y descendre, que lorsqu'elle s'est dépouillée, dans les hautes régions de la science, de tous ses caractères d'âpreté, d'étrangeté, de malfaisance même, que lorsque déjà les carrefours et les places publiques l'attendent, la réclament, et la feraient, la proclameraient d'eux-mêmes, si la science tardait trop à la leur envoyer.

Mais je ne veux pas me borner à cette réponse, et je dirai qu'à n'envisager la question psychologique relative à Socrate, que sous le rapport de son utilité philosophique et historique, cette question est une des plus importantes et des plus fécondes qu'il se puisse soulever, ainsi qu'on doit déjà le pressentir et que je le montrerai dans tout le cours de cet écrit. D'abord, la manière dont je la résous peut seule faire comprendre, je dirai plus, faire admettre le fait lui-même du démon de Socrate, ainsi que beaucoup d'autres faits analogues ; et sans cette explication, il faudrait nécessairement les rejeter; il faudrait, en particulier, regarder ce philosophe et ses contemporains, comme des fourbes ou des imbéciles; ce qui serait tout aussi raisonnable que de croire à l'interpolation de tous les passages des auteurs anciens, relatifs aux inspirations de son génie. Ensuite, cette explication est faite pour montrer, à elle seule, toute la fragilité de l'intelligence humaine, et tout ce qu'elle peut subir de transformations, même chez les têtes les plus puissantes, lorsque dans un esprit ardent et enthousiaste son activité prend un caractère de fixité trop constant. Elle donne, en un mot, la clef de cette pensée de Rousseau, qui en sentait la vérité en lui-même, que *l'homme qui réfléchit*, c'est-à-dire, qui creuse trop une même idée, est *un animal dépravé* ; et elle peut mettre en garde les organisations moins fortes que celle de Socrate, contre les dangers d'une passion, d'une pensée trop exclusive et prolongée pendant trop longtemps.

Quant à l'atteinte que porterait cette explication à la dignité de la nature humaine et à l'honneur de la philosophie, l'objection qu'on voudrait tirer de là serait au moins maladroite, et l'opinion contre laquelle on la dirigerait pourrait s'appuyer de bien d'autres faits célèbres. Il y a des noms et de grands noms, qui sont ceux d'artistes, de poètes, de savants, de philosophes, dont l'histoire psychologique est, au su de tous les hommes éclairés, celle que j'attribue à Socrate ; et l'antiquité elle-même n'était rien moins que sûre de l'intégrité de raison de Pythagore, de Démocrite, d'Empédocle et de plusieurs autres de ses grands hommes. Chez les modernes, la folie du Tasse, de Pascal, de Rousseau, celle de Swammerdam, de Barloeus, de Vanhelmont, de Swedenborg sont, à peu près, avouées maintenant par tous les hommes qui ont joint l'étude de la psychologie morbide à celle de l'histoire et de la philosophie ; et si je ne craignais de faire naître ou de renouveler des douleurs contemporaines, je montrerais l'art, la littérature, la science, ayant à l'heure qu'il est, des représentants assez nombreux dans les asiles ouverts au trouble de la raison par la science et la charité.

Et, après tout quelle souillure est-ce pour la nature

humaine, que cette transformation maladive et extrême de ces grandes et glorieuses intelligences ? Chez elles, la pensée, en se circonscrivant, en se repliant sur elle-même, en s'exaltant jusqu'à l'incandescence, a pris une forme qu'elle n'avait pas eue jusque-là ; elle est devenue une image, un son, une odeur, une saveur, une sensation tactile. La corde trop tendue a vibré dans un mode qui jusqu'alors lui avait été étranger. L'épine s'est mêlée aux roses et aux lauriers de la couronne, et l'artiste, le poète, le savant, le philosophe, tout à l'heure la gloire du monde, est devenu l'objet de sa surprise et de sa pitié... Douloureuse transformation, sans doute, mais qui, dans l'ordre moral des choses, n'a rien de flétrissant pour l'humanité, rien surtout qui lui dévoile un mal qu'elle ne connût pas encore, et que la science eût dû lui cacher.

CHAPITRE II.

HISTOIRE ORDINAIRE DE SOCRATE.

CETTE HISTOIRE EST INCOMPLÈTE, PAR CONSÉQUENT FAUSSE, ET DEMANDE UN COMPLÉMENT, QUI EN EST LA PARTIE LA PLUS IMPORTANTE.

État de la civilisation grecque au temps de Socrate. — Naissance de ce philosophe; sa famille. — Jeunesse de Socrate; il s'adonne d'abord à l'art de la statuaire. — Il le quitte pour se consacrer tout entier à l'étude de la philosophie. — Ses différents maîtres; il devient maître lui-même. — Sa manière d'enseigner. — Ce qu'il enseignait. — Vie militaire de Socrate. — Sa vie domestique; ses deux femmes. — Utilité de Xantippe. — Pauvreté de Socrate. — Son désintéressement. — Sa manière de se vêtir. — Son éloignement de l'amour grec. — Vie politique de Socrate; sa présidence du sénat. — Son courage contre la populace d'Athènes. — Sa résistance aux ordres tyranniques des Trente. — Vie philosophique de Socrate; sa morale, sa religion. — Accusation capitale portée contre lui. — Socrate devant le tribunal des Héliastes. — Il est condamné à boire la ciguë. — Son séjour dans la prison; sa mort.

Au temps de la naissance de Socrate, la terre comptait, suivant la chronologie mosaïque, trois mille cinq cents ans d'existence à peu près; Jésus-Christ ne devait y naître qu'environ quatre cent soixante-dix ans plus tard. Il y en avait près de douze cents qu'Athènes avait été fondée par Cécrops; et Rome, qui l'était depuis moins de trois siècles, et qui venait d'instituer ses tribuns, ne devait mettre le pied sur le sol de la Grèce, que deux ou trois cents ans après.

Les colonies grecques de l'Italie, Tarente, Crotone,

Sybaris, florissaient déjà sous l'influence de lois que leur avaient données quelques-uns des premiers disciples de Pythagore. Hiéron, tyran de Sicile, réunissait à sa cour de Syracuse les poètes et les beaux-esprits de ce temps-là, Simonide, Pindare, Epicharme, Bacchylide. Artaxerce Longue-Main venait de recevoir, en Perse, Thémistocle banni d'Athènes, et il ne devait pas tarder à permettre aux Hébreux, alors captifs à Babylone, de suivre leur prophète Esdras, envoyé à Jérusalem pour relever leur temple et leur religion.

Pour ce qui est de la Grèce et d'Athènes en particulier, on était déjà loin sans doute du temps où Hercule, Thésée, Pirithoüs, couverts de peaux de bêtes et armés de massues, comme le sont actuellement nos sauvages, allaient, à travers les forêts de leur pays, faire la chasse aux monstres qui les peuplaient. Toutefois, dans ce siècle d'Aristide le Juste, les guerres, souvent entreprises pour des motifs qui nous paraîtraient aujourd'hui bien frivoles, se faisaient suivant un droit des gens, où les villes prises étaient sans plus de façon détruites, les citoyens réduits en esclavage, et leurs femmes, leurs filles destinées au service ou à la couche des vainqueurs (1).

(1) Voici qui est bien plus fort. Le matin même de la bataille de Platée, Aristide, ayant fait prisonniers trois neveux du roi Xercès, les envoya à Thémistocle, qui, sur l'avis du devin Euphrantidas, les fit sacrifier à Bacchus *Omestès* (mangeur de chair crue), pour se rendre les Dieux

La vie civile et intérieure des Grecs, réglée, en grande partie, par l'ensemble admirable des lois de Solon, offrait néanmoins encore bien des disparates et toutes les marques d'une civilisation boiteuse. C'étaient le double exercice du pouvoir souverain et du pouvoir judiciaire remis aux mains de la plus mobile populace; l'ignorance et la vénalité de juges innombrables, à côté de la savante probité des aréopagites; en regard de la condition à la fois abaissée et délaissée des femmes, la toute-puissance des courtisanes sur l'esprit des hommes d'État les plus considérés et des philosophes les plus graves; les hideuses dénonciations des *Sycophantes*, succédant, presque sans intervalle, aux glorieuses acclamations de la place publique; une liberté, une licence toute démocratique, mêlée aux excès d'une aristocratie parfois tyrannique et barbare; et mille autres contrastes de ce genre.

Dans la gestion des affaires publiques, Cimon avait remplacé Thémistocle; Périclès, qui commençait seulement à se faire connaître, ne devait que plus tard donner son nom à ce siècle des arts et de la littérature. Phidias, quoique déjà célèbre, n'avait point encore porté à son plus haut degré de perfection cet art de la sta-

favorables. Cet acte de sauvagerie, que raconte Plutarque dans les *Vies d'Aristide* et *de Thémistocle*, en dit plus que tous les commentaires sur l'état de civilisation de ce temps-là. Les Grecs n'étaient plus anthropophages, mais leurs Dieux l'étaient encore.

tuaire qui fut le début de Socrate, et sa Minerve d'or et d'ivoire ne brillait pas encore au Parthénon. Le Pirée n'était pas uni à Athènes par ses longues murailles (1), et la ville de Pallas, au milieu des habitations souvent bien misérables de ses citoyens (2), n'avait guère commencé que depuis Pisistrate à se couvrir de monuments de toute espèce, statues de dieux ou de grands hommes, marchés, places publiques, temples, dont quelques-uns offraient aux regards des peintures où étaient représentées les victoires de Miltiade et de Thémistocle.

La lyre, pauvre de cordes et d'harmonie, n'était digne encore des inspirations ni de Terpandre, ni de Timothée. Les lettres aussi étaient loin d'avoir acquis toute la splendeur qui leur était réservée sous l'administration de Périclès, et du vivant même de Socrate. Si Eschyle avait déjà donné ses chefs-d'œuvre, Sophocle ne faisait guère que préluder aux siens, et Euripide ne devait paraître que plus tard, pour recevoir, du fils de Sophronisque, des conseils, et même, dit-on, des inspirations (3).

L'astronomie et les mathématiques pouvaient s'enorgueillir, sans doute, de quelques découvertes ou

(1) Le projet en avait été formé par Thémistocle, mais il ne fut mis à exécution que par Périclès, ainsi qu'il résulterait du témoignage même de Socrate. (Voyez le *Gorgias*, p. 25, et la *Vie de Périclès*, par Plutarque, ch. XXVIII.)

(2) FERGUSON, *Essai sur l'histoire de la société civile*, 4e partie, ch. IV.

(3) DIOGÈNE-LAERCE, lib. II, s. 18.

de quelques importations, dues surtout à Pythagore. Mais la physique, complètement dans l'enfance, n'avait eu jusqu'alors pour représentants, que Thalès, Leucippe, Démocrite, Empédocle, pour bases, que des hypothèses sur l'eau, l'air, les atômes, leurs transformations et leurs combinaisons, et pour résultats, que l'ignorance la plus complète des faits naturels les plus simples.

Quant à la philosophie proprement dite, à la science de l'homme moral et à ses diverses branches, des mains et des voies de Thalès, de Pythagore et d'Anaxagore, elle était tombée dans celles des Sophistes, et elle s'occupait beaucoup plus des moyens de déguiser la vérité, que de ceux de la chercher et de la faire connaître. Ses effets, sinon son but, étaient de fausser le jugement par les subtilités de sa dialectique, au lieu de former et d'ennoblir le cœur, en faisant marcher de front la saine logique et la morale.

Tout cela était en harmonie, du reste, avec l'état des mœurs et de la raison générale de ce temps-là ; et cette raison, aussi bien chez les philosophes que dans le peuple, était celle qui, dans l'ignorance la plus absolue des causes physiques, voyait partout des prodiges, faisait croire aux oracles, à la divination, à la magie, et transformant ces causes en êtres surnaturels le plus souvent malfaisants, peuplait les cieux, les eaux, la terre et ses entrailles, de trente ou quarante mille Dieux, ivrognes, gourmands, impudiques, homicides, dont les passions et les vices ne témoignaient que trop de la grossièreté de mœurs d'un passé qui n'était pas encore bien loin.

Or, pendant que tout cela se passait en Grèce et dans le reste du monde, un enfant, au Dème D'Alopécie, jouait dans l'atelier de son père, le sculpteur Sophronisque (1), et cet enfant, qui devait, plus tard, à l'exemple de sa mère, la sage-femme Phénarète (2), aider les esprits de ses concitoyens à accoucher (3) de nouvelles idées, d'une nouvelle morale, et presque d'une nouvelle religion, cet enfant, c'était Socrate. Il naquit dans la soixante-dix-septième ou la soixante-dix-huitième olympiade, c'est-à-dire, quatre-cent soixante-dix ans, environ, avant la venue de Jésus-Christ, le 6 du mois de Thargélion (4), qui tenait des mois de mai et de juin : la précision des dates, au reste, est ici d'une importance médiocre.

Sophronisque voulut faire de son fils un sculpteur (5).

(1) PLATON, *Ier Alcibiade*, p. 62. — DIOGÈNE-LAERCE, lib. II, s. 18. — ELIEN, *Histor. var.*, lib. II, cap. I.

(2) PLATON, *Théétète*, p. 62; *Ier Alcibiade*, p. 62. — DIOGÈNE-LAERCE, lib. II, s. 18. — ELIEN, *Histor. var.*, lib. II, cap. I.

(3) PLATON, *Théétète*, p. 62, 64, 94 ; *Théagès*, p. 22. — PLUTARQUE, *Questions platoniques*, I, ch. I.

(4) DIOGÈNE-LAERCE, lib. II, s. 44. — PLUTARQUE, *Sympos.*, liv. VIII, quest. 1. — ELIEN, *Hist. var.*, lib. II, cap. XXV.

(5) SCHOL. ARISTOPH., *ad Nub.*, act. II, sc. I. — THÉODORET, *Græc. affect. curat.*, Serm. 1. — PORPHYRE, ap. *id.*, *ibid.*, serm. 12.

Il le fit travailler sous ses yeux ; et le jeune Socrate acquit, à ce qu'il paraît, dans l'art de la statuaire, une assez grande habileté (1). On voyait encore, du temps de Pausanias (2), à l'entrée de la citadelle d'Athènes, un Mercure et des Grâces de sa façon, et l'on remarquait que l'artiste avait voilé la nudité de ces dernières, contre ce qui se pratiqua généralement depuis (3). Mais déjà la philosophie commençait à remuer l'esprit du jeune sculpteur ; et on le vit souvent, après la mort de son père, forcé d'exercer, par indigence, une profession à laquelle il ne se sentait point appelé, se laisser aller à la méditation, les mains inactives et le ciseau appuyé sur le marbre (4).

Criton, qui fut, plus tard, un de ses disciples, et son ami peut-être le plus dévoué (5), le tira de cette position pénible, et le mit à même, en fournissant généreusement à ses besoins, de s'adonner tout entier à l'étude des lettres et de la philosophie (6). Socrate alors se livra

(1) DIOGÈNE-LAERCE, lib. II, s. 19. — PAUSANIAS, lib. I, cap. 22 ; lib. IX, cap. 35. — SCHOL. ARISTOPH., *ad Nub.*, *loco supra.*

(2) PAUSANIAS, lib. IX, cap. 35. — DIOGÈNE-LAERCE, lib. II, s. 19.

(3) PAUSANIAS, lib. IX, cap. 35.

(4) DIOGÈNE-LAERCE, lib. II, s. 20.

(5) PLATON, *Phédon*, *Criton*, *Apologie*. — DIOGÈNE-LAERCE, *loco suprà.*

(6) DIOGÈNE-LAERCE, d'après Aristoxène, qui avait écrit une vie de Socrate, lib. II, s. 20, 21.

en toute liberté à sa vocation. Peut-être entendit-il Anaxagore (1), le premier philosophe qui ait distingué, comme on pouvait le faire en ce temps-là, l'esprit de la matière (2), c'est-à-dire la force de l'acte, ou du corps agissant. Mais toujours reçut-il des leçons d'Archélaüs de Milet, disciple d'Anaxagore, qui prit son élève en grande affection (3).

Socrate s'attacha d'abord à l'étude des choses naturelles (4), c'est-à-dire de la physique du temps; et il en eut bientôt apprécié la valeur, ainsi que celle de ses explications sur la cause de l'existence du monde, et sur son mode de formation (5). Il apprit ensuite la géométrie avec Théodore (6), la musique avec Damon (7), l'art oratoire avec le sophiste Prodicus (8);

(1) DIOGÈNE-LAERCE, lib. II, s. 19, 45.

(2) PLATON, *Phédon*, p. 221. — CICÉRON, *De natura Deorum*, lib. I, s. 11. — PLUTARQUE, *Vie de Périclès*, ch. VI; *Placit. philos.*, lib. I, cap. 3. — DIOGÈNE-LAERCE, lib. II, s. 6.

(3) CICÉRON, *Tuscul. quæst.*, lib. V, s. 4. — DIOGÈNE-LAERCE, lib. II, s. 19. — PORPHYRE, ap. THÉODORET, *Græc. affect. cur.*, serm. 12. — ORIGÈNE, *Philosophumena*, cap. X, XVIII.

(4) PLATON, *Phédon*, p. 218 et seq. — XÉNOPHON, *Memorab.*, lib. I, p. 711; lib. IV, p. 814. — DIOGÈNE-LAERCE, lib. II, s. 21.

(5) XÉNOPHON, *Memorab.*, lib. I, p. 710 et seq. — CICÉRON, *Academ. quæst.*, lib. I, s. 4. — EUSÈBE, *Præpar. evang.*, lib. I, s. 8, cap. V.

(6) PLATON, *Théétète*, p. 55.

(7) DIOGÈNE-LAERCE, lib. II, s. 19.

(8) PLATON, *Ménon*, p. 382.

et, après s'être ainsi convaincu par lui-même de l'inutilité ou du peu d'importance de toutes ces diverses études (1), il prit son élan, et entra dans la voie qu'il ne devait plus quitter, et au bout de laquelle l'attendaient la mort à Athènes, et l'apothéose dans la postérité. Il se livra à l'étude de la morale, à la recherche des devoirs de l'homme et du citoyen. *Il fit descendre la philosophie du Ciel,* pour l'humaniser, la rendre familière et usuelle, et l'appliquer uniquement à ce qui peut rendre les hommes raisonnables, justes, bons et vertueux (2). Il trouvait, dit Xénophon, qu'il y a presque de la folie à consumer l'activité de son esprit à des recherches purement curieuses, environnées de ténèbres à peu près impénétrables, et parfaitement incapables, du reste, de contribuer en rien à notre bonheur; pendant qu'on néglige de s'instruire des devoirs ordinaires de la vie, et d'apprendre ce qui est conforme ou opposé à la justice, à la force, à la tempérance, à la sagesse, à la piété; quel est le but de tout gouvernement, quelles en sont les règles, quelles sont enfin les qualités nécessaires pour bien commander et bien gouverner (3).

Et ces efforts de philosophie morale et rénovatrice,

(1) Xénophon, *Memorab.*, lib. I, p. 710; lib. IV, p. 814 et seq. — Diogène-Laerce, lib. II, s. 21.

(2) Cicéron, *Tuscul. quæst.*, lib. V, s. 4; *Academ. quæst.* lib. I, s. 4.

(3) Xénophon, *Memorab.*, lib. I, p. 710.

il ne les faisait pas du haut d'une chaire, ou dans un lieu consacré à ces sortes d'exercices ; ni à de certains jours, ni à de certaines heures, hors desquelles il pensât à toute autre chose (1). Il les faisait en tous lieux, à toute heure, de nuit comme de jour, à Athènes comme à l'armée, dans la rue comme à la table d'Agathon (2), aux boutiques des artisans (3) comme dans le boudoir de Callisto (4) ou de Théodote (5). Il les fit même encore dans son cachot, et au moment de boire la ciguë (6). C'était là sa mission, sa vie, lui-même ; vie sublime, mission sainte, qu'il mettait au-dessus de tout,

(1) « Il ne faisait point apprêter de bancs, il ne montait point en chaire, il n'observait point de temps pour liré en public ; il n'assignait point à ses amis certaines heures pour la conférence ou pour la promenade ; mais il exerçait la philosophie en buvant, en mangeant, en se divertissant, quand il était au camp, quand il était dans les assemblées de la ville, enfin, lors même qu'il était en prison et qu'il buvait la ciguë ; ayant le premier fait voir que la vie de l'homme, en tout temps, en toute saison, dans les afflictions même, reçoit universellement l'usage de la philosophie. » (PLUTARQUE, *Si l'homme d'âge doit...*, ch. LIII.)

(2) PLATON, *Banquet*, p. 226 et seq.

(3) XÉNOPHON. *Memorab.*, lib. I, p. 709 ; lib. III, p. 782 ; lib. IV, p. 701, 793. — ATHÉNÉE, *Deipnosoph.*, lib. V, cap. XX.

(4) ÉLIEN, *Histor. var.*, lib. XIII, cap. XXXII.

(5) XÉNOPHON, *Memorab.*, lib. IV, p. 783 et seq. — ÉLIEN, *Hist. var.*, lib. XIII, cap. XXXII.

(6) PLATON, *Phédon*, p. 280. — PLUTARQUE, *Si l'homme d'âge...*, ch. LIII ; *Du bannissement*, ch. L ; *De la tranquillité d'âme...*, ch. VI.

et à laquelle il ne se serait pas soustrait pour la mort même (1).

Bien qu'il adressât ainsi à tout le monde ses prédications de philosophie appliquée, aux femmes comme aux hommes, aux jeunes gens comme aux vieillards, aux gens dissolus comme aux personnages graves, à Alcibiade et à Critias, comme à Eschine et à Xénophon, Socrate avait néanmoins bien senti que, pour atteindre le but de sa mission, la réforme des mœurs et des croyances dans sa chère Athènes, il fallait qu'il s'attachât de préférence à ce qui devait plus tard en faire la force et l'honneur, c'est-à-dire, à la jeunesse; et c'était à elle, en effet, que s'adressaient la plupart de ses exhortations, je dirais presque de ses importunités. Sous ce rapport il était, comme le dit Libanius (2), le père commun de la république, et il n'y avait rien qu'il épargnât pour se faire écouter et suivre des jeunes gens. Paroles de bonté avec Eschine (3), d'ironie avec Euthydème et Glaucon (4), d'encouragement et presque de jussion avec Platon (5) et Xénophon (6), et

(1) Platon, *Apologie*, p. 68, 69, 70, 87.

(2) Libanius, *Apologia Socratis*, dans *Libanii Sophistæ Præludia oratoria, declamationes et dissertationes morales*, 2 vol. in-folio, Parisiis, 1606, t. I, p. 641.

(3) Diogène-Laerce, lib. II, s. 34. — Sénèque, *De beneficiis*, lib. I, cap. 8.

(4) Xénophon, *Memorab.*, lib. III, p. 772; lib. IV, p. 791.

(5) Elien, *Hist. var.*, lib. III, cap. 28.

(6) Diogène-Laerce, lib. II, s. 48.

jusqu'aux formes mêmes de l'amour grec avec Alcibiade (1); il employait tout, et réussissait souvent au delà de ses espérances (2). Tous ses disciples, à l'exception peut-être de Critias, furent et restèrent ses amis; amis dévoués, fervents, enthousiastes, dont la vénération ne fit que s'accroître après la mort de leur maître (3).

Ce qu'il apprenait à ces jeunes gens, c'étaient la modestie, la défiance de soi-même (4), la nécessité d'apprendre pour savoir (5), l'amour des enfants pour leurs parents (6), la tempérance (7), la chasteté, l'éloigne-

(1) PLATON, *Banquet*, p. 259; *Alcibiade* I, p. 4. — PLUTARQUE, *Vie d'Alcibiade*, ch. VI et VII. — DIOGÈNE-LAERCE, lib. II, s. 31. — ELIEN, *Hist. var.*, lib. IV, cap. XXI. — ATHÉNÉE, *Deipnosoph.*, lib. V, cap. XIX. — THÉODORET, *Græc. affect. cur.*, serm. 12.

(2) PLATON, *Banquet*, p. 266, 272. — PLUTARQUE, *De la curiosité*, ch. V. — AULU-GELLE, *Noct. att.*, lib. VI, cap. X.

(3) XÉNOPHON, *Memorab.*, lib. IV, p. 790, 818.

(4) PLATON, *Alcibiade* I et II, *Ménon*, *Charmide*, *Théagès*, *Théétète*. — XÉNOPHON, *Memorab.*, lib. I, p. 732; lib. III, p. 772; lib. IV, p. 791 (Entretien de Socrate avec Euthydème). — CICÉRON, *Tuscul. quæst.*, lib. III, s. 22. — PLUTARQUE, *Vie d'Alcibiade*, ch. IX. — ELIEN, *Hist. var.*, lib. III, cap. XXVIII.

(5) PLATON, *Alcibiade* I, *Théagès*, *Ménon*, *Théétète*. — XÉNOPHON, *Memorab.*, lib. III, p. 761, 772, 774 (Entretien de Socrate avec Glaucon), 779; lib. IV, p. 792.

(6) XÉNOPHON, *Memorab.*, lib. II, p. 741 et seq. (Admonestation de Socrate à son fils Lamproclès).

(7) XÉNOPHON, *Memorab.*, lib. I, p. 728, 729; lib. II, p. 733; lib. IV, p. 808. — ATHÉNÉE, *Deipnos.*, lib. V, cap. II.

ment de l'amour infâme alors à la mode (1), l'observation des coutumes et des lois de la République (2), la piété envers les Dieux (3), la foi en leur providence (4), la reconnaissance de leurs bienfaits (5); c'était enfin l'abandon des études inutiles ou nuisibles de la philosophie explicative, et l'horreur du sophisme et des maîtres en cet art.

Et ces pauvres sophistes, quel traitement il leur infligeait, et quelle explosion de haine il se préparait de leur part! Sous un air de bonhomie, il commençait par leur poser quelques questions bien modestes, puis les laissait développer à perte de vue les mensonges et les inintelligibilités de leur logique; puis revenait à ses

— DIOGÈNE-LAERCE, lib. II, s. 34; c'est là que se trouve ce mot de Socrate, *qu'il faut manger pour vivre, et non vivre pour manger.*

(1) PLATON, *Banquet*, p. 260; *Phédon*, p. 184. — XÉNOPHON, *Memorab.*, lib. I, p. 716, 723, 730; lib. II, p. 733, 739; lib. IV, p. 790.

(2) PLATON, *Apologie*, p. 75; *Criton*, p. 115 et seq. — XÉNOPHON, *Memorab.*, lib. I, p. 712, 713; lib. IV, p. 803, 805.

(3) PLATON, *Apologie*, p. 160; *Phédon*, p. 265; *Euthyphron*, p. 9; *Alcibiade* II, p. 85; *Phèdre*, p. 390. — XÉNOPHON, *Memorab.*, lib. I, p. 708, 711, 726.

(4) PLATON, *Phédon*, p. 137; *Alcibiade* II, p. 76. — XÉNOPHON, *Memorab.*, lib. I, p. 711, 726; lib. IV, p. 800 et seq. (Entretien avec Euthydème).

(5) PLATON, *Euthyphron*, p. 33; *Phédon*, p. 266; *Alcibiade* II, p. 90. — XÉNOPHON, *Memorab.*, lib. I, p. 723, 726; lib. IV, p. 803.

questions, demandait en grâce qu'on voulût bien y faire des réponses aussi brèves et aussi simples qu'elles (1), qu'on se mît, en un mot, à la portée de son humble intelligence. Alors les interrogations se pressaient, l'argumentation se serrait ; le sophiste étonné se défendait pourtant de son mieux ; Socrate redoublait ses questions, faisait quelquefois la demande et la réponse (2), et son adversaire, étourdi, confus, atterré, ne tardait pas à quitter la place, et à laisser au redoutable questionneur et ses disciples et la victoire (3).

On sent bien que, pour une mission aussi grave et aussi occupée, celle de la réforme d'une ville comme Athènes, Socrate n'avait rien de mieux à faire que de ne pas s'éloigner de cette ville. Aussi, bien qu'il se donnât à lui-même le titre de *Citoyen du monde* (4), en ce sens sûrement que la réforme à laquelle il avait consacré sa vie s'adressait au monde tout entier, il ne paraît pas qu'il soit jamais beaucoup sorti du territoire de l'Attique (5). Etant jeune, il fit, suivant Ion de Chio, le voyage de Samos ; suivant Aristote, celui

(1) PLATON, *Protagoras*, p. 136 et seq. ; *Gorgias*, p. 9.

(2) PLATON, *Gorgias*, p. 127 et seq. ; *Alcibiade* I, p. 27.

(3) PLATON, *Euthydème*, *Sophiste*, *Protagoras*, *Gorgias*, *Hippias* I et II.

(4) « Socrates quidem, cum rogaretur cujatem se esse diceret, mundanum, inquit. Totius enim mundi se incolam et civem arbitrabatur. » CICÉRON, *Tuscul. quæst.*, lib. V, s. 37. — PLUTARQUE, *Du bannissement*, ch. XII.

(5) PLATON, *Criton*, p. 120, 122 ; *Phèdre*, p. 287. — DIOGÈNE-LAERCE, lib. II, s. 22.

de Python en Phocide; suivant Phavorin, celui de Corinthe (1); mais ces absences sont au moins douteuses, et peut-être ne s'éloigna-t-il jamais d'Athènes, que pour servir dans ses armées (2).

Socrate, en effet, ne se contentait pas de donner des préceptes de philosophie morale. Il croyait qu'à cet égard les exemples valent mieux que les leçons, et il regardait comme un des premiers devoirs, celui de défendre la patrie contre les attaques de ses ennemis. Or, ce devoir, personne ne le remplit mieux que lui (3).

Il débuta, à trente-sept ans, par servir au siége de Potidée, comme simple soldat (4), et c'était, dit Rollin, un spectacle assez curieux que de voir un philosophe de son âge endosser la cuirasse, et que d'examiner

(1) DIOGÈNE-LAERCE, lib. II, s. 23.

(2) PLATON, *Criton*, p. 120.

(3) Athénée, il est vrai (*Deipnos.*, lib. V, cap. XIV et XV), après avoir regardé Socrate comme ayant dû faire un mauvais soldat, nie qu'il ait jamais été à l'armée. Il dit que c'est là une invention de Platon, et il remarque que Thucydide n'a pas parlé de Socrate dans les livres III, IV et V de son histoire, où il est question des guerres auxquelles ce philosophe passe pour avoir pris part. La chose est vraie, mais elle n'a pas l'importance que lui attribue Athénée; et la vie militaire de Socrate est un fait généralement et incontestablement admis, conformément aux récits de Platon, Cicéron, Strabon, Sénèque, Plutarque, Diogène-Laërce, Elien, etc.

(4) PLATON, *Banquet*, p. 200; *Charmide*, p. 106. — DIOGÈNE-LAERCE, lib. II, s. 23. — ELIEN, *Hist. var.*, lib. III, cap. 17.

comment il s'en tirerait (1). Et Socrate s'en tira à merveille. Gaîté, tempérance, insouciance du froid de la saison, mais surtout courage admirable, il donna la preuve et l'exemple de tout (2). Il sauva Alcibiade blessé et porté à terre, et, après l'avoir ainsi défendu, il lui fit décerner le prix de la valeur, que lui-même assurément avait bien mérité (3).

Ce siége de Potidée fut, sinon le commencement, au moins l'occasion de la guerre du Péloponèse; et, après huit ans de cette lutte si funeste aux destinées de la Grèce (4), les Athéniens et les Thébains eurent une rencontre près de Délium en Béotie (5). Socrate était encore à cette affaire, et comme à Potidée il y fit tellement bien son devoir (6), qu'au dire de Lachès (7), si tous les Athéniens se fussent conduits comme lui, les Thébains n'auraient pas été vainqueurs. Dans ce combat, Xénophon avait été renversé de cheval; Socrate le dégagea du milieu des ennemis (8), et

(1) Rollin, *Hist. anc.*, t. III, liv. VII, ch. I, s. 13.

(2) Platon, *Banquet*, p. 266, 267.

(3) Platon, *Banquet*, p. 268, 269 (Témoignage d'Alcibiade). — Plutarque, *Vie d'Alcibiade*, ch. XI. — Diogène-Laerce, lib. II, s. 23.

(4) Thucydide, *De bello peloponesiaco*, lib. I, s. 1.

(5) Thucydide, *ibid.*, lib. IV, s. 96. — Plutarque, *Vie d'Alcibiade*, ch. XII. — Elien, *Histor. var.*, lib. III, cap. XVII.

(6) Platon, *Banquet*, p. 269, 270.

(7) Platon, *Lachès*, p. 165.

(8) Diogène-Laerce, lib. II, s. 22.

même, suivant Strabon (1), il le porta, pendant quelques stades, sur ses épaules, faisant face, en même temps, de son visage et de son épée, aux ennemis qui le poursuivaient.

Bientôt après il ne se conduisit pas avec moins de bravoure à la déroute qui suivit le coup de main tenté sur Amphipolis (2) par le général-corroyeur Cléon, déroute qui marqua le terme de sa carrière militaire. Il approchait alors de sa cinquantième année.

Je dirai plus tard quel singulier avis il donna à ceux de ses amis qui se trouvaient avec lui à la défaite de Délium (3). J'ai passé de même sur quelques autres circonstances analogues de sa conduite au siége de Potidée. Le lecteur devine déjà peut-être par quel motif j'en agis ainsi.

On vient de voir quels exemples de philosophie militaire, si je puis ainsi dire, savait donner ce grand homme ; mais cela est loin encore de sa philosophie civile, soit privée, soit politique.

Considérons-le d'abord dans sa maison, entre ses deux femmes, et entouré de ses trois enfants. Tous les lecteurs ne savent peut-être pas que Socrate ait été bigame (4), et il y a de pieux auteurs qui prétendent

(1) *Rerum geograph.*, lib. IX, p. 618.

(2) ELIEN, *Hist. var.*, lib. III, cap. 17.

(3) CICÉRON, *De divinatione*, lib. I, s. 54. — PLUTARQUE, *Du démon ou Esprit familier de Socrate*, ch. XIX.

(4) PLUTARQUE, *Vie d'Aristide*, ch. XXVI. — PORPHYRE,

que cette assertion est une calomnie (1). Mais la calomnie suppose le mal, et il n'y en avait pas dans le double mariage de Socrate. Après la guerre du Péloponèse et la peste d'Athènes, le sénat décréta que, pour repeupler le territoire de l'Attique, tous les survivants eussent à prendre deux femmes (2), et ici, comme en toute occasion, Socrate se conforma à la loi. Ses deux femmes furent Myrto et Xantippe. La première, petite-fille d'Aristide-le-Juste, était, à ce qu'il paraît, d'une bonté et d'une douceur de mœurs qui rappelaient celles de son aïeul. Mais Xantippe, son nom seul dit désormais à tout le monde que ce caractère était bien loin d'être le sien. Ce qu'il y a de plus admirable en ceci, c'est que Socrate la connaissait bien quand il l'épousa; il se croyait, disait-il, assez fort pour la supporter, et il ajoutait qu'après cette épreuve il n'y avait rien qu'il ne pût souffrir (3).

dans Théodoret, *Affect. græc. cur.*, serm. 12. — Athénée, *Deipnosoph.*, lib. XIII, cap. II.

(1) Panetius, suivant Plutarque, *loco suprà*. — Hardion, *Mémoires de l'Académie des inscriptions et belles-lettres*, t. VIII, p. 281. — Rollin, *Hist. anc.*, liv. IX, ch. IV, s. 1. — J. de Luzac, *De bigamia Socratis*; Leyde, 1809, in-4.

(2) Diogène-Laerce, lib. II, s. 26, d'après Aristote, *De Nobilitate*. Plutarque, *loco suprà*, ajoute à ce témoignage d'un ouvrage déjà, à la vérité, regardé de son temps comme apocryphe, ceux de Démétrius de Phalère, d'Hiéronyme de Rhodes, et d'Aristoxène le musicien.

(3) Xénophon, *Banquet*, p. 876. — Diogène-Laerce, lib. II, s. 36. — Aulu-Gelle, *Noct. att.*, lib. I, ch. XVII.

Un jour qu'il avait à dîner Euthydème, son disciple et son ami, Xantippe, dans un de ces accès de colère qui lui étaient familiers, renversa la table et tout ce qu'elle portait (1). Euthydème, qui avait bon appétit, fut sur le point de se fâcher, et voulait aller dîner ailleurs. Socrate le retint en riant, et lui rappela que, quelques jours auparavant, un dîner que lui offrait Euthydème avait de même été compromis par une poule. Mais au moins, dit ce dernier un peu radouci, ma poule m'est bonne à quelque chose, elle me pond des œufs; mais votre Xantippe... — Elle me fait des enfants, dit Socrate (2).

Une autre fois Xantippe avait beaucoup crié, et s'était emportée plus que de coutume. Socrate avait tout souffert avec impassibilité, et je crois même, le rire sur les lèvres. Xantippe, exaspérée de ce flegme, et ne sachant plus que faire pour le vaincre, jeta à son mari un pot d'eau sale sur la tête. *Après le tonnerre la pluie*, dit Socrate, et ce fut là tout ce que Xantippe put en obtenir (3).

(1) Plutarque, *Comment il faut refréner la colère*, ch. XXXIII.

(2) Je me suis trompé. Cette réponse fut faite à Alcibiade, qui reprochait à son maître d'être trop tolérant envers sa femme. Eh! quoi, lui dit ce dernier, te fâches-tu contre les oies, quand elles crient? — Mais, au moins, elles me font des œufs, des petits. — Et ma femme me fait des enfants. (Diogène-Laerce, lib. II, s. 37.)

(3) Diogène-Laerce, lib. II, s. 36. — Athénée révoque

On ne finirait pas si l'on voulait rapporter tous les traits de ce genre. Mais ce qu'il ne faut pas oublier, ce sont les admirables préceptes d'affection pour une telle mère, que Socrate donnait à Lamproclès, l'aîné de ses fils. Ce dernier probablement n'était pas doué de la même dose de patience que son père, et il était las, sans doute, des menaces et peut-être des mauvais traitements de sa mère. On peut lire ces préceptes dans Xénophon (1).

Et il ne faut pas croire que rien, dans son intérieur, dédommageât l'époux de Xantippe de la compagnie d'une pareille femme. Socrate était pauvre (2) ; tout son bien ne valait guère que cent écus de notre monnaie (3) ; et ce n'était pas parce qu'il n'avait que peu d'amis à recevoir que sa maison était petite ; c'eût été plutôt parce qu'il ne pouvait pas l'avoir plus vaste, et que du reste il n'avait pas grande chère à y faire.

ce fait en doute, ainsi que beaucoup d'autres faits de la vie de Socrate. Mais on s'accorde, en général, à n'attacher presque aucune importance à ses dénégations.

(1) *Memorabilia*, lib. II, p. 741.

(2) PLATON, *Banquet*, p. 260. — XÉNOPHON, *Memorab.*, lib. I, p. 729. — ELIEN, *Hist. var.*, lib. II, cap. XLIII.

(3) 5 mines (XÉNOPHON, *Econ.*, p. 822, 823), ce qui équivaudrait à 450 livres, suivant l'évaluation faite par Barthélemy (*Voyage du jeune Anacharsis*, tab. 14, Évaluation des monnaies d'Athènes). On lit pourtant dans Plutarque (*Vie d'Aristide*, ch. III), qu'au rapport de Démétrius, Socrate avait non-seulement une maison à lui, mais 70 mines d'argent (plus de 10,000 fr.), que Criton lui faisait valoir.

Quant à lui, ce dernier point était ce qui lui importait le moins au monde (1). L'appétit ne lui manquait pas, et quand il en avait moins que de coutume, il se promenait à grands pas devant sa porte, en disant qu'il se faisait une sauce pour son souper (2). Sûrement que c'était là un soin que Xantippe ne prenait pas toujours.

Au reste, si Socrate était pauvre, c'était parce qu'il le voulait bien, et que cela convenait mieux à son indépendance et à sa philosophie. Il avait hérité de son père quatre-vingts mines, c'est-à-dire environ 8,000 francs de notre argent (3). Il les prêta à un ami qui ne les lui rendit pas (4). Cela ne l'empêcha pas de refuser les présents d'Archélaüs, tyran de Macédoine, qui eût bien voulu l'attirer auprès de lui. Il donna pour raison de ce refus, qu'il ne voulait pas aller trouver un homme qui lui donnerait plus qu'il ne pouvait rendre (5); ré-

(1) PLATON, *Banquet*, p. 266. — XÉNOPHON, *Memorab.*, lib. I, p. 723; lib. III, p. 788. — PLUTARQUE, *De la tranquillité d'âme*, ch. XX; *Du trop parler*, ch. XXXVI. — DIOGÈNE-LAERCE, lib. II, s. 26 et 62. — AULU-GELLE, *Noct. att.*, lib. II, c. I. — ATHÉNÉE, *Deipnos.*, lib. V, c. II.

(2) « Socratem ferunt, cum usque ad vesperum contentius ambularet, quæsitumque esset ex eo quare id faceret, respondisse : se, quo melius cœnaret, opsonare ambulando famem. » CICÉRON, *Tuscul. quæst.*, lib. V, s. 34.

(3) Suivant Barthélemy, *loco suprà*, cela irait à 7,200 livres de la monnaie de son temps.

(4) LIBANIUS, *Apologia Socratis*, p. 640.

(5) SÉNÈQUE, *De beneficiis*, lib. V, cap. VI.

ponse d'ailleurs beaucoup trop modeste de la part d'un homme tel que Socrate.

Il refusa de même les présents de plusieurs riches Athéniens, et notamment ceux d'Alcibiade, malgré les représentations de Xantippe, qui n'eût pas demandé mieux que d'accepter (1). Alcibiade lui offrit un jour un terrain d'une étendue considérable, pour qu'il s'y bâtît une maison ; Socrate remercia encore, et répondit, je crois, que, s'il avait besoin de chaussures, il se soucierait peu qu'on lui donnât du cuir pour en faire, parce qu'il n'était pas en état de payer les frais de la mise en œuvre (2).

Il n'y avait d'ailleurs aucune ostentation dans tous ces refus, dans toute cette pauvreté du sage grec. Un jour que son pourpoint, comme celui de Scarron, était percé par le coude, j'achèterais bien un manteau si j'avais de l'argent, dit-il dans une réunion de plusieurs de ses disciples, qui se disputèrent alors, mais un peu tard, l'honneur de couvrir la nudité de leur maître (3).

On sent bien que si Socrate vivait ainsi dans une pauvreté volontaire, c'est que son désintéressement et son ardent amour de la philosophie et de la réforme qu'il y opérait, ne lui permettaient pas même de penser à recevoir le prix des leçons (4), ou plutôt des pré-

(1) ELIEN, *Hist. var.*, lib. IX, cap. XXIX.
(2) DIOGÈNE-LAERCE, lib. II, s. 24.
(3) SÉNEQUE, *De beneficiis*, lib. VII, cap. XXIV.
(4) PLATON, *Apologie*, p. 45, 76. — XÉNOPHON, *Memorab.*,

dications continuelles, qu'il allait semant de toutes parts, et que, surtout dans la période avancée de sa vie, il eût pu se faire payer fort cher. Mais il ne voulut jamais rien accepter d'aucun de ses disciples, au-delà, au moins, du nécessaire (1); et Criton lui-même, qui l'avait tiré de sa boutique de sculpteur, pour lui donner les moyens de philosopher à son aise, ne put ensuite venir à bout de vaincre sa résistance à cet égard (2).

Ce Socrate, au reste, si pauvre et pourtant si peu nécessiteux, qui n'avait qu'un manteau pour l'été et pour l'hiver, qui marchait nu-pieds en toute saison, parce qu'il ne sentait pas le besoin de chaussures (3), à qui la pompe et l'appareil du luxe n'arrachaient que ces paroles : « que de choses dont je n'ai pas besoin (4) ! » Socrate n'était ni malpropre dans ses vêtements (5), ni ennemi de la gaîté et des plaisirs (6). C'était lui qui voyait poindre la vanité d'Antisthène à

lib. I, p. 731 ; *Apologie*, p. 704. — DIOGÈNE-LAERCE, lib. II, s. 27.

(1) PLATON, *Apologie*, p. 72. — XÉNOPHON, *Memorab.*, lib. I, p. 721.

(2) PLATON, *Criton*.

(3) PLATON, *Banquet*, p. 267 ; *Phèdre*, p. 284. — XÉNOPHON, *Memorab.*, lib. I, p. 730.

(4) « Quam multa non desidero ! » CICÉRON, *Tuscul. quæst.*, lib. V, s. 32. — DIOGÈNE-LAERCE, lib. II, s. 25.

(5) XÉNOPHON, *Memorab.*, lib. I, p. 712. — DIOGÈNE-LAERCE, lib. II, s. 28 et 36. — ELIEN, *Hist. var.*, lib. IV, cap. XI.

(6) PLATON, *Banquet*, p. 267.

travers les trous de son manteau (1), et, loin d'imiter en cela le futur chef du Cynosarge, il savait mettre une robe neuve et des sandales, quand il allait dîner chez Agathon (2). Là, il n'était ni le moins gai, ni le moins engageant des convives (3), et il n'y avait pas de buveur qui pût lui tenir tête (4). Ainsi, sans aller lui-même jusqu'à l'intempérance, il savait encore ici faire comme et mieux que les autres, aussi bien qu'en matière de guerre, d'obéissance aux lois et de respect à la religion de l'État.

Il y avait pourtant, ce me semble, et bien qu'on ait prétendu le contraire (5), un point dans lequel il dif-

(1) DIOGÈNE-LAERCE, lib. II, s. 36. — ELIEN, *Hist. var.*, lib. IX, cap. XXXV.

(2) PLATON, *Banquet*, p. 168. — DIOGÈNE-LAERCE, lib. II, s. 28.

(3) XÉNOPHON, *Banquet*, p. 878.

(4) PLATON, *Banquet*, p. 173, 254, 267, 274. — PORPHYRE, dans THÉODORET, *Græc. affect. cur.*, serm. 12.

(5) ELIEN, *Hist. var.*, lib. IV, cap. XXI. — TERTULLIEN, *Apologet.*, p. 76. — ATHÉNÉE, *Deipnosoph.*, lib. V, cap. XIX. — THÉODORET, *Græc. affect. cur.*, serm. 12. — Voir, pour les fondements de cette imputation : *le Banquet, le Philèbe, le Phèdre, le premier Alcibiade, les Rivaux, le Charmide, le Protagoras.* — Porphyre, dans Théodoret, serm. 12, prétend, en outre, que Socrate avait été le mignon d'Archélaüs, son maître : « Decimum vero ac septimum agenti annum (fama percrebuit) accessisse Archelaüm, Anaxagoræ discipulum, qui se diceret amore ejus correptum; Socratem vero, amatoris occursum ac familiaritatem minime aversatum, multos illi annos convixisse, eoque pacto ab Archelao ad philosophiam traductum esse. » Quand ce

férait d'Athènes, de la Grèce entière, et même de plusieurs de ses amis et de ses disciples. Je veux parler de ce sale amour grec, dont brûlait toute l'antiquité (1), et qu'elle regardait même comme plus noble, plus élevé, plus céleste que l'amour ordinaire (2). Les anciens, les Grecs surtout, dans leur dédain pour le sexe faible (3), voyaient, dans ces rapports d'intimité charnelle entre deux amis, un lien qui donnait plus de force à un sentiment si nécessaire dans ces temps de violentes passions et de lois souvent impuissantes, une cause de noble émulation et de vertueux dévouement, un moyen, il faut le dire, de perfectionnement

fait serait vrai, il n'en serait que plus honorable pour Socrate d'avoir pu renoncer à de pareilles habitudes.

(1) SAINT PAUL, *Épître aux Romains*, ch. I, v. 27.

(2) PLATON, *Banquet*, p. 184 et seq. On voit dans ce dialogue que, chez les philosophes grecs eux-mêmes, l'amour des femmes, désigné sous le nom de *Vénus populaire*, était regardé comme bas et honteux, tandis que celui du sexe mâle, qualifié de *Vénus céleste* ou *Uranie*, était le seul amour qu'un galant homme put avouer.

(3) Socrate ne partageait pas non plus ce sentiment. Sans doute, il ne voulait pas faire de la femme une Bradamante ou un Lycurgue. Il entendait mieux ce qui convient à sa nature et à son bonheur. Il voulait qu'il régnât la plus pleine confiance entre les époux ; que la femme fût maîtresse au logis, mais dans le cercle seulement de ses attributions ; que son mari n'eût pas de meilleur ami, de plus intime confident qu'elle ; et il rendait presque ce dernier responsable des fautes qu'elle pourrait commettre. C'était là une philosophie domestique bien sage et bien avancée. (XÉNOPHON, *Econom* , p. 826, 827.)

moral et intellectuel (1). Or, Socrate ne garda de tout cet amour, que lui-même appelait infâme (2), que la forme, l'apparence, et, si je puis parler ainsi, l'intellectualité. Mais il n'alla pas plus loin (3); et, pour s'en convaincre, il suffirait de lire le passage suivant, que j'extrais du Banquet de Platon, et où Alcibiade, entre deux vins, raconte, d'une manière un peu graveleuse, la résistance de son maître à toutes les avances qu'il put lui faire.

« Je me trouvai donc en tête-à-tête avec lui; je « m'attendais qu'il ne tarderait guère à engager ce « genre de propos que tout amant adresse à son « bien-aimé, quand il est seul avec lui, et je m'en ré-« jouissais déjà. Mais il n'en fut rien absolument. « Socrate demeura toute la journée, s'entretenant avec « moi à son ordinaire, puis il se retira. Après cela, je « le provoquai à des exercices de gymnastique : je m'es-« sayai avec lui, espérant par-là gagner quelque chose. « Nous nous exerçâmes souvent, et nous luttâmes en-« semble sans témoins. Que vous dirai-je, mes amis, « je n'en étais pas plus avancé. Voyant qu'ainsi je « n'obtenais plus rien, je me décidai à l'attaquer vive-

(1) PLATON, *Banquet*, p. 178 et seq.

(2) PLATON, *Phédon*, p. 184; *Lysis*, p. 228, 249. — XÉNOPHON, *Memorab.*, lib. I, p. 716, 724, 730; lib. II, p. 753; lib. IV, p. 790.

(3) PLUTARQUE, *Vie d'Alcibiade*, ch. VI, VII, IX. — DIOGÈNE-LAERCE, lib. II, s. 31. — MAXIME DE TYR, *Dissertatio* XIV, p. 259.

« ment, à ne point lâcher prise, ayant une fois com-
« mencé, et à savoir enfin à quoi m'en tenir. Je l'in-
« vitai à souper, comme font les amants qui tendent un
« piége à leurs bien-aimés. Il ne se rendit pas d'abord
« à mes instances ; mais avec le temps il finit par
« céder. Il vint, mais aussitôt après le repas il voulut
« s'en aller. Je le laissai sortir par une sorte de pudeur.
« Mais une autre fois je lui tendis un nouveau piége,
« et, après qu'il eût soupé, je prolongeai notre entre-
« tien assez avant dans la nuit. Lorsqu'il voulut ensuite
« se retirer, j'alléguai qu'il était trop tard pour re-
« tourner chez lui, et le contraignis de rester. Il se
« coucha donc sur le lit, tout proche du mien, le même
« sur lequel il avait soupé ; personne, excepté nous,
« ne dormait dans cet appartement.

« Quand donc, mes amis, la lampe fut éteinte et que
« les esclaves se furent retirés, je jugeai qu'il ne fal-
« lait point biaiser avec lui, et que je devais m'expli-
« quer franchement ; je le poussai un peu, et lui dis,
« Socrate, dors-tu ? — Pas tout à fait, répondit-il. —
« Eh bien ! sais-tu ce que je pense ? — Quoi donc ? —
« Je pense, repris-je, que tu es le seul de mes amants
« qui soit digne de moi ; et il me semble que tu n'oses
« m'ouvrir ton cœur. Pour moi, je me trouverais fort
« déraisonnable de ne pas te complaire en cette occa-
« sion, soit par moi-même, soit par mes amis. Je n'ai
« rien tant à cœur que de me perfectionner, et je ne
« vois personne dont le secours puisse en cela m'être

« plus utile que le tien. En refusant quelque chose à « un homme tel que toi, je craindrais bien plus d'être « blâmé des sages, que du vulgaire et des sots en « t'accordant tout. A ce discours, il me répondit avec « ce ton d'ironie qui lui est familier : Oui-dà, mon « cher Alcibiade, tu ne me parais pas malavisé, si « ce que tu dis de moi est vrai, et si je possède, « en effet, la vertu de te rendre meilleur ; vraiment « tu as découvert là en moi une beauté merveilleuse « et bien supérieure à la tienne ; à ce compte, si tu « veux faire avec moi un échange, tu m'as l'air de « vouloir faire un assez bon marché ; tu prétends avoir « le réel de la beauté pour son apparence, tu me pro- « poses du cuivre contre de l'or. Mais, bon jeune « homme, regardes-y de plus près : peut-être te fais- « tu illusion sur le peu que je vaux. Les yeux de l'es- « prit ne commencent à devenir plus clairvoyants « qu'à l'époque où ceux du corps s'affaiblissent, et « cette époque est encore bien éloignée pour toi. — « Là-dessus, je repris : De mon côté, Socrate, c'est « une affaire arrangée ; je ne t'ai rien dit que je ne « pense : c'est à toi de voir ce que tu jugeras le plus à « propos et pour toi et pour moi. — Très-bien parlé, « répondit-il. Ainsi, nous verrons et nous ferons ce « qui nous paraîtra le plus à propos pour nous deux, « comme sur tout le reste.

« Cela dit de part et d'autre, je crus que le trait que « je lui avais lancé avait atteint son but ; je me lève

« donc, et, sans lui laisser rien dire de plus, enveloppé « dans ce manteau que vous me voyez, car c'était en « hiver, et jetant mes deux bras autour de ce divin et « merveilleux personnage, je passai près de lui la nuit « entière. Sur tout cela, Socrate, tu n'as qu'à dire si « je mens. Eh ! bien, après de telles avances de ma « part, voilà comme il a triomphé du pouvoir de ma « beauté, comme il l'a dédaignée et honnie. Et pour- « tant, je ne la croyais pas sans quelque valeur, ô ju- « ges : c'est à votre tribunal que je soumets cette inso- « lence de Socrate. Sachez-le donc, par les Dieux ! « par les Déesses ! je me levai d'auprès de lui, tel, ni « plus ni moins, que si je fusse sorti du lit d'un père « ou d'un frère aîné.

« Depuis cette époque, dans quelle situation d'esprit « n'ai-je pas dû me trouver, je vous le demande, moi « qui, d'un côté, me voyais humilié, et qui, de l'autre, « admirais son caractère, sa tempérance, sa force « d'âme, et me félicitais d'avoir rencontré un homme « dont je ne croyais pas pouvoir jamais trouver l'égal « pour la sagesse et l'empire sur lui-même ; de sorte « que je ne pouvais, en aucune manière, ni me fâcher, « ni me passer de sa compagnie, et que je ne voyais « pas davantage le moyen de le gagner ; car je savais « bien qu'à l'égard de l'argent il était invulnérable, plus « qu'Ajax ne l'était contre le fer, et je le voyais m'é- « chapper du seul côté par où je m'étais flatté qu'il se « laisserait prendre ! Ainsi je restais embarrassé, plus

« asservi à cet homme qu'esclave ne le fut jamais à son « maître, et je n'allais qu'au hasard.

« Telle fut la première origine de mes relations avec « lui. »

Ici, Alcibiade raconte l'admirable conduite de Socrate au siége de Potidée, la manière dont ce philosophe lui sauva la vie, et dont il lui fit décerner, en outre, le prix de la valeur. Puis il ajoute :

« Voilà, mes amis, ce que je loue dans Socrate, et « ce dont je me plains ; car j'ai joint à mes éloges le ré« cit des injures qu'il m'a faites : et ce n'est pas moi « seul qu'il a ainsi traité, c'est Charmide, fils de Glau« con, Euthydème, fils de Dioclès, et nombre d'autres, « qu'il a trompés, en ayant l'air de vouloir être leur « amant, et auprès desquels il a joué plutôt le rôle de « bien-aimé. Et toi, à ton tour, Agathon, si tu veux « m'en croire, tu ne seras pas la dupe de cet homme« là ; mais tu te tiendras sur tes gardes, prenant con« seil de ma triste expérience ; et tu ne feras pas comme « l'insensé, qui, selon le proverbe, ne devient sage qu'à « ses dépens (1). »

On lit de même, dans Xénophon (2), que Critias, un des disciples de Socrate, sollicitant d'Euthydème les dernières faveurs, Socrate se prit à dire : « Critias a une démangeaison de pourceau, et, pour la faire passer, il veut se frotter à Euthydème, comme les pourceaux

(1) PLATON, *Banquet*, à la fin.
(2) XENOPHON, *Memorab*, lib. I, p. 716.

se frottent aux pierres; » sarcasme que Critias, qui fut depuis un des trente tyrans, ne lui pardonna jamais. Enfin, Socrate redoutait tellement tout ce qui pouvait, même de loin, avoir trait à l'amour infâme, qu'il alla jusqu'à blâmer Critobule, et cela devant Xénophon qui rapporte le fait, d'avoir donné un baiser au fils d'Alcibiade (1).

Il me paraît donc prouvé qu'il n'y a rien que de calomnieux dans tout ce qu'on a avancé sur la nature des rapports qui existaient entre Socrate et ce dernier. Ainsi que le remarquent Platon et Xénophon, il ne faisait semblant d'aimer à la mode grecque ce bel Athénien, que pour se l'attacher davantage. Mais son amour pour lui était tout philosophique (2); c'était le désir d'empêcher Alcibiade, par les préceptes de sa morale, de se livrer à tous les écarts qui ont flétri sa renommée, et de compromettre, par son ambition et sa légèreté, la fortune d'Athènes et la sienne propre.

En somme, donc, sous le rapport privé, Socrate jouissait de tout ce qui constitue la vertu la plus intelligente, la plus pure et la plus solide: profond discernement du bien, empire sur soi-même, sobriété, tempérance de toute sorte, désintéressement, générosité, indulgence pour les habitudes et même pour les défauts des autres, et jusqu'à l'enjouement, au laisser-aller, nécessaires dans

(1) Xénophon, *Memorab.*, lib. I, p. 723 et seq.

(2) Platon, *Premier Alcibiade*, p. 7, 61; *Deuxième Alcibiade*, p. 102; *Protagoras*, p. 85.

les rapports usuels de la vie. Mais ce n'était là encore que l'homme privé, et l'homme public répondait, au moins, à tout cela.

A l'âge de soixante-trois ans, c'est-à-dire sept ans avant sa mort, Socrate, qui jusque-là n'avait voulu prendre aucune part à la gestion des affaires de l'État (1), fut désigné par le sort (2) pour faire partie du Sénat de la République (3). De Prytane il y devint Épistate (4), dignité qui ne durait qu'un jour, et qui équivalait à la présidence de ce premier corps politique d'Athènes. Socrate, qui n'était pas fort entendu aux formes des affaires, se trouva un peu embarrassé des fonctions de sa présidence, et, plus d'une fois, au rapport de Platon, il fit rire à ses dépens ses collègues, et notamment quand il fut question de recueillir les voix, pour dresser l'arrêt du sénat (5).

Pendant qu'il faisait partie de cette magistrature politique, se présenta l'affaire des généraux vainqueurs au combat des îles Arginuses (6), affaire dont les détails peignent les mœurs du temps, et font honneur au

(1) PLATON, *Apologie*, p. 53, 73, 83.

(2) SIGONIUS, *De republ. athen.*, lib. II, cap. II. — SAMUEL PETIT, *Leges atticæ*, lib. III, tit. I.

(3) PLATON, *Apologie*, p. 74; *Gorgias*, p. 60.

(4) XÉNOPHON, *Memorab.*, lib. I, p. 711.

(5) PLATON, *Gorgias*, p. 60. — ATHÉNÉE, *Deipnosoph.*, lib. V, cap. XV.

(6) PLATON, *Apologie*, p. 74. — XÉNOPHON, *Hist. græc.*, lib. I, p. 444 à 452; *Memorab.*, lib. I, p. 711. — DIODORE DE SICILE, *Biblioth. Hist.*, lib. XIII, cap. 98 et seq.

courage et à l'équité de Socrate. Dix généraux athéniens avaient, en commun, battu la flotte lacédémonienne, près des îles Arginuses, et, pour ne pas perdre les fruits de la victoire, et pouvoir poursuivre l'ennemi, ils avaient investi, l'un d'eux, Théramène, du soin de faire repêcher les morts (1), pour leur donner une sépulture plus terrestre, ce à quoi on tenait beaucoup en ce temps-là. Théramène ne fit pas ce dont il s'était chargé, et il ne se contenta pas de cela ; il accusa ses collègues d'une faute dont lui seul était coupable (2). Deux d'entre eux, par crainte de ce qui pouvait arriver, quittèrent le territoire de l'Attique ; un troisième, Conon, mis hors de cause, fut conservé dans son commandement ; mais les six autres furent l'objet d'un acte d'accusation porté devant le sénat, puis devant l'assemblée du peuple. C'était la fête des Apathuries ; il y avait foule à Athènes. Les parents des morts se présentèrent, en habits noirs, le menton rasé, la larme à l'œil. On fit paraître un des naufragés, qui s'était sauvé sur un tonneau de vivres, et qui vint plaider la cause des noyés, et de leur part, encore (3) ! Le peuple cria, le sénat eut peur. Plusieurs de ses membres, qui d'abord avaient été favorables aux malheureux amiraux, se rangèrent du côté du peuple, et conclurent à la condam-

(1) XÉNOPHON, *Hist. græc.*, lib. I, p. 447.
(2) *Id.*, *ibid.*, p. 448.
(3) *Id.*, *ibid.*, p. 449.

nation des accusés (1). Le seul Socrate, bravant les stupides clameurs de la populace, et se séparant de ses lâches collègues (2), représenta, avec toute la vigueur d'une conviction généreuse, tout ce qu'il y avait d'atroce et d'imbécile à la fois, à faire mourir des hommes qui n'avaient d'autre tort que celui d'avoir voulu rendre la victoire d'Athènes plus complète. Il ne fut pas écouté ; et les infortunés capitaines furent condamnés à mort et subirent leur jugement. Après quoi, le peuple, par cette versatilité qui ne lui est que trop habituelle (3), revenant sur son injuste égarement (4), voulut punir du même supplice leur accusateur Callyxène. Mais celui-ci prit le sage parti de se sauver, et ne revint que longtemps après à Athènes, pour y mourir dans la misère, et sous le poids de l'opprobre général (5).

L'année d'après ce beau jugement, eut lieu la prise de la ville par le Lacédémonien Lysandre, et l'établissement des trente tyrans (6). Critias, que Socrate avait

(1) Xénophon, *Hist. græc.*, lib. I, p. 449.

(2) Platon, *Apologie*, p. 75. — Xénophon, *Memorab.*, lib. I, p. 709; *Hist. græc.*, lib. I, p. 449. — Elien, *Hist. var.*, lib. III, cap. xvii. — Athénée, *Deipnosoph.*, lib. V, cap. xviii.

(3) Platon, *Axiochus*, p. 190; *Criton*, p. 111.

(4) Platon, *Apologie*, p. 74.

(5) Xénophon, *Hist. græc.*, lib. I, p. 452.

(6) Xénophon, *Hist. græc.*, lib. II, p. 458, 462. — Diodore de Sicile, *Biblioth. Hist.*, lib. XIV, s. 3 et seq. — Plutarque, *Vie de Lysandre*, ch. xxviii, xxix, xxx.

jadis comparé à un pourceau, à l'occasion de ses propositions honnêtes à Euthydème, Critias fut un de ces Trente. Il se souvint de la comparaison et voulut se venger de son ancien maître. Il lui défendit de continuer ses instructions à la jeunesse (1), et lui ordonna de cesser ses exhortations à la vertu (2), dans lesquelles il voyait, sans doute, une sorte de critique indirecte de sa conduite. Socrate ne tint pas compte de la défense, et continua son genre de vie ordinaire. Critias voulut encore le forcer d'aller se saisir, à Salamine, d'un riche citoyen de cette île, et de le lui amener, pour qu'il fût mis à mort, et ses grands biens confisqués. Socrate s'y refusa de nouveau (3). Et remarquez bien que, pour tous ces refus, il jouait sa tête, comme il la joua encore, lorsqu'à la même époque, et contre les mêmes hommes, seul de tous les Athéniens, il défendit inutilement le malheureux Théramène, un de leurs collègues, qui s'était séparé d'eux par horreur de leurs crimes, et que Critias fit mourir, après l'avoir rayé de la liste des Trente (4).

Socrate mettait, au reste, tant de simplicité, si peu de forfanterie à résister ainsi à la plus épouvantable

(1) Xénophon, *Memorab.*, lib. I, p. 716 et seq.; lib. IV, p. 803. — Diogène-Laerce, lib. II, s. 19.

(2) Xénophon, *Memorab.*, lib. I, p. 717.

(3) Platon, *Apologie*, p. 75, 76. — Xénophon, *Memorab.*, lib. IV, p. 803. — Diogène-Laerce, lib. II, s. 24.

(4) Diodore de Sicile, *Biblioth. Hist.*, lib. XIV, s. 5.

tyrannie qui eût jamais pesé sur Athènes, qu'au lieu de faire valoir les dangers auxquels il s'exposait en agissant ainsi, il disait, en plaisantant, à ses amis qui lui exprimaient leur inquiétude, qu'il était trop pauvre pour que les Trente voulussent le faire mourir (1).

J'entre dans la dernière période de la vie de Socrate, période la plus belle de cette vie déjà si belle et si grande, et à laquelle je rapporterai brièvement l'examen des opinions qui valurent au fils de Sophronisque les railleries d'Ameipsias et d'Aristophane, l'accusation de Mélitus, enfin son jugement, sa condamnation et sa mort. Ici, Socrate n'est plus un Athénien, c'est le citoyen de l'univers, l'homme dont les idées et la fin ont eu sur le monde une influence qui n'est pas encore effacée.

On peut rapporter à deux points la tendance de la réforme intellectuelle que Socrate, autant par une nécessité d'instinct, que par une volonté réfléchie, venait introduire dans Athènes et dans la société ancienne. D'abord les principes de la morale et les devoirs de la vie, donnés comme point de départ et comme but à la philosophie ; ensuite, la reconnaissance de l'unité de la cause première, et les premiers coups ainsi portés à toutes les honteuses absurdités du polythéisme. Et, sous ces deux rapports, Socrate n'était, comme on le sent bien, que l'expression avan-

(1) ÉLIEN, *Hist. var.*, lib. IV, cap. II.

cée des opinions qui germaient, depuis longtemps, dans la tête de quelques philosophes, et notamment dans celle d'Anaxagore, et qui devaient, quelques siècles plus tard, se faire jour dans celle même de la foule. Mais cette double expression philosophique et sociale était tellement précoce, qu'elle ne put être comprise par les juges de Socrate, et même par la plupart de ses apologistes, et qu'elle ne pouvait guère avoir pour lui d'autre résultat qu'une accusation capitale, suivie tout au moins du bannissement (1).

Pour ce qui est de la morale de Socrate, répandue à profusion dans les écrits de Platon, son principal disciple, elle est trop connue désormais pour qu'il soit nécessaire de beaucoup y insister. Ce sont les devoirs de fils, d'époux, de père, de citoyen, de créature de Dieu, mis avant et au-dessus de tout bien et de toute science (2) ; c'est le juste nécessairement et constamment joint à l'utile, l'union intime du bonheur et de l'équité (3), et le seul anathème, peut-être, que

(1) M. Cousin, *Argument de l'Apologie; Notes additionnelles au Banquet.*

(2) Platon; *Euthyphron*, *Apologie*, *Phédon*, *Premier Alcibiade*, *Deuxième Alcibiade*, *Théagès*, *Criton*. — Xénophon, *Memorab.*, lib. I, p. 276 et seq.; lib. II, p. 741 et seq.; lib. IV, p. 807 et seq.; *Econom.*, p. 826, 827.

(3) Platon, *Lois*, I, *Eutyphron*, *Premier Alcibiade*, *Théétète*, *Banquet*, *Philèbe*, *Menexène*, *Gorgias*, *Protagoras*. — Xénophon, *Memorab.*, lib. III, p. 777 ; lib. IV, p. 798. — Cicéron, *Tuscul. quæst.*, lib. V, s. 12 ; *De officiis*, lib. II, s. 12.

Socrate ait prononcé jamais, s'adressait à celui qui les a le premier séparés (1). Ce sont l'éternité dans le sein de Dieu, et l'innéité dans la conscience humaine, des sentiments ou des idées modèles et directrices, du bon, du juste, du beau, du saint (2); c'est l'excellence de l'amitié (3); c'est le précepte d'augmenter toutes les vertus par la culture (4); celui d'aimer ses semblables (5), et de ne pas leur rendre le mal pour le mal (6); celui d'obéir aux lois (7), d'honorer les Dieux du pays où l'on est né, où l'on vit (8); ce sont, enfin, les éternelles béatitudes d'une vie à venir, données comme encouragement à la pratique de la justice, et comme gage du bonheur dans celle-ci (9).

(1) Cicéron, *De legibus*, lib. I, s. 12. — Clément d'Alexandrie, *Stromat.*, lib. II, p. 417.

(2) Platon, *Timée*, *Phédon*, *Cratyle*, *Ménon*, *Parménide*, *Phèdre*, *Philèbe*, *Théagès*, *Théétète*, *République*, vi et vii.

(3) Platon, *Phèdre*, *Banquet*, *Lysis*. — Xénophon, *Memorab.*, lib. I, p. 731; lib. II, p. 746 et seq.

(4) Xénophon, *Memorab.*, lib. II, p. 755; lib. III, p. 778; lib. IV, p. 790, 811. — Aristote, *Magnor. moral.*, lib. I, cap. i; *Ethicor. Nicomach.*, lib. VI, cap. xiii. — Cicéron, *De officiis*, lib. II, s. 12. — Stobée, *Loci communes*, serm. 1.

(5) Platon, *Gorgias*, p. 137; *Alcibiade* I, p. 53.

(6) Platon, *Criton*, p. 113, 114; *Gorgias*, p. 74, 75.

(7) Platon, *Criton*, p. 185 et [illegible]. — Xénophon, *Memorab.*, lib. IV, p. 805, 811.

(8) Platon, *Phédon*, p. 265; *Phèdre*, p. 390. — Xénophon, *Memorab.*, lib. I, p. 722; lib. IV, p. 803, 811.

(9) Platon, *Phédon*, p. 143, 243, 258; *Gorgias*, p. 171 et seq.

Cette morale, si différente de celle qui s'était pratiquée, et même de celle qui s'était enseignée jusque-là, impliquait le blâme et la réformation de l'état de civilisation des temps où vivait Socrate ; et elle devait entraîner, de toute nécessité, l'abolition de leur droit barbare de la guerre et des gens, et en particulier celle de l'esclavage. Si elle ne prescrivait pas encore aux hommes de s'aimer et de s'entr'aider comme frères, elle leur disait au moins de se traiter et de se secourir comme des égaux, et, en s'appuyant sur la Providence divine et sur les grâces d'un état à venir, elle donnait une base nécessaire à des préceptes que l'état grossier du cœur humain permettait de comprendre à peine.

Les croyances religieuses de Socrate offrent le même caractère de supériorité que ses opinions et ses préceptes en morale. Socrate reconnaissait les Dieux de son pays (1), et je ne tarderai pas à montrer qu'il les reconnaissait sincèrement, bien qu'on ait cherché à établir l'opinion contraire (2). Mais ces dieux n'étaient plus pour lui l'incestueux et parricide Jupiter, l'impudique Vénus, l'homicide Mars, le fourbe Mercure. So-

(1) Platon, *Apologie*, p. 61, 62, 63 ; *Phédon*, p. 137, 138, 266 ; *Phèdre*, p. 338, 390 ; *Gorgias*, p. 163, 164. — Xénophon, *Memorab.*, lib. I, p. 709 et seq.; lib. III, p. 777 ; lib. IV, p. 803 ; *Apologie*, p. 705.

(2) Théodoret, *Græc. affect. curat.*, serm. 2. — Saint Justin, *Apologia pro Christianis*, I, 2. — Charpentier, *Vie de Socrate*, Paris, in-18, 1657, p. 242.

crate ne voulait pas qu'on attribuât aux Dieux les faiblesses et les vices de l'humanité (1). Il désirait, au contraire, qu'on débarrassât la religion des fables que paraissait autoriser la philosophie de Pythagore et d'Empédocle (2). Ces dieux ainsi épurés, et qui, présents partout, présidant à tout, lisaient dans les plus secrètes pensées des hommes, et dirigeaient toutes leurs actions, Socrate voulait qu'on les honorât, qu'on les consultât, qu'on eût pour eux des vœux et de la reconnaissance (3) ; mais il voulait surtout qu'on se les rendît favorables par les actions, par une conduite vertueuse, une conduite qui ne vînt point démentir ou les préceptes, ou les paroles (4).

Et ce n'était pas là encore, à beaucoup près, toute la théologie du maître de Platon. Au-dessus de ces dieux du paganisme, passés au creuset d'une raison supérieure, il admettait un Dieu unique, dont les autres n'étaient, en quelque sorte, que les ministres, un Dieu presque aussi intellectualisé que celui des Chrétiens d'à présent, et qui, après avoir tout fait, tout ordonné, veillait sur tout, était à la fois présent et

(1) PLATON, *Euthyphron*, p. 12, 13, 16 et seq.

(2) PLUTARQUE, *Du Démon de Socrate*, ch. XIV.

(3) PLATON, *Euthyphron*, p. 9, 33; *Phédon*, p. 265; *Deuxième Alcibiade*, p. 99. — XÉNOPHON, *Memorab.*, lib. I, p. 711, 723 ; lib. IV, p. 803.

(4) PLATON, *Deuxième Alcibiade*, p. 100. — XÉNOPHON, *Memorab.*, lib. I, p. 722 ; lib. IV, p. 803.

agissant en tous lieux (1). Ce n'est pas que Socrate ne le confondît encore parfois avec les divinités grecques, qu'il avait arrangées à sa mode, et que, souvent même, il ne parlât indifféremment de ce Dieu ou de ces dernières (2). On sent bien même qu'il ne pouvait en être autrement. Les plus grands esprits sont encore plus de leur époque qu'ils ne sont de leur pays ; et, dans les idées qu'ils en conservent, on met à tort sur le compte de leur prudence ce qui n'est que le résultat de la faiblesse de notre pensée, et de l'impossibilité où est le même homme de jeter à la fois toutes les mauvaises opinions du temps où il vit.

Cette double série d'idées nouvelles, la réforme de la morale et l'intellectualisation des croyances religieuses, formèrent donc le but de la vie de Socrate, ou plutôt toute cette vie même. Et non-seulement ces idées, dont la dernière surtout n'était pas bien nette dans l'esprit même de ce grand homme, ne pouvaient être, de son temps, ni bien accueillies, ni bien comprises; mais elles devaient attirer sur lui la défaveur, je dirai plus, la haine, de beaucoup de ses contemporains (3).

(1) XÉNOPHON, *Memorab.*, lib. I, p. 726, 728 ; lib. IV, p. 802.— PLATON, *Philèbe*, p. 244, 248.— CUDWORTH, *Syst. intellect.*, cap. IV, § 23. — BRUCKER, *Hist. philosoph.*, t. I, p. 560, 561.

(2) PLATON, *Apologie*, passim ; *Phédon*, p. 140, 152, 157. — XÉNOPHON, *Memorab.*, lib. I, p. 709, 726, 728 ; lib. IV, p. 802, 803. — CICÉRON, *De natura Deorum*, lib. I, n. 12.

(3) PLATON, *Ménon*, p. 318 ; *Apologie*, p. 42, 54. — XÉNOPHON, *Memorab.*, lib. IV, p. 805.

Il n'y avait rien à dire, à coup sûr, de ses préceptes de morale. S'ils n'étaient pas immédiatement applicables, leur vérité, au moins, et leur grandeur ne pouvaient être mises en doute ; mais ce sur quoi on pouvait se tromper, ou en faire le semblant, c'était sa manière de les exposer et de les faire valoir. Comme, pour les inculquer dans l'esprit de ses disciples, il voulait y détruire auparavant toutes les fausses connaissances de la philosophie des sophistes, ou même celles d'une morale mal établie (1), et qu'il le faisait par les armes redoutables de sa dialectique ironique, on put penser qu'il en voulait à cette morale même, dont il était pourtant le plus fervent apôtre. Son doute philosophique (2), reproduit bien longtemps après par Descartes, et qu'il n'étendait qu'aux principes de la physique et de la fausse logique de ce temps, en en

(1) PLATON, *Ménon*, p. 329, 348. — C'est pour cela qu'Eusèbe appelait Socrate un *philosophe purgatif*, φιλόσοφος καθαρτικός, sans doute d'après cette idée de Plutarque (*Première question Platonique*), que le *discours* de ce grand homme *était propre à réfuter*, *arguer et convaincre*, *comme une drogue laxative pour purger*.

(2) « Tout ce que je sais, c'est que je ne sais rien, » dit-il dans Diogène-Laërce ; et, dans le *Ménon*, p. 348, Platon lui fait dire : « Si je fais naître des doutes dans l'esprit des autres, ce n'est pas que j'en sache plus qu'eux ; je doute, au contraire, plus que personne, et c'est ainsi que je fais douter les autres. » Enfin, dans le *Théétète*, p. 76, « l'étonnement, dit-il, est un sentiment philosophique ; c'est le vrai commencement de la philosophie. »

exceptant toujours formellement les bases de la morale (1), ce doute, dis-je, on crut, ou l'on feignit de croire, qu'il voulait l'employer, au contraire, à saper tous les fondements de cette dernière (2), et de là, dans les *Nuées*, les mauvais traitements de Strepsiade envers son père, donnés comme une conséquence rigoureuse des mauvais conseils de Socrate ; de là, cette idée, peu à peu répandue, qu'il corrompait la jeunesse d'Athènes et l'éloignait de ses devoirs ; de là l'accusation de Mélitus et le jugement à mort des Héliastes.

Mais il y avait un autre grief, et un plus grand, un plus réel, exprimé dans la dénonciation du poëte de Pythos et de ses deux coaccusateurs, c'étaient les opinions religieuses de Socrate ; et, si l'inculpation de corrompre la morale et de pervertir la jeunesse n'était pas fondée, celle de chercher à détruire la religion d'Athènes (3) l'était ; cela est évident (4). Les Dieux secondaires de Socrate n'étaient plus les divinités païennes ; et le culte qu'il voulait qu'on leur rendît ne tendait à rien moins qu'à renverser Éleusis et ses mystères, Bacchus et ses Dionysiaques, le dogme

(1) PLATON, *Ménon*, p. 389; *Philèbe*, p. 208, 209. — CICÉRON, *Acad. quæst.*, lib. I, s. 4.

(2) PLATON, *Apologie*, p. 41, 42 et seq.; *Théétète*, p. 62. — XÉNOPHON, *Memorab.*, lib. I, p. 711, 719 ; lib. IV, p. 805.

(3) XÉNOPHON, *Memorab.*, lib. I, p. 725.

(4) LACTANCE, *De justitia*, lib. V, cap. XV. — M. COUSIN, *Argument de l'Apologie ; Notes additionnelles au Banquet.*

aussi bien que les cérémonies de la religion athénienne. Mais surtout son grand Dieu, son Dieu supérieur et universel, sa Providence, n'avait rien d'analogue, dans les opinions de ce temps-là, que ce que paraît en avoir pensé Anaxagore ; et l'on sait que, pour cette idée trop intellectuelle, ce philosophe, sans la protection de Périclès, eût pu précéder Socrate dans les cachots du Céramique (1).

Il n'est point question ici d'établir ou d'invalider la justice de l'acte d'accusation porté contre ce dernier. Ces vieux débats ne nous importent guère, et l'équité, dont les règles sont éternelles, n'a rien à y perdre ni à y gagner. Socrate avait raison, non pas seulement de faire descendre la philosophie du ciel, mais de s'y élancer lui-même, pour en chasser les faux dieux, et y mettre à leur place une induction plus raisonnable de la cause première ; ou, plutôt, il était poussé à cela par les nécessités de sa nature penseuse, et par les idées de son époque ; et, pour la gloire de cette époque même, il eût été mieux que ce double but de réforme ne devînt pas, pour lui, l'occasion d'une condamnation capitale. Si les hommes éclairés qui l'accusaient, si les hommes grossiers qui le condamnèrent, n'ont pas

(1) PLUTARQUE, *Vie de Périclès*, ch. LX. — DIOGÈNE-LAERCE, lib. II, s. 12. — On accusait, en outre, Anaxagore d'avoir avancé que le soleil n'était point un Dieu, mais une masse de feu plus grande que le Péloponèse. Au fond, ces deux accusations revenaient au même.

cru qu'il corrompît la morale et la jeunesse, conformément à ce que portait l'acte d'accusation ; s'ils ont eu pour motif secret de leur accusation ou de leur jugement, de punir Socrate d'une opinion politique qu'il eût dû, ce semble, pouvoir émettre librement, le blâme de la voie du sort dans le choix des magistrats (1) ; que leur mémoire en reste flétrie ! Mais s'ils croyaient à leur religion, à la religion de Minerve, la protectrice de leur ville, religion que tendaient à renverser les idées trop intellectuelles de Socrate, pouvaient-ils ne pas condamner, ou, au moins, ne pas improuver, par un blâme judiciaire, des opinions dont ils ne comprenaient que ceci, qu'elles voulaient se substituer aux croyances qui avaient paru jusque-là faire la force et la prospérité de la république (2) ?

Il fut donc porté par Mélitus, et remis au second des Archontes, l'an 402, environ, avant l'ère chrétienne, un acte d'accusation ainsi conçu : « Mélitus, « fils de Mélitus, du bourg de Pythos, intente une « accusation criminelle contre Socrate, du bourg d'A« lopécie. Socrate est coupable, en ce qu'il n'admet « pas nos dieux, et qu'il introduit, parmi nous, des

(1) XÉNOPHON, *Memorab.*, lib. I, p. 712. — Isocrate (*Aréopagitique*) paraît avoir émis sans danger le même blâme, assez peu de temps après la mort de Socrate.

(2) M. Cousin a complétement raison en tout ceci, *loco suprà*. — Cicéron, envisageant d'un point de vue différent la condamnation prononcée contre Socrate, l'a qualifiée d'impie, *impiis sententiis* (*De divinatione*, lib. I, 54).

« divinités nouvelles, sous le nom de démons; So-
« crate est coupable, en ce qu'il corrompt la jeunesse
« d'Athènes.

« Pour peine, la mort (1).»

Mélitus, poëte froid et de peu de talent, avait pour coaccusateurs Lycon, orateur et sophiste, et Anytus, citoyen riche et considéré, qui avait contribué, avec Thrasybule, à délivrer Athènes de la tyrannie des Trente.

L'affaire fut portée devant les Héliastes, tribunal chargé des affaires criminelles, et composé de cinq cents juges, désignés par le sort, et pour la plupart gens du peuple, sans principes et sans lumières. L'accusation y fut soutenue par ceux qui l'avaient

(1) Τάδε ἐγράψατο καὶ ἀνθωμολογήσατο Μέλιτος Μελίτου, Πιτθεὺς, Σωκράτει Σωφρονίσκου Ἀλωπεκῆθεν. Ἀδικεῖ Σωκράτης, οὓς μὲν ἡ πόλις νομίζει θεοὺς οὐ νομίζων, ἕτερα δὲ καινὰ δαιμόνια εἰσηγούμενος· ἀδικεῖ δὲ καὶ τοὺς νέους διαφθείρων. Τίμημα θάνατος (*a*).

Accusavit Melitus, Meliti filius, Pitheensis, Socratem, Sophronisci filium, Alopecensem, de hisce criminibus. Jura violat Socrates, quos ex majorum instituto suscepit civitas, Deos esse negans, alia vero nova dæmonia inducens. Contra jus et fas juvenes corrumpit. Pœna illi mors.

(PHAVORIN, dans DIOGÈNE-LAERCE, lib. II, s. 40.)

Voyez aussi PLATON, *Apologie*, p. 56, *Euthyphron*, p. 5, et XÉNOPHON, *Memorab.*, lib. I, p. 708.

(*a*) S'il m'a paru convenable de citer ici et ailleurs le texte grec, cela m'a paru indispensable dans la deuxième partie de la vie de Socrate. Pour la prétention que ces citations pourraient me faire attribuer, voyez la Note 2, à la fin du volume.

portée, et spécialement par Mélitus (1). Socrate y comparut, entouré de ses disciples et de ses amis (2). Platon, jeune alors, voulut dire quelques paroles en faveur de son maître; mais comme il n'avait pas encore trente ans, âge requis pour parler en public, il fut contraint de s'abstenir (3). Socrate, qui avait refusé l'assistance de plusieurs de ses disciples, et en particulier celle de l'orateur Lysias, dont il trouvait le discours trop orné (4), Socrate prononça lui-même sa défense, que nous a conservée Platon, sous le titre de son *Apologie*.

Il y a longtemps que tout a été dit sur cet admirable discours. Socrate s'y montra ce qu'il fut toute sa vie, simple, grand, sublime, martyr de la vérité et de la vertu. Il n'employa aucun de ces artifices oratoires qui peuvent être utiles à la cause de l'homme, mais qui nuisent à celle de la vérité (5). Il défendit ou expliqua ses opinions inculpées. La partie de l'acte d'accusation qu'il repoussa avec le plus de force et de

(1) PLATON, *Apologie*, passim. — XÉNOPHON, *Apologie*, passim.

(2) PLATON, *Apologie*, p. 78, 88.

(3) DIOGÈNE-LAERCE, lib. II, s. 41.

(4) CICÉRON, *De oratore*, lib. I, s. 54. — QUINTILIEN, *Institut. orat.*, lib. XI, cap. I. — DIOGÈNE-LAERCE, lib. II, s. 40. — VALÈRE-MAXIME, lib. VI, cap. IV.

(5) PLATON, *Apologie*, p. 81, 82, 89. — XÉNOPHON, *Memorabilia*, lib. IV, p. 804. — QUINTILIEN, *Institut. orator.*, lib. XI, cap. I.

succès fut celle qui était relative à la subversion de la morale, ou plutôt à la corruption de la jeunesse. Quant à la première, celle où il était dit qu'il n'admettait pas les dieux d'Athènes, et qu'il introduisait parmi eux des divinités nouvelles, sous le nom de démons, j'ai déjà laissé entrevoir, et je dirai plus tard, pourquoi il ne pouvait pas s'en tirer aussi victorieusement.

Socrate prononça tout ce discours avec l'assurance d'un homme innocent et convaincu, et on l'eût pris, dit Cicéron (1), plutôt pour le maître de ses juges, que pour un accusé soumis au résultat de leur verdict. Cela n'empêcha pas qu'un premier jugement ne le déclarât coupable de ce dont il était accusé. Conformément à la loi d'Athènes, il en fallait un second pour la détermination de la peine (2). Suivant cette loi encore, l'accusé, contre lequel on concluait à la mort, pouvait choisir entre une amende et le bannissement ou la prison perpétuelle (3). Socrate ne choisit aucune de ces punitions; mais il dit qu'à raison des services par lui rendus à la république, il se condamnait à être, pendant le reste de sa vie, nourri dans le Prytanée, aux dépens de l'État (4). Cet orgueil inconsidéré in-

(1) *De oratore*, lib. I, n. 54.

(2) CICÉRON, *De oratore*, lib. I, n. 54.

(3) PLATON, *Apologie*, p. 86; *Criton*, p. 121.

(4) PLATON, *Apologie*, p. 84. — DIOGÈNE-LAERCE, lib. II, s. 42. — C'est là surtout la version de Xénophon (*Apologie*, p. 705); mais, suivant Diogène-Laërce et Platon, Socrate

disposa contre lui ceux de ses juges qui avaient d'abord opiné en sa faveur (1). La sentence de mort fut prononcée, et elle portait que le poison terminerait les jours de l'accusé.

La fermeté de Socrate ne se démentit point (2). Il reçut, avec le calme d'un homme qui, toute sa vie, avait appris à mourir (3), une sentence qu'il avait pour ainsi dire provoquée, et à laquelle il s'attendait (4). Reprenant une troisième fois son discours, loin de s'emporter en reproches contre ses juges, il les consola, ou les plaignit (5), et quand il sortit du tribunal pour se rendre à la prison, il semblait plutôt, à sa démarche, avoir gagné sa cause que l'avoir perdue (6).

Le lendemain de son jugement, partit pour Délos la galère qui allait porter à Apollon les pieuses of-

consentit ensuite à subir une amende. On voit, dans l'Apologie, qu'après s'être condamné à payer de ses deniers une mine d'argent, il alla ensuite jusqu'à trente, sur la caution de ses disciples, Platon, Criton, Critobule et Apollodore. (PLATON, *Apologie*, p. 88.)

(1) CICERON, *De oratore*, lib. I, n. 54. — DIOGÈNE-LAERCE, lib. II, s. 42.

(2) PLATON, *Apologie*, p. 88. — XÉNOPHON, *Apologie*, p. 705; *Memorab.*, lib. IV, p. 816. — PLUTARQUE, *De la tranquillité d'ame et du repos de l'esprit*, ch. XXVI.

(3) PLATON, *Phédon*, p. 144, 145, 153, 184.

(4) PLATON, *Apologie*, p. 83.

(5) PLATON, *Apologie*, p. 90 et seq. — XÉNOPHON, *Apologie*, p. 705.

(6) XÉNOPHON, *Apologie*, p. 706.

frandes des Athéniens (1). La loi défendait de mettre à mort aucun coupable jusqu'à son retour (2). Socrate passa donc trente jours à peu près à recevoir, dans sa prison, les visites de ses amis. Qui ne sait quel calme admirable (3), quel mépris de la mort, quelle philosophie sublime et presque déjà du ciel il déploya pendant tout ce temps? Qui ne connaît le refus qu'il fit à Criton de s'enfuir de sa prison en Thessalie, pour ne pas désobéir à la loi, à la justice, et déshonorer ainsi les restes d'une vie qui leur avait été consacrée tout entière (4)? Et quand le terme fatal fut arrivé, quand la galère sacrée eut revu les murs du Pirée, Socrate, qui semblait ne pouvoir plus grandir, s'éleva pourtant encore au-dessus de lui-même. La coupe mortelle à la main, consolant ses amis en larmes (5), il les entretint longuement de son dogme favori de l'immortalité de l'âme (6), des espérances d'une autre vie (7), des vertus dont il faut embellir celle-ci (8); et, après avoir bu le

(1) PLATON, *Phédon*, p. 131. — XÉNOPHON, *Memorab.*, lib. IV, p. 816.

(2) PLATON, *Phédon*, ibid. — XÉNOPHON, *Memorab.*, lib. IV, p. 816.

(3) PLATON, *Criton*, p. 100.

(4) PLATON, *Criton*, p. 122 et seq. — XÉNOPHON, *Apologie*, p. 705. — ORIGÈNE, *Contra Celsum*, lib. II, s. 17.

(5) PLATON, *Phédon*, p. 266. — ORIGÈNE, *Contra Celsum*, lib. III, s. 67.

(6) PLATON, *Phédon*, passim, mais surtout p. 158, 242.

(7) PLATON, *Phédon*, p. 183, 258.

(8) PLATON, *Phédon*, p. 243.

poison et avoir continué, pendant quelque temps encore, à ses disciples, ses conseils et ses consolations, s'enveloppant de son manteau, et consacrant aux dieux sa dernière pensée (1), il mourut, comme il avait vécu, le plus religieux, le plus vertueux, et sûrement encore le plus heureux des hommes (2).

Voilà, sauf quelques omissions que le lecteur a pu croire légères, et que j'ai faites à dessein, voilà Socrate, tel, à peu près, que l'a vu toute l'antiquité, tel surtout que l'ont fait les temps modernes : le restaurateur, le martyr, la gloire de la philosophie ; le triomphateur des faux dieux, et, comme le saint Jean-Baptiste du christianisme ; l'homme, enfin, dont on prononce le nom, quand on veut personnifier la vertu et donner un corps à la vérité.

Il faut bien que je le dise pourtant, puisque tel est le but de cet ouvrage, ce portrait n'est pas ressemblant. C'est le profil d'une figure dont les deux côtés ne sont pas en harmonie, et c'est l'autre côté qu'il me faut en faire voir maintenant. J'arrive seulement, comme on le voit, au cœur de mon sujet, ou plutôt à ce sujet lui-même. Ici la lenteur remplacera la rapidité. Il me

(1) PLATON, *Phédon*, p. 266; recommandation faite par Socrate à Criton de sacrifier un coq à Esculape. Lactance (*Divin. instit.*, II, XV) voit là dedans un acte de foi païenne, et il a raison, ainsi que je le prouverai tout à l'heure.

(2) PLATON, *Phédon*, p. 267. — XÉNOPHON, *Memorabilia*, lib. IV, p. 816 et 818.

faudra fournir des preuves longues, textuelles, qui portent dans tous les esprits la lumière qui est dans le mien, et donnent la plus pleine évidence à une des questions de psychologie et d'histoire les plus vitales qui se puissent traiter.

CHAPITRE III.

HISTOIRE PSYCHOLOGIQUE DE SOCRATE

OU

HISTOIRE DE SES INSPIRATIONS ET DE SON DÉMON. — EXPLICATION DES AUTEURS A CET ÉGARD. — LA VÉRITÉ SUR CE SUJET.

Ce qu'on entend par le *Démon de Socrate.* — Précoce singularité d'esprit de Socrate. — Réponse de l'oracle de Delphes à Chéréphon. — Extase du siége de Potidée. — Voix du *Dieu* ou du *Démon* ; témoignage des auteurs anciens à ce sujet, et particulièrement de Platon et de Xénophon. — Action à distance de Socrate sur ses amis et ses disciples. — Le Démon de Socrate devant le tribunal des Héliastes. — Autres signes et inspirations de ce Démon. — Croyances religieuses de Socrate. — Sa croyance aux songes. — Explication des croyances religieuses de Socrate et de sa foi à son Démon familier. — Opinions religieuses et démonologiques des Grecs. — Appréciation du fait du Démon de Socrate par certains philosophes anciens et modernes.

Depuis Platon et Xénophon, tous les auteurs qui ont examiné, avec quelques détails, les pensées et les actes de Socrate, ont réuni sous le titre, en quelque sorte générique, de son *Démon*, ou *Esprit familier*, toute la partie de ces pensées et de ces actes, relative aux singularités de sa vie, qui dépassent la mesure commune ; je veux parler de ses inspirations, de ses pressentiments, de ses prophéties, et surtout de cette voix divine qu'il disait entendre, qui ne le portait à aucune action, mais qui le détournait d'en commettre d'injustes ou de dangereuses ; voix qui le mit plusieurs fois à même de donner à ses amis et à ses disciples des conseils qu'ils se trouvèrent toujours bien de suivre, et toujours mal de n'avoir pas suivis.

Ces pressentiments, ces inspirations, cette voix céleste, cette assistance de la Divinité ou d'un génie familier, l'antiquité ne les mettait pas en doute, et elle ne le pouvait pas, ainsi qu'on en jugera tout à l'heure; seulement elle variait sur les explications à en donner. Il n'y a que les modernes qui, comme je l'ai déjà dit, ne pouvant pas expliquer, ont, pour la plupart, pris le parti de nier, ou de traiter Socrate d'imposteur, et de le mettre sur la même ligne que quelques législateurs anciens, qui, tels que Zaleucus, Charondas, Lycurgue, Numa, avaient cru, dit-on, nécessaire, d'appuyer le succès de leurs institutions sur l'assistance mensongère d'une divinité.

Je reviendrai plus tard sur les explications; c'est le fait d'abord qu'il s'agit de constater, d'établir sur toutes ses preuves, de suivre dans tous ses curieux détails, de creuser dans toute sa profondeur psychologique; et l'on s'étonnera peut-être de la richesse de la mine, et de ce qu'elle n'a pas encore été exploitée jusqu'à présent.

Tout en exaltant, comme elles le méritent, la pureté, la sublimité de la vie de Socrate, la suite admirable de toutes les pensées, de toutes les actions qui l'ont remplie, tous les auteurs ont remarqué (1), et je prie le

(1) Platon, *Banquet*, p. 270.

lecteur de le remarquer avec eux, tout ce qu'il y a d'extraordinaire et, pour ainsi dire, d'excentrique, dans cette vie exclusivement consacrée au triomphe d'une ou de deux idées, et à l'accomplissement d'un même dessein. Une organisation faible, si elle pouvait offrir de tels phénomènes, ne résisterait pas longtemps à un pareil état de tension, et la *singularité* qui en résulterait aurait bientôt pris un autre caractère, et reçu une autre dénomination. Il n'y a que les grandes organisations, les organisations semblables à celle de Socrate, qui puissent porter un tel fardeau, le porter longtemps, en triompher quelquefois, et, quand elles y succombent, laisser le monde incertain s'il faut donner le nom de génie ou un nom bien différent au principe de leurs efforts.

La direction exclusive des idées dans Socrate, ou, si l'on veut, sa vocation, s'était, comme on a pu le voir, déclarée presque dès son enfance (1) ; et, s'il faut en croire Porphyre (2), elle le rendit plusieurs fois désobéissant aux ordres de son père. Et non-seulement Socrate était un jeune homme *singulier*, mais il avait été aussi un enfant de même caractère, d'un esprit méditatif (3) sans doute, et de grande portée, mais sûrement

(1) Tertullien, *De anima.* « Aiunt dæmonium illi a puero adhæsisse, pessimum revera pædagogum. »

(2) Théodoret, *Græc. affect. curat.*, serm. 12.

(3) « Porphyrius ait fuisse Socratem ingenio *hebeti* atque inepto, et ineruditum prorsus planeque indoctum. » (Théodoret, *Græc. affect. curat.*, serm. 1.) Cette prétendue *hébé-*

d'une *singularité* non moins grande. Je n'en voudrais pour preuve que le conseil donné par un oracle à Sophronisque : « d'abandonner son fils à son instinct naturel, « parce qu'il avait en lui un guide qui valait mieux que « dix mille maîtres (1) ; » conseil qui se rapporte, du reste, à ce que Socrate disait de lui-même, qu'il avait toujours ressenti intérieurement, dès son enfance (2), l'influence de ce génie sur lequel j'aurai à m'appesantir tout à l'heure.

Socrate avait donc été, depuis son bas âge, d'une *singularité*, j'insiste sur ce mot, que ne devait pas démentir son âge mûr. N'était-ce pas, en effet, un homme bien *singulier* que ce Socrate, vêtu du même manteau dans toutes les saisons (3), marchant nu-pieds sur la glace comme sur la terre échauffée par le soleil de la Grèce (4), dansant et sautant souvent seul, sans raison, et comme par boutades (5) ; ayant des airs *sin-*

tude de Socrate n'était, on le sent bien, autre chose que le résultat et comme l'écorce de son caractère réfléchi.

(1) Plutarque, *Du Démon de Socrate*, p. 410, 411.

(2) Platon, *Apologie*, p. 73 ; *Théagès*, p. 19. — Tertullien, *loco supra*.

(3) Xénophon, *Memorab.*, lib. I, p. 729. — Platon, *Banquet*, p. 267.

(4) Platon, *Banquet*, p. 267 ; *Phèdre*, p. 284. — Xénophon, *Memorab.*, lib. I, p. 729.

(5) Platon, *Ménexène*, p. 279. — Diogène-Laerce, lib. II, s. 32.

Socrate donnait pour raison de ces gambades le désir d'accroître la force et l'harmonie de ses membres et de ses

9.

guliers, une façon *singulière* de porter sa tête (1) ; menant, aux yeux du vulgaire au moins, le genre de vie le plus bizarre ; n'ayant d'autre occupation que celle de pérorer sur les places publiques et jusque dans les boutiques des artisans ; poursuivant tout le monde de ses questions (2) et de son ironie (3) ; ne voulant rien recevoir de ses amis, ni de ses disciples, mais ne faisant pas difficulté de leur demander un habit quand il en avait besoin (4) ; enfin s'étant fait, par sa conduite et par ses manières, une telle réputation d'excentricité, que Zénon l'Épicurien le surnomma plus tard le bouffon d'Athènes, *atticus scurra* (5), ce qu'on appellerait maintenant un original.

Or, malgré toutes ces bizarreries et pour l'excellence de sa nature, l'oracle de Delphes, consulté par Chéréphon, disciple de Socrate, sur la question de savoir quel était l'homme le plus sage de la Grèce, lui répond, sans difficulté, que c'est son maître : « Sophocle est « sage, Euripide est encore plus sage, mais Socrate est

mouvements, celui d'empêcher son ventre de grossir, celui de prendre de l'appétit, etc... Cela n'empêche pas que Charmide, entrant chez lui un matin, et le voyant ainsi danser tout seul, s'imagina qu'il devenait fou, μαίνεται (XÉNOPHON, *Banquet*, p. 877).

(1) DIOGÈNE-LAERCE, lib. II, s. 27.

(2) PLATON, *Apologie*, p. 53.

(3) PLATON, *Banquet*, p. 260.

(4) SÉNÈQUE, *De beneficiis*, lib. VII, cap. 24.

(5) CICÉRON, *De natura Deorum*, lib. I, n. 34. — LACTANCE, *Divin. institut.*, lib. III, cap. 20.

« le plus sage des hommes (1). » Alors Socrate, qui veut avoir le mot de l'énigme, commence, parmi toutes les professions d'Athènes, les politiques, les poëtes, les artisans, ces singulières courses interrogantes, dans lesquelles il démontre aux uns et aux autres, qu'ils ont trop bonne opinion d'eux-mêmes, et, qu'au fond, ils ne savent pas grand'chose, ce qui ne pouvait manquer d'attirer sur lui la haine universelle (2).

Psychologiquement parlant, les choses auraient pu en rester là, c'est-à-dire que Socrate eût pu demeurer toute sa vie un homme singulier ou extraordinaire, si toutefois, depuis l'enfance, travaillé par son génie, il n'eût été disposé à prendre les inspirations de sa conscience pour la voix d'un agent surnaturel; aussi le mal affecta-t-il, de plus en plus, ce dernier caractère. Cette pensée, trop vive, trop ardente, trop disposée à se porter à l'extérieur, à se revêtir d'un corps, à devenir une image, ou, tout au moins, une sensation auditive, prit en effet cette dernière forme, et alors furent tout à fait commencées les hallucinations de Socrate, c'est-à-dire l'espèce de folie la plus irréfragable.

Je trouve que c'est au siége de Potidée, que se ma-

(1) Σοφὸς Σοφοκλῆς, σοφώτερος δὲ Εὐριπίδης· ἀνδρῶν δὲ πάντων Σωκράτης σοφώτατος. (Scholiast. Aristophan., *Ad Nubes*, act. I, scen. II, v. 144.) Voyez aussi PLATON, *Apologie*, p. 48; XÉNOPHON, *Apologie*, p. 703; PAUSANIAS, lib. I; *Attic.*, cap. 22; DIOGÈNE-LAERCE, lib. II, s. 37.

(2) PLATON, *Apologie*, p. 49 et suiv., mais surtout 50, 52, 53.

nifestèrent, pour l'histoire, les premiers signes évidents de cet état de Socrate, état que les auteurs traitent en général d'extase, mais que les véritables anthropologistes savent comment caractériser. Le siége de Potidée dura trois ans (1). Pendant l'hiver, Socrate y avait marché nu-pieds sur les glaçons, vêtu à la légère, comme à son ordinaire (2), ce qui étonna déjà beaucoup ses amis ou ses compagnons d'armes. L'été vient, et voilà qu'un beau jour on le trouve debout dans la campagne, regardant fixement le soleil, comme font certains aliénés frappés d'incurabilité. On va, on vient autour de lui, on se le montre du doigt ; Socrate n'y prend garde. Le soir arrive ; des soldats ioniens apportent leurs lits de campagne en cet endroit, pour observer s'il passera la nuit dans la même posture. C'est ce qui eut lieu, en effet, et ce ne fut que le lendemain, au lever du soleil, qu'après avoir fait un grand salut à l'astre, Socrate se retira, à pas lents, dans sa tente, sans mot dire, et sans faire attention à ceux qui le suivaient, tout stupéfaits d'une pareille scène (3). Il faut nier ce fait, qui est attesté par tous les auteurs qui se sont occupés de Socrate et par ses plus zélés disciples, ou bien il faut convenir que c'était là plus que le

(1) THUCYDIDE, *De bello Pelopones.*, lib. I.

(2) PLATON, *Banquet*, p. 267.

(3) PLATON, *Banquet*, p. 268. — DIOGÈNE-LAERCE, lib. II, s. 23. — PHAVORIN, dans AULU-GELLE, *Noct. attic.*, lib. II, cap. 1.

commencement d'un état que personne actuellement ne voudrait éprouver, pour toute la vertu et toute la gloire du fils de Sophronisque.

Or, cette extase de Potidée n'était point chose isolée dans la vie de Socrate. Au dire d'Aulu-Gelle et de Phavorin (1), cet état le prenait souvent ; il résulterait seulement des ouvrages de Platon, que ces extases ne duraient pas aussi long-temps que celle que je viens de raconter d'après ce philosophe, et qui, en effet, s'était prolongée pendant vingt-quatre heures. Il arrivait fréquemment à Socrate (2), de s'arrêter brusquement au milieu d'une promenade ou d'une conversation avec ses amis, puis de retourner sur ses pas, ou de continuer sa marche, ou de reprendre le fil de son discours, quelquefois sans donner d'explication de sa conduite, mais le plus souvent en en donnant pour raison qu'il venait d'entendre le *Dieu*, dont j'ai à m'occuper maintenant.

Il n'y a presque pas dans Platon un seul dialogue où il ne soit plus ou moins directement question de ce *dieu*, θεός, de ce démon, δαιμόνιον, de cette *voix* divine, φωνή, et cela y est d'autant plus formel que c'est Socrate en personne qui parle de cette *voix*, de ce *démon*, de ce *dieu*, comme il en parlait sûrement dans la compagnie de ses disciples. Il est seulement extraor-

(1) AULU-GELLE, *Noct. attic.*, lib. II, cap. 1.

(2) PLATON, *Banquet*, p. 171 ; *Philèbe*, p. 227. — PLUTARQUE, *Du Démon, ou Esprit familier de Socrate*, p. 379.

dinaire qu'on n'ait pas accordé plus d'attention à ce fait général, ou qu'on n'en ait pas mieux apprécié la valeur. Pour le montrer, je vais citer textuellement tous ou presque tous les plus longs passages de Platon, où il est question du *démon* ou de la *voix* divine de son maître. J'omettrai, en y renvoyant, quelques morceaux très-courts, quoique aussi formels, de l'Euthyphron (1), du premier Alcibiade (2), de l'Euthydème (3), du VIe livre de la République (4), du Phé-

(1) Intelligo jam, o Socrates, quod ipse *Dæmonium tibi* passim *adesse* profiteris, unde adversus te, tanquam divinas res innovantem, accusationem hanc inscripsit.

Μανθάνω, ὦ Σώκρατες, ὅτι δή συ τὸ δαιμόνιον φῂς σαυτῷ ἑκάστοτε γίγνεσθαι, ὡς οὖν καινοτομοῦντός σου περὶ τὰ θεῖα, γέγραπται ταύτην τὴν γραφήν. (Page 5.)

(2) Hujus autem rei causa *non humanum* quippiam, sed *vis dæmonii repugnans* quædam fuit, cujus potentiam in sequentibus audies.

Τούτου δὲ τὸ αἴτιον γέγονεν οὐκ ἀνθρώπινον, ἀλλά τι δαιμόνιον ἐναντίωμα, οὗ συ τὴν δύναμιν καὶ ὕστερον πεύσῃ. (Page 4.)

(3) Equidem, *divina quadam sorte*, in loco ubi athletæ exuuntur, solus ubi me vidisti, sedebam; jamque inde discedere cogitabam, cum surgenti *solitum illud dæmonis signum* (τὸ εἰωθὸς σημεῖον τὸ δαιμόνιον) obsistit. Restiti itaque, ac paulo post ingressi sunt Euthydemus Dionysodorusque; et, cum his, alii multi qui illorum mihi discipuli videbantur. (Page 7.)

(4) «Theages enim noster ita est comparatus, ut a philosophando excludatur : corporis vero debilitas ipsum a rebus civilibus prohibet. *Dæmonis autem nostri signum referre nunc non decet* (τὸ δ' ἡμέτερον οὐκ ἄξιον λέγειν τὸ δαιμόνιον σημεῖον) ; vel enim cuidam alteri duntaxat, vel nulli superiorum contigit.» (Page 95.)

don (1), etc. Je commence par ce qu'il y a de moins important ou de moins déterminé.

Dans le *Criton*, Socrate, après avoir repoussé les offres de son ami, termine sa prosopée des Lois, c'est-à-dire, le discours qu'il leur prête, en disant : « Il me « semble, mon cher Criton, que *j'entends tout ce que « je viens de dire*, comme les Corybantes *croient en-« tendre* les cornets et les flûtes, et *le son de toutes ces « paroles résonne si fort à mes oreilles*, qu'il m'empê-« che d'entendre tout ce qu'on me dit d'ailleurs (2). » On voit dans ce passage, dont je ferai remarquer l'importance, que, chez Socrate, la pensée, quand surtout elle avait trait au sentiment et aux principes de la justice, prenait un tel caractère de vivacité et de détermination qu'elle se confondait, pour ainsi dire, avec la parole, et qu'il avait peine à l'en distinguer.

(1) « Souvent, dans le cours de ma vie, un *même songe* m'est apparu, tantôt sous une *forme*, tantôt sous une autre, mais me *prescrivant* toujours la *même chose*. Socrate, *me disait-il*, cultive les beaux-arts. Jusqu'ici j'avais pris *cet ordre* pour une simple exhortation à continuer... » (P. 192 de la traduction de M. Cousin.)

Socrate, dans ce passage, dont je ne fais que citer le commencement, montre qu'il attachait la même importance aux avertissements, *aux ordres* qui lui arrivaient dans son sommeil qu'à ceux qu'il recevait étant éveillé. Il en est ainsi chez tous les hallucinés. Les songes sont les hallucinations du sommeil, comme les hallucinations sont les songes de l'état de veille.

(2) Traduction de Dacier, p. 302 du tome IV de la *Bibliothèque des anciens philosophes*; p. 120 du texte grec.

Ce fait, je prie qu'on le remarque, est déjà celui d'un halluciné.

Au commencement du *Banquet*, voici ce que raconte Aristodème :

« Nous allâmes vers le logis d'Agathon en nous en-« tretenant de la sorte. *Mais, au milieu du chemin, So-« crate devint tout pensif et demeura en arrière. Je « m'arrêtai pour l'attendre ; mais il me dit d'aller tou-« jours devant*. Arrivé à la maison d'Agathon, je trou-« vai la porte ouverte, et il m'arriva même une assez « plaisante aventure. Un esclave d'Agathon me mena « sur-le-champ dans la salle où était la compagnie, « qui était déjà à table et qui attendait que l'on servît. « Agathon aussitôt qu'il me vit : O Aristodème, s'é-« cria-t-il, sois le bienvenu, si tu viens pour souper ! « Si c'est pour autre chose, je te prie, remettons-le à « un autre jour. Je te cherchai hier, pour te prier « d'être des nôtres, sans pouvoir te trouver. *Mais com-« ment ne nous amènes-tu pas Socrate ? — Là-dessus je « me retourne et je ne vois pas de Socrate*. Je suis venu « avec lui, leur dis-je ; c'est lui-même qui m'a invité. « — Tu as bien fait, reprit Agathon, *mais lui, où « est-il ? — Il marchait sur mes pas, et j'admire ce qu'il « peut être devenu*. — Enfant, dit Agathon, n'iras-tu « pas voir où est Socrate, et ne l'amèneras-tu pas ? Et « toi, Aristodème, mets-toi à côté d'Eryximaque. « Qu'on lui lave les pieds, pour qu'il prenne place.

« *Cependant un autre esclave vint annoncer qu'il avait*

« *trouvé Socrate sur la porte de la maison voisine ; mais* « *qu'il n'avait point voulu venir, quelque chose qu'on* « *lui eût pu dire.* — Voilà une chose étrange, dit Aga- « thon. Retourne et ne le quitte point qu'il ne soit « entré. — *Non, non, dis-je alors, laissez-le; il lui* « *arrive souvent de s'arrêter ainsi, en quelque endroit* « *qu'il se trouve.* Vous le verrez bientôt, si je ne me « trompe ; ne le troublez pas, et ne vous occupez « pas de lui (1). »

Dans le *Philèbe*, Socrate s'interrompant, dit : « Il « me semble qu'un Dieu, τὶς θεῶν, *m'a rappelé cer-* « *taines choses à la mémoire.*

PROTARQUE.

« Comment, et quelles sont-elles ?

SOCRATE.

« Je me souviens, *à ce moment*, *d'avoir entendu dire* « autrefois, *en songe ou étant éveillé*, au sujet du plaisir « et de la sagesse, que ni l'un ni l'autre n'est le bien, « mais que ce nom appartient à une troisième chose dif- « férente de celle-ci, et meilleure que toutes les deux. »

Plus bas :

SOCRATE.

« Soit ; et sous quelle idée nous représenterons- « nous la troisième espèce, qui résulte du mélange des « deux autres ?

(1) PLATON, *Banquet*, trad. de M. COUSIN, p. 241 ; du texte grec, p. 169 et suiv.

PROTARQUE.

« C'est ce que tu m'apprendras, j'espère.

SOCRATE.

« Ce ne sera pas moi, *mais une divinité*, s'il en est « une qui daigne exaucer mes prières (θεὸς μὲν οὖν· ἄν πέρ γε ἐμαῖς εὐχαῖς ἐπήκοος γίγνηταί τις θεῶν).

PROTARQUE.

« *Prie donc et réfléchis.*

SOCRATE.

« *Je réfléchis*, σκοπῶ; *et il me semble*, Protarque, « *qu'une divinité*, αὐτῶν (θεῶν) φίλος, nous a été favo- « rable *en ce moment*.

PROTARQUE.

« Comment dis-tu cela, et à quelle marque le re- « connais-tu?

SOCRATE.

« Je te le dirai : donne-moi toute ton attention (1). »

Les diverses citations suivantes sont bien autrement importantes que celles qui précèdent, et les hallucinations auditives du Philosophe grec y deviennent de plus en plus caractérisées.

« Au moment de passer l'eau, *j'ai senti ce signal* « *divin qui m'est familier* (2), et dont l'apparition m'ar-

(1) PLATON, *Philèbe*, p. 314 et 330 de la traduction de M. Cousin; p. 227 et 237 du texte grec.

(2) Τὸ δαιμόνιόν τε καὶ τὸ εἰωθὸς σημεῖόν μοι γίγνεσθαι ἐγένετο, καί τινα φωνὴν ἔδοξα αὐτόθεν ἀκοῦσαι. (Page 311.)

« rête toujours au moment d'agir. J'ai cru *entendre* de « ce côté une *voix* qui me défendait de partir, avant « d'avoir acquitté ma conscience, comme si elle était « chargée de quelque impiété. *Tel que tu me vois, je « suis devin* (εἰμὶ δὴ μάντις μέν), non pas, il est vrai, « fort habile; je ressemble à ceux dont l'écriture n'est « lisible que pour eux-mêmes; j'en sais assez pour « mon usage. Je devine donc et je vois clairement le « tort que j'ai eu. *L'âme humaine,* mon cher Phèdre, « *a une puissance prophétique.* Il y avait longtemps « qu'en te parlant je me sentais agité d'un certain « trouble, pensant, avec un peu d'effroi, que peut- « être, comme dit le poëte Ibycus, les dieux me fe- « raient un crime de ce qui me faisait honneur aux « yeux des hommes; à présent je reconnais ma « faute (1). »

« Tu me demanderas peut-être : Socrate, qu'a de « commun ce préambule avec ce que tu voulais me « dire, pour m'expliquer la persévérance de tes pour- « suites? Je vais te satisfaire, cher enfant de Clinias et « de Dinomaque. C'est que tu ne peux accomplir tous « ces grands desseins sans moi; tant j'ai de pouvoir sur « toutes tes affaires et sur toi-même! *De là vient « aussi sans doute que le Dieu,* τὸν θεὸν, *qui me gou- « verne, ne m'a pas permis de te parler jusqu'ici, et « j'attendais sa permission.* Et, comme tu espères que,

(1) PLATON, *Phèdre*, trad. de M. Cousin, p. 37; du texte grec, p. 311.

« dès que tu auras fait voir à tes concitoyens que tu « leur es très-précieux, à l'instant tu pourras tout sur « eux, j'espère aussi que je pourrai beaucoup sur toi, « quand je t'aurai convaincu que je te suis du plus « grand prix, Alcibiade, et qu'il n'y a ni tuteur, ni « parent, ni personne qui puisse te mener à la puis- « sance à laquelle tu aspires, excepté moi, *avec l'aide « du Dieu toutefois* (μετὰ θεοῦ μέντοι). *Tant que tu as été « plus jeune et que tu n'as pas eu cette grande ambition, « le Dieu*, ὁ θεός, *ne m'a pas permis de te parler, afin que « mes paroles ne fussent pas perdues. Aujourd'hui il me « le permet; car tu es capable de m'entendre* (1). »

Et plus bas, dans le même dialogue :

SOCRATE.

« Je n'ai tout au plus sur toi qu'un seul avantage.

ALCIBIADE.

« Et quel est-il?

SOCRATE.

« C'est que *mon tuteur* est meilleur et plus sage que « ton tuteur Périclès.

ALCIBIADE.

« Qui est ce tuteur?

SOCRATE.

« Le Dieu, θεὸς, Alcibiade, *qui, avant ce jour, ne m'a*

(1) PLATON, *Premier Alcibiade*, page 19 de la traduction de M. Cousin; page 9 du texte grec.

« *pas permis de te parler ; et c'est en suivant ses inspi-* « *rations que je te déclare que c'est par moi seul que tu* « *peux acquérir de la gloire* (1). »

« *La faveur céleste m'a accordé un don merveilleux* « *qui ne m'a pas quitté depuis mon enfance ; c'est une* « *voix qui, lorsqu'elle se fait entendre, me détourne de* « *ce que je vais faire, et ne m'y pousse jamais* (2). Si un « de mes amis me communique quelque dessein, et « que *la voix se fasse entendre* (3), c'est une marque « sûre qu'elle n'approuve pas ce dessein et qu'elle l'en « détourne. Et je puis vous en citer des témoins. Vous « connaissez le beau Charmide, fils de Glaucon. Un « jour il vint me faire part d'un dessein qu'il avait, « d'aller disputer le prix de la course aux jeux Né- « méens. Il n'eut pas plutôt commencé à me faire cette « confidence, que *j'entendis la voix* (4). Je l'en dé- « tournai donc, en lui disant : Tandis que je te parlais, « *j'ai entendu la voix divine* (5) ; ainsi ne va point à « Némée. Il me répondit : Elle te dit peut-être que je « ne serai point vainqueur, mais, quand même je ne « remporterais pas la victoire, j'aurai toujours gagné

(1) Platon, *Premier Alcibiade*, page 85 de la traduction de M. Cousin ; p. 47 du texte grec.

(2) Ἔστι γάρ τι θείᾳ μοίρᾳ παρεπόμενον ἐμοὶ ἐκ παιδὸς ἀρξάμενον δαιμόνιον. Ἔστι δὲ τοῦτο φωνή, ἣ ὅταν γένηται, ἀεί μοι σημαίνει, ὃ ἂν μέλλω πράττειν, τούτου ἀποτροπήν· προτρέπει δὲ οὐδέποτε.

(3) Καὶ γένηται ἡ φωνή.

(4) Ἐγένετο ἡ φωνή.

(5) Γέγονέ μοι ἡ φωνὴ ἡ τοῦ δαιμονίου.

« à m'être exercé pendant ce temps. A ces mots il « me quitta, et s'en alla aux jeux. Vous pouvez savoir « de lui-même ce qui lui arriva, la chose le mérite « bien (1). Vous pouvez demander encore, si vous le « voulez, à Clitomaque, frère de Timarque, ce que lui « dit Timarque lorsqu'il allait mourir pour avoir *mé-* « *prisé l'avertissement fatal*, lui et Evathlus, le cou- « reur, qui lui offrit un asile dans sa fuite ; il vous ra- « contera que Timarque lui dit en propres termes...

THÉAGÈS.

« Que lui dit-il, Socrate ?

SOCRATE.

« Clitomaque, lui dit-il, je vais mourir pour n'avoir « pas voulu croire Socrate. Que voulait dire par là « Timarque? Je vais vous l'expliquer. Quand il se leva « de table avec Philémon, fils de Philoménide, pour « aller tuer Nicias, fils d'Héroscamandre, et il n'y avait « qu'eux deux dans la conspiration, il me dit en se le- « vant : Qu'as-tu, Socrate? Vous autres, continuez à « boire ; moi, je suis obligé de sortir, mais je reviendrai « dans un moment, si je puis. Sur cela *j'entendis la* « *voix*, et je lui dis : Ne sors pas, *je reçois le signal* « *accoutumé* (2). Il s'arrêta; mais, quelque temps après, « il se leva encore, et me dit : Socrate, je m'en vais.

(1) Élien (*Var. hist.*, VIII, 1) raconte la même histoire.

(2) Καὶ μοὶ ἐγένετο ἡ φωνή· καὶ εἶπον πρὸς αὐτόν· Μηδαμῶς, ἔφην, ἀναστῇς. Γέγονε γάρ μοι τὸ εἰωθὸς σημεῖον τὸ δαιμόνιον.

« *La voix se fit entendre de nouveau* (1), et de nouveau « je l'arrêtai. Enfin la troisième fois, voulant échapper, « il se leva sans me rien dire, et, prenant le temps « que j'avais l'esprit occupé ailleurs, il sortit, et fit ce « qui le conduisit à la mort. Voilà pourquoi il dit à son « frère ce que je vous répète aujourd'hui, qu'il allait « mourir pour n'avoir pas voulu me croire (2). »

« J'ai cela de commun avec les sages-femmes, que, « par moi-même, je n'enfante rien en fait de sagesse; « et quant au reproche que m'ont fait bien des gens, « que je suis toujours disposé à interroger les autres, « et que jamais moi-même je ne réponds à rien, parce « que je ne sais jamais rien de bon à apprendre, ce re« proche n'est pas sans fondement. *La raison en est « que le dieu*, ὁ θεός, *me fait une loi d'aider les autres à « produire, et m'empêche de rien produire moi-même.* « De là vient que je ne puis compter pour un sage, « et que je n'ai rien à montrer qui soit une production « de mon âme ; au lieu que ceux qui m'approchent, « fort ignorants d'abord, pour la plupart, font, *si le « dieu*, ὁ θεός, *les assiste*, à mesure qu'ils me fréquen« tent, des progrès merveilleux qui les étonnent ainsi « que les autres. Ce qu'il y a de sûr, c'est qu'ils n'ont « jamais rien appris de moi ; mais ils trouvent d'eux« mêmes et en eux-mêmes toutes sortes de belles

(1) Αὖθις ἐγένετο ἡ φωνή.

(2) Platon, *Théagès*, traduction de M. Cousin, p. 257 ; du texte grec, p. 19, 20, 21.

« choses dont ils se mettent en possession, et *le dieu*, « ὁ θεός, et moi nous n'avons fait, auprès d'eux, qu'un « service de sage-femme. La preuve de tout ceci est « que plusieurs qui ignoraient ce mystère, et s'attri- « buaient à eux-mêmes leur avancement, m'ayant « quitté plus tôt qu'il ne fallait, soit par mépris pour « ma personne, soit à l'instigation d'autrui, ont depuis « avorté dans toutes leurs productions, à cause des « mauvaises liaisons qu'ils ont contractées, et gâté, « par une éducation vicieuse, ce que mon art leur avait « fait produire de bon. Ils ont fait plus de cas des ap- « parences et des chimères que de la vérité, et ils ont « fini par paraître ignorants à leurs propres yeux et « aux yeux d'autrui. De ce nombre est Aristide, fils « de Lysimaque, et beaucoup d'autres. Lorsqu'ils « viennent de nouveau pour renouer commerce avec « moi, et qu'ils font tout au monde pour l'obtenir, *la « voix intérieure* (1), *qui ne m'abandonne jamais, me « défend de converser avec quelques-uns, et me le permet « avec quelques autres, et ceux-ci profitent comme la « première fois*. Et, pour ceux qui s'attachent à moi, « il leur arrive la même chose qu'aux femmes en tra- « vail : jour et nuit ils éprouvent des embarras et des « douleurs d'enfantement plus vives que celles des « femmes. Ce sont ces douleurs que je puis apaiser ou « réveiller, quand il me plaît, en vertu de mon art.

(1) Τὸ γιγνόμενόν μοι δαιμόνιον.

« Voilà pour les uns. Quelquefois aussi, Théétète, j'en « vois dont l'esprit ne me paraît pas encore fécondé, « et connaissant qu'ils n'ont aucun besoin de moi, je « m'occupe avec bienveillance à leur procurer un éta- « blissement, et je puis dire, *grâce à Dieu*, σὺν θεῷ, que « je conjecture assez heureusement auprès de qui je « dois les placer pour leur avantage. J'en ai donné « ainsi plusieurs à Prodicus et à d'autres sages et di- « vins personnages. La raison pour laquelle je me suis « étendu sur ce point, mon cher ami, est que je soup- « çonne, comme tu t'en doutes toi-même, que ton « âme souffre les douleurs de l'enfantement. Agis donc « avec moi comme avec le fils d'une sage-femme, ex- « pert lui-même en ce métier; efforce-toi de répondre « autant que tu en es capable à ce que je te propose; « et si, après avoir examiné ta réponse, je pense que « c'est une chimère et non un fruit réel, et qu'en con- « séquence je te l'arrache et le rejette, ne t'emporte « pas contre moi, comme font, au sujet de leurs en- « fants, celles qui sont mères pour la première fois. « En effet, mon cher, plusieurs se sont déjà tellement « courroucés, lorsque je leur enlevais quelque opinion « extravagante, qu'ils m'auraient véritablement dé- « chiré. Ils ne peuvent se persuader que je ne fais rien « en cela que par bienveillance pour eux, *ne se dou-* « *tant pas qu'aucune divinité* ne veut du mal aux « hommes; que je n'agis point ainsi non plus par au- « cune mauvaise volonté à leur égard, mais *qu'il ne*

« *n'est permis en aucune manière* ni de transiger avec « l'erreur, ni de tenir la vérité cachée. Essaie donc de « nouveau, Théétète, de me dire en quoi consiste la « science, et ne m'allègue pas que cela dépasse tes « forces ; si *le dieu*, θεός, *le veut*, et si tu y mets de la « constance, tu en viendras à bout (1). »

« Quant à l'expédition de Sicile, vous pouvez savoir « de beaucoup de nos concitoyens, ce que je prédis « sur la déroute de l'armée. Mais, *sans parler des pré-* « *dictions passées, pour lesquelles je vous renvoie à* « *ceux qui les connaissent*, on peut à présent *faire une* « *épreuve du signal ordinaire* (τοῦ σημείου), et voir s'il « dit vrai. Lorsque le beau Sannion partit pour l'ar- « mée, *j'entendis la voix* (ἐγένετό μοι σημεῖον) ; main- « tenant qu'il marche, avec Thrasylle, contre Éphèse « et l'Ionie, *je suis persuadé qu'il y mourra*, ou *qu'il* « *lui arrivera quelque malheur*, et je crains beaucoup « pour le succès de toute l'entreprise. Je te dis tout « cela pour te faire comprendre *que la puissance du* « *génie* (ἡ δύναμις αὕτη τοῦ δαιμονίου τούτου) *s'étend jus-* « *que sur les rapports que l'on veut contracter avec moi ;* « *il y a des gens qu'il repousse et ceux-là ne sauraient* « *jamais tirer de moi aucune utilité. Je ne puis même* « *avoir, avec eux, aucun commerce. Il y en a d'autres* « *qu'il ne m'empêche pas de voir, mais sans qu'ils en*

(1) Platon, *Théétète*, p. 59 de la trad. de M. Cousin ; p. 65, 66, 67, du texte grec.

« *soient plus avancés. Ceux qu'il favorise* (ἡ τοῦ δαι-
« μονίου δύναμις) font, il est vrai, comme tu le dis,
« de grands progrès en très-peu de temps ; dans les
« uns, ces progrès sont fermes et permanents ; pour
« le reste, et c'est le grand nombre, tant qu'ils sont
« avec moi, ils profitent d'une manière surprenante,
« mais ils ne m'ont pas plutôt quitté qu'ils retournent
« à leur premier état, et ne diffèrent en rien du com-
« mun des hommes. C'est ce qui est arrivé à Aristide,
« fils de Lysimaque et petit-fils d'Aristide. Pendant
« qu'il fut avec moi il profita merveilleusement en
« fort peu de temps ; mais, ayant été obligé de partir
« pour quelque expédition, il s'embarqua ; à son retour
« il me trouva lié avec Thucydide ; mais la veille, il
« était survenu une querelle entre Thucydide et moi
« dans la conversation. Aristide étant donc venu me
« voir, et, après les premiers compliments et quel-
« ques propos : Socrate, me dit-il, je viens d'appren-
« dre que Thucydide ose te tenir tête, et qu'il fait le
« superbe, comme s'il était quelque chose. Et il est,
« en effet, quelque chose, répondis-je. Eh ! quoi, re-
« prit-il, ne se souvient-il plus quel pauvre homme
« c'était avant qu'il te vît ? Il ne paraît pas, lui répli-
« quai-je. En vérité, Socrate, ajouta-t-il, il m'arrive,
« à moi-même, une chose bien ridicule. Et quoi
« donc ? C'est, me dit-il, qu'avant de m'embarquer,
« j'étais en état de m'entretenir avec qui que ce fût, et
« n'étais inférieur à personne dans la conversation.

« Aussi je recherchais la compagnie des hommes les « plus distingués, au lieu que présentement c'est tout « le contraire ; dès que je sens qu'une personne est « bien élevée, je l'évite, tant j'ai honte du peu que je « suis. Et cette faculté, lui demandai-je, t'a-t-elle « abandonné tout à coup, ou peu à peu ? Peu à peu, « me répondit-il. Et comment te vint-elle ? est-ce pour « avoir appris quelque chose de moi, ou de quel- « que autre manière ? *Je vais te dire, Socrate, reprit-il, « une chose qui paraîtra incroyable, mais qui est pour- « tant très-vraie. Je n'ai jamais rien appris de toi, « comme tu le sais fort bien. Cependant je profitais « quand j'étais avec toi, même quand je n'étais que dans « la même maison, sans être dans la même chambre ; « quand j'étais dans la même chambre, j'étais mieux en- « core ; et quand, dans la même chambre, j'avais les « yeux fixés sur toi, pendant que tu parlais, je sen- « tais que je profitais plus que quand je regardais « ailleurs ; mais je profitais bien plus encore lorsque « j'étais assis auprès de toi et que je te touchais.* Main- « tenant, ajouta-t-il, c'est en vain que je me cherche « moi-même.

« *Tel est, mon cher Théagès, le commerce que l'on « peut avoir avec moi. S'il plaît au Dieu* (τῷ θεῷ), « *tu profiteras auprès de moi, beaucoup et en peu de « temps ; sinon, tes efforts seront inutiles.* Vois donc « s'il n'est pas plus sûr pour toi de t'attacher à quel- « qu'un de ceux qui sont les maîtres d'être utiles,

« plutôt que de suivre un homme qui ne peut répon-
« dre de rien (1). »

Je ne puis m'empêcher de faire remarquer ici tout ce qu'offrent d'étrange dans leur nature et leur développement, et de véritablement maniaque dans leur principe, les croyances et les prétentions énoncées dans les deux passages précédents, et surtout dans le dernier.

Voilà Socrate qui, non-seulement s'imagine recevoir des influences, des inspirations divines, entendre une voix divine, mais qui, à raison de ce privilége, croit posséder, à distance, une influence semblable sur ses amis, sur ses disciples, et presque sur les étrangers; influence indépendante même de la parole et du regard, et qui s'exerce à travers les murailles et dans un rayon plus ou moins étendu (2). On ne peut, en vérité,

(1) PLATON, *Théagès*, p. 259 de la trad. de M. Cousin; p. 21, 22, 23, 24 du texte grec.

(2) Marsile Ficin croyait encore à cette influence. Voici ses paroles : « *Aristides et Thucydides aliique, quamdiu Socrati propinquabant*, ETIAM SOCRATE IPSO TACENTE, *in philosophiæ studiis proficiebant quam plurimum, dæmonis illius instinctu, et quanto longius recedebant a Socrate, tanto reddebantur ad philosophiam ineptiores.* » Il pensait de même que Socrate, après sa condamnation, put prédire à Anytus ce qui devait arriver à son fils. (*Theologia Platonica*, lib. XIII, cap. 2.) Un pareil fait de crédulité savante et philosophique est bien du domaine de la *Psychologie de l'histoire*.

rien voir, rien entendre de plus extravagant, de plus caractéristique de la folie ; et les hallucinés, qui, sous mes yeux, prétendent envoyer ou recevoir à distance des influences *physiques*, *magnétiques*, *franc-maçonniques*, ne s'expriment pas autrement que Socrate, et ne sont, sous ce rapport, pas plus fous qu'il ne l'était (1).

(1) Tout cela est un peu vif d'expression. Mais, encore une fois, cette expression est celle de la vérité. C'est à propos de ce passage ou de l'opinion qu'il renferme, qu'un écrivain que j'ai déjà cité a fait l'observation suivante : « M. Lélut a fait une autre objection à la raison de Socrate que je ne veux pas laisser passer. Il lui reproche, comme signe d'aliénation, la prétention d'agir sur ses amis à distance, et par l'intermédiaire de quelque fluide, comme on dirait aujourd'hui ; mais, à ce compte, il faudrait considérer comme fous tous ceux qui, de nos jours, croient encore aux merveilles du magnétisme... Une fausse théorie ne constitue pas un genre de folie, et l'on peut dire que la prétention de Socrate n'était qu'une théorie erronée. »

Non, certes, il ne faut considérer ni comme fous ni même comme hallucinés les hommes qui rattachent à leur théorie du magnétisme les prétendus phénomènes de la vue et de l'action à distance. Il y a d'autres qualifications à leur appliquer, dont quelques-unes ne dépassent point les libertés d'une discussion honnête. Mais il n'y a rien de commun entre leur *prétention* et celle de Socrate. Socrate n'était, Dieu merci, ni magnétiseur, ni magnétisé, ni rien de pareil, et dans sa prétention il ne faisait point de *théorie*. Il éprouvait, M. Donné l'a reconnu pleinement, de fausses perceptions de l'ouïe et même de la vue, qu'il regardait comme le résultat des suggestions d'un démon familier ; et c'est en vertu de ces fausses perceptions, ou de fausses perceptions analogues, qu'il s'attribuait cet autre privilége d'une action à distance exercée par lui sur ses amis et

Mais c'est surtout dans l'*Apologie*, discours prononcé par Socrate lui-même devant ses juges, et en présence d'Athènes tout entière, et que Platon n'a guère fait que recueillir, c'est surtout dans l'Apologie que Socrate, en parlant de son Dieu, de son Démon, de sa voix divine, développe, de la manière la plus formelle et avec une sorte de plaisir, les hallucinations de l'ouïe les plus manifestes et les plus invétérées qu'ait jamais pu observer un médecin.

Le Dieu, ὁ θεός, de Delphes, dit-il après avoir développé sa Théorie de la génération des démons (1), le pousse à faire ce qu'il fait (2); et il lui obéira plutôt qu'aux Athéniens (3), car c'est là ce que *le Dieu*, ὁ θεός, lui ordonne (4). Si donc il se défend, c'est pour l'amour des Athéniens, de peur qu'en le condamnant, ils n'offensent *le Dieu* (τοῦ θεοῦ), dans le présent qu'il leur a fait (5).

« *Le Dieu*, ὁ θεός, semble m'avoir choisi, ajoute-t-il, « pour vous exciter et vous aiguillonner, pour gour-

même sur des étrangers. *La puissance de mon démon*, disait-il, *s'étend jusque sur les rapports qu'on veut contracter avec moi*. Ses hallucinations externes de l'ouïe et de la vue et son hallucination interne d'une puissance d'action médiate, tout cela se tenait d'un seul tout.

(*Note de la deuxième édition.*)

(1) PLATON, *Apologie*, trad. de M. Cousin, p. 86 et suiv.
(2) *Ibid.*, page 91.
(3) *Ibid.*, page 93.
(4) *Ibid.*, page 94.
(5) *Ibid.*, page 95.

« mander chacun de vous, partout et toujours, sans « vous laisser aucun relâche (1).

« Que ce soit *la divinité*, τοῦ θεοῦ, *elle-même qui « m'ait donné à cette ville*; c'est ce que vous pouvez « aisément reconnaître à cette marque qu'il y a quel- « que chose de plus qu'humain à avoir négligé, pen- « dant tant d'années, mes propres affaires pour « m'attacher aux vôtres, en vous prenant chacun en « particulier, comme un père ou un frère aîné pour- « rait faire, et en vous exhortant sans cesse à vous « appliquer à la vertu (2).

« Mais peut-être paraîtra-t-il inconséquent que je me « sois mêlé de donner à chacun de vous des avis en « particulier, et que je n'aie jamais eu le courage de « me trouver dans les assemblées du peuple pour « donner mes conseils à la république. *Ce qui m'en a « empêché*, ô Athéniens, *c'est je ne sais quelle voix di- « vine et démoniaque* (3), *dont vous m'avez si souvent « entendu parler*, et dont Mélitus, pour plaisanter, a « fait un chef d'accusation contre moi. *Ce phénomène « extraordinaire s'est manifesté à moi depuis mon en- « fance*; *c'est une voix* (4), *qui ne se fait entendre que « pour me détourner de ce que j'ai résolu; car jamais*

(1) Platon, *Apologie*, traduct. de M. Cousin, page 96.

(2) *Ibid.*, page 96.

(3) Ὅτι μοι θεῖόν τι καὶ δαιμόνιον γίγνεται φωνή. (Page 73 du texte grec.)

(4) Ἐμοὶ δὲ τοῦτό ἐστιν ἐκ παιδὸς ἀρξάμενον, φωνή τις γιγνομένη. (Page 73 du texte grec.)

« *elle ne m'exhorte à rien entreprendre. C'est elle qui* « *s'est toujours opposée à moi quand j'ai voulu me mêler* « *des affaires de la république, et elle s'y est opposée fort* « *à propos*; car sachez bien qu'il y a longtemps que je « ne serais plus en vie, si je m'étais mêlé des affaires « publiques, et je n'aurais rien avancé ni pour vous, « ni pour moi (1).

« *Je n'agis comme je le fais que pour accomplir l'or-* « *dre que le dieu*, τοῦ θεοῦ, *m'a donné par la voix des* « *oracles, par celle des songes, et par tous les autres* « *moyens qu'aucune autre puissance céleste a jamais em-* « *ployés pour communiquer sa volonté à un mortel* (2).

« Mais, me dira-t-on peut-être : Socrate, quand tu « nous auras quittés, ne pourras-tu pas te tenir en « repos et te condamner au silence? Voilà ce qu'il y « a de plus difficile à faire entendre à quelques-uns « d'entre vous; car, *si je dis que ce serait désobéir au* « *dieu* (τῷ θεῷ), *et que, pour cette raison, il m'est im-* « *possible de me tenir en repos, vous ne me croirez point,* « *et vous prendrez cette réponse pour une plaisan-* « *terie* (3).

« Mais arrêtez-vous encore quelques instants, et em- « ployons à converser ensemble le temps qu'on me « laisse. (Socrate venait d'être condamné à mort.) « *Je veux vous raconter*, comme à des amis, *une chose*

(1) PLATON, *Apologie*, trad. de M. Cousin, page 97.
(2) *Ibid.*, page 102.
(3) *Ibid.*, page 112.

« qui m'est arrivée aujourd'hui, et vous apprendre « ce qu'elle signifie. Voici, ô mes juges (car je puis « maintenant vous appeler de ce nom), la chose ex- « traordinaire qui m'est arrivée aujourd'hui. Cette voix « prophétique du démon, qui n'a cessé de se faire en- « tendre à moi dans tout le cours de ma vie (1)*, qui, « dans les moindres occasions, n'a jamais manqué de me « détourner de ce que j'allais faire de mal, aujourd'hui « qu'il m'arrive, comme vous voyez, ce qu'on pourrait « prendre, et ce qu'on prend en effet pour le plus grand de « tous les maux, cette voix a gardé le silence. Elle ne m'a « arrêté ni ce matin, quand je suis sorti de ma maison* (2)*, « ni quand je suis venu devant ce tribunal, ni tandis que « je parlais, quand j'allais dire quelque chose. Cepen- « dant, dans beaucoup d'autres circonstances, elle vint « m'interrompre au milieu de mon discours, mais au- « jourd'hui elle ne s'est opposée à aucune de mes actions, « à aucune de mes paroles. Quelle peut-être la cause de « cela? Je vais vous le dire. C'est que ce qui m'arrive « est, selon toute vraisemblance, un bien ; et nous nous « trompons sans doute en pensant que la mort soit un « mal. Une preuve évidente pour moi, c'est qu'infailli- « blement, si j'eusse dû mal faire aujourd'hui, le signe « ordinaire m'en eût averti* (3).

(1) Ἡ γὰρ εἰωθυῖά μοι μαντικὴ ἡ τοῦ δαιμονίου. (Page 92 du texte grec.)

(2) Ἐμοὶ δὲ οὔτε ἐξιόντι ἕωθεν οἴκοθεν ἠναντιώθη τὸ τοῦ θεοῦ σημεῖον. (Page 92 du texte grec.)

(3) Οὐ γὰρ ἔστ' ὅπως οὐκ ἠναντιώθη ἄν μοι τὸ εἰωθὸς σημεῖον, εἰ

« *Car ce qui m'arrive n'est pas l'effet du hasard, et*
« *il est clair pour moi que mourir dès à présent, et être*
« *délivré des soucis de la vie, était ce qui me convenait*
« *le mieux. Aussi la voix céleste s'est tue aujour-*
« *d'hui* (1). »

Les *Memorabilia* de Xénophon et l'*Apologie* qu'il a écrite d'imagination, et d'après des récits seulement, contiennent aussi un assez grand nombre de passages où il est question des hallucinations de l'ouïe de Socrate, en d'autres termes, de son démon. Je citerai textuellement les principaux, et je renverrai pour les autres à ces ouvrages eux-mêmes.

« Socrate reconnaissait les dieux de la république,
« puisqu'on le voyait souvent sacrifier dans sa maison
« et dans les temples, et qu'on ne pouvait pas douter
« qu'il ne se servît de la divination, vu qu'*il publiait*
« *partout qu'il recevait des conseils d'une certaine di-*
« *vinité* (τὸ δαιμόνιον ἑαυτῷ σημαίνειν) (2).

« *Il disait franchement qu'un démon le conseillait*
« (τὸ δαιμόνιον γὰρ ἔφη σημαίνειν), *et assez souvent il avertis-*
« *sait ses amis de ce qu'ils devaient ou ne devaient pas*
« *faire, suivant ce qu'il en avait appris de son démon*

μή τι ἔμελλον ἐγὼ ἀγαθὸν πράξειν. (Page 92 du texte grec; p. 117 de la traduction.)

(1) Διὰ ταυτὶ καὶ ἐμὲ οὐδαμοῦ ἀπέτρεψε τὸ σημεῖον. (Page 95 du texte grec, 120 de la traduction.)

(2) Xénophon, *Memorab.*, lib. I, p. 708 du grec; p. 2 de la trad. de Charpentier.

« (ὡς τοῦ δαιμονίου προσημαίνοντος); et ceux qui l'ont cru « s'en sont fort bien trouvés; comme, au contraire, « ceux qui ont négligé ses avis n'ont pas manqué de « s'en repentir (1).

« *Quand il croyait que les dieux l'avaient averti de* « *faire quelque chose*, il était aussi peu possible de lui « faire prendre une résolution contraire que si on lui « eût conseillé, dans un voyage, de quitter un guide « clairvoyant et très-habile, pour en prendre un qui « eût été tout ensemble ignorant et aveugle... Il re- « gardait avec mépris toutes les adresses de la pru- « dence humaine, *quand il les comparait avec les inspi-* « *rations divines* (2). »

En cet endroit, Euthydème, prenant la parole : « Eh! vraiment, dit-il à Socrate, *les dieux vous traitent* « *plus favorablement que les autres, puisque, sans atten-* « *dre que vous les interrogiez, ils vous avertissent de ce* « *que vous devez ou ne devez pas faire* (3). »

Dans l'*Apologie*, Socrate répond à Hermogène, qui l'engageait à se concilier la bienveillance de ses juges par des paroles flatteuses : « *De par Jupiter, m'étant* « *déjà mis deux fois à méditer quelque chose pour ma* « *défense, mon génie* (τὸ δαιμόνιον) *s'y oppose* (4).

(1) Xénophon, *Memorab.*, lib. I, p. 708 du grec, p. 3 de la traduction.

(2) *Ibid.*, p. 723 du grec, p. 54 de la traduction.

(3) *Ibid.*, lib. IV; p. 802 du grec, p. 338 de la traduction.

(4) Xénophon, *Apologie*, p. 702 du grec, p. 49 de la traduction de Bazin.

« Peut-être aussi, ajoute-t-il, *ce Dieu* (ὁ θεός), par un « effet de sa bonté, *m'invite-t-il* à terminer mes jours, « non-seulement dans le moment le plus favorable de « la vie, mais de la manière la plus douce (1).

« C'est avec raison, *que les Dieux* (οἱ θεοί) *m'ont* « *empêché* de méditer une apologie dans le temps où « je croyais devoir rechercher, de toutes les manières, « ce qu'il me fallait éviter (2).

« Mais, en vérité, ô Athéniens, comment peut-on m'ac- « cuser d'introduire de nouvelles divinités (καινὰ δαιμό- « νια)? Serait-ce parce que j'ai dit que Dieu me faisait « entendre une voix qui m'avertissait de ce que je devais « faire (3)? Ceux qui observent le chant des oiseaux « et les paroles inopinées et fortuites appuient cer- « tainement leurs conjectures sur des voix (φωναῖς). « Peut-on douter que le tonnerre ne parle (φωνεῖν), et « que ce ne soit un très-grand augure. La prêtresse de « Delphes n'annonce-t-elle pas, par la voix (φωνῇ), les « oracles qu'elle tient de Dieu (4)?

« Que les Dieux connaissent certainement l'avenir « et qu'ils en donnent connaissance à qui il leur plaît, « tout le monde le croit et le dit de même que moi. « Mais il y a des personnes qui donnent le nom d'au-

(1) Xénophon, *Apologie*, p. 702 du texte grec ; p. 50 de la traduction.

(2) *Ibid.*, p. 702 du texte grec ; p. 51 de la traduction.

(3) Λέγων ὅτι θεοῦ μὲν φωνὴ φαίνεται σημαίνουσα ὅτι χρὴ ποιεῖν.

(4) *Ibid.*, p. 703 du texte grec ; p. 53 de la traduction.

« gures, de paroles fortuites, de présages et de devins « à ce dont elles tirent ces connaissances, et moi je « l'appelle Dieu ou démon (δαιμόνιον); et je pense « m'exprimer alors d'une manière plus vraie et plus « religieuse que ceux qui attribuent aux oiseaux un « don propre aux Dieux. *Mais voici la preuve que je « n'ai rien avancé que de vrai au sujet de ce Dieu* (κατὰ « τοῦ θεοῦ); *ayant fait part à beaucoup de mes amis de « ses avertissements, il ne s'est jamais trouvé que j'aie « avancé une chose fausse* (1). »

Depuis Platon et Xénophon, qui, en parlant du démon de leur maître, n'ont fait que répéter ce qu'ils lui en avaient entendu dire, et même ce qu'ils lui avaient vu faire par suite de ses inspirations, une foule d'auteurs, plus ou moins voisins de leur époque, ont traité du Génie de Socrate, et ont rapporté, très en détail, des aventures assez curieuses, relatives à ces avertissements. Je vais consigner ici les plus importantes de celles qui ne se trouvent ni dans Platon, ni dans Xénophon.

« On a écrit de Socrate, dit Cicéron, qu'une fois, « ayant vu son ami Criton un œil bandé, et lui ayant « demandé ce que c'était, Criton lui répondit, que, « comme il se promenait à la campagne, une branche « d'arbre qu'il avait fait plier s'étant relevée, l'avait « frappé dans l'œil, et que Socrate lui dit alors : Aussi

(1) XÉNOPHON, *Apologie*, p. 703 du texte grec; p. 54 de la traduction.

« pourquoi n'avez-vous pas voulu entendre ma voix « quand je vous rappelais, *après avoir reçu le divin « avertissement qui m'est familier* (1)? »

Dans le dialogue de Plutarque, intitulé *Du Démon de Socrate*, voici la longue histoire que raconte Théocrite, un des interlocuteurs :

« Un jour que j'allois chez le devin Euthyphron, « Socrate marchoit à mont (comme il t'en peust bien « souvenir, Simmias, car tu y étois aussy), vers le lieu « appelé symbole, et vers la maison d'Andocydes, in- « terroguant par le chemin toujours et harassant de « questions Euthyphron, par manière de jeu. Et *lors il « s'arresta tout soubdain et s'appuya, demourant attentif, « un assez long temps; puis s'en retournant tout court, « s'en alla par la rue des faiseurs de coffres, et feist « rappeler ceulx de ses familiers qui estoyent devant, « pource que son esprit luy deffendoit d'aller par là*. Si y « en eust la plus part qui s'en retournèrent quant et « luy, entre les quels j'en fus un, suivant tousjours « Euthyphron : mais quelques aultres jeuneshommes « voulurent aller tout droict de propos desliberé, comme « pour convaincre l'esprit de Socrates, et attirèrent « avec eulx Charillus, le joueur de fleuste, qui estoit « aussi venu à Athènes, quant et moy, devers Cébès. Et « ainsy, comme ils cheminoyent par devant les bouti- « ques des statuaires, le long du palais où se tient la

(1) CICÉRON, *De divinatione*, lib. I, s. 54.

« justice, ils trouvèrent, au devant d'eulx, un grand « troupeau de pourceaux fort serrez, tout couverts « de fange et de villenie, et poulsans tous en foulle, « pour le grand nombre qu'ils estoyent, et qu'il n'y « avoit moyen de se destourner, ils portèrent aulcuns « de ces jeunes hommes par terre, et enfangèrent « tous les aultres. Si retourna Charillus au logis, les « jambes et les cuisses et tous ses habillemens pleins « de boue, *de sorte qu'il nous feit bien soubvenir, avec* « *grandes risées, de l'esprit familier de Socrates, nous* « *esmerveillant comme la Divinité n'abandonnoit jamais* « *ce personnage-là, qu'elle n'en eust toujours soing, en* « *tout et par tout* (1). »

Plus bas, dans le même dialogue, un autre interlocuteur, un Thébain, fait le récit suivant : « A la défaicte « de Délion, *Socrates,* estant avec Alcibiades et La- « chès, *appella plusieurs fois Pyrilampus, fils d'Anti-* « *phon,* et quelques aultres de ses amys et de sa bande, « les quels s'enfuyans, avec luy, le long de la montagne « de Parnes, feurent atteincts et tuez par nos gents de « cheval, *pour n'avoir pas obey à l'esprit familier de* « *Socrates,* et avoir pris un aultre chemin, à la fuiste « de la bataille, que celuy par où il les guidoit. Je « pense que Simmias mesme l'a ouy comme nous. — « Ouy certes, dit Simmias, plusieurs fois et de plu- « sieurs personnes, car, *pour tels exemples, l'esprit fa-*

(1) PLUTARQUE, *Du Démon ou Esprit familier de Socrate,* ch. 16.

« *milier de Socrates feust fort célébré et renommé à* « *Athènes* (1). »

« J'ai souvent esté présent, ajoute le même Sim- « mias, quand Socrates disoit qu'il estimoit hommes « vains et menteurs ceulx qui disoient avoir veu à l'œil « quelque chose de divinité. Et au contraire, *il pres-* « *toit l'aureille à ceulx qui disoient avoir ouy quelque* « *voix, et les enquerroit certes et diligemment ; dont il* « *nous donnoit à penser et conjecturer entre nous à part,* « *et à souspeçonner que ce démon de Socrates ne feust* « *point une vision, mais un sentiment de voix et une* « *intelligence de paroles, qui le venoit à toucher par* « *quelque extraordinaire manière :* comme en son- « geant ce n'est pas une voix que les dormans oyent; « mais ce sont opinions et intelligences de quelques « paroles qu'ils cuydent ouyr prononcer (2). »

Bien loin d'être ici de l'avis de Simmias, ou de Plutarque, Apulée dit au contraire : « *Je croirais volontiers* « *que ce n'était pas simplement par la voix que le génie* « *de Socrate se manifestait à lui, car souvent ce n'est* « *pas une voix qu'il avait ouïe : c'est un signe divin qui* « *s'était offert à lui. Or ce signe peut n'être autre chose* « *que l'image même du génie, qui n'était visible que pour* « *Socrate, comme la Minerve d'Homère pour Achille.*

« Les Pythagoriciens, au dire d'Aristote, étaient « étonnés toutes les fois qu'ils entendaient quelqu'un

(1) PLUTARQUE, *Du Démon de Socrate*, ch. 19.
(2) *Id.*, *ibid.*, ch. 35.

« assurer qu'il n'avait jamais vu de génie. Pourquoi « alors, s'écrie Apulée, Socrate, si semblable aux « dieux, n'aurait-il pas pu voir le sien (1) ? »

De cette opinion du philosophe de Madaure, il résulterait que Socrate était sujet, non pas seulement à des hallucinations de l'ouïe, mais encore à des hallucinations de la vue, et probablement, en outre, à des hallucinations du tact ; et en effet, ses extases, ses impulsions, les *signes* variés qu'il disait recevoir, ne permettent guère de douter de l'existence, chez lui, de ces deux ou trois espèces de fausses perceptions.

Socrate, il est vrai, dit, dans les *Memorabilia* (2) : « Il « y a des dieux, et ils ont beaucoup de soin des hom- « mes ; mais n'attendez pas qu'ils vous apparaissent, et « qu'ils se présentent à vos yeux. Qu'il vous suffise de « voir leurs ouvrages, et de les adorer ; et pensez que « c'est de cette façon qu'ils se manifestent aux hommes. « Car, entre tous les dieux qui nous sont si libéraux, il « n'y en a pas un qui se rende visible pour nous distri- « buer ses faveurs. » Mais il est évident que, dans ce passage, le sage grec ne parle que des grands dieux, des dieux réels, et non des démons ; et, pas plus que le morceau de Plutarque cité plus haut, celui-ci ne prouve qu'il n'ait pas eu d'hallucinations de la vue. Ces dernières, au contraire, semblent se lier nécessairement

(1) Apulée, *De Deo Socratis*, dans *Apulei Opera omnia*, Lugduni Batavorum, in-4, 1823, t. II, p. 166, 167.

(2) Lib. IV, p. 802.

au songe de la prison (1), où Socrate avait *vu s'avancer* vers lui (ἐδόκει.... προσελθοῦσα), une belle femme, vêtue de blanc, qui lui annonça sa mort prochaine.

Après ces nombreux témoignages, que je pourrais multiplier encore, témoignages pris, soit de la bouche même de Socrate, soit de celle de ses amis, de ses disciples, ou d'auteurs peu éloignés du temps où il vivait, je passe sous silence une foule de détails du même genre qui ne sont, au reste, la plupart du temps, que la répétition, l'abréviation, ou une version différente des premiers; détails qu'Antipater avait réunis en grand nombre (2), et qu'on trouvera dans Diogène-Laërce (3), Aulu-Gelle (4), Élien (5), Maxime de Tyr (6), Lactance (7), Tertullien (8), Origène (9), Eusèbe (10), etc. C'est toujours ce même fait général, que Socrate avait un *démon*, entendait une *voix*, qui l'empêchait d'agir quand il ne fallait pas le faire, qui lui annonçait l'avenir pour lui et pour ses amis, qui lui permit même

(1) PLATON, *Criton*, p. 102. — GOTFR. OLEARIUS, *De Socratis Dæmonio*, p. 153.

(2) CICÉRON, *De divinatione*, lib. I, s. 54.

(3) Lib. II, s. 32.

(4) *Noctes attic.*, lib. II, cap. 1.

(5) *Historiæ variæ*, lib. VIII, cap. 1, De Socratis Genio.

(6) *Dissertationes* 14 et 15: Quid sit Socratis Deus?

(7) *Divinarum institutionum*, lib. II, cap. 15.

(8) *Apologeticus liber adversus gentes*, p. 75; dans *Opera omnia*, in-folio, Parisiis, 1608.

(9) *Contra Celsum*, lib. VI, n. 8.

(10) *Præparatio evangelica*, lib. XIII, cap. 8, n. 13.

quelquefois de faire des prophéties sur les affaires publiques, notamment sur l'expédition de Sicile, et sur celle d'Ionie, dont il annonça le mauvais succès (1).

Indépendamment de cette croyance théosophique à lui tout à fait personnelle, Socrate, il m'importe de le remarquer de nouveau, partageait les croyances superstitieuses générales (2). Il admettait les dieux d'Athènes ; il voulait qu'on leur rendit les hommages prescrits par le culte du pays (3) ; qu'on leur offrît des sacrifices, qu'on consultât leurs oracles, qu'on obéît à leurs commandements (4). Xénophon, ayant reçu des lettres de son ami Proxénus, par lesquelles il était invité à passer en Asie, au service du jeune Cyrus, les communiqua à Socrate, et lui en demanda son sentiment ; sur quoi il ne reçut aucune réponse de lui, sinon qu'il fallait consulter l'oracle de Delphes. Et Xénophon étant de retour, Socrate le blâma d'avoir demandé ce qu'il fallait faire pour se rendre les dieux favorables dans ce voyage, plutôt que d'avoir cherché à savoir s'il fallait l'entreprendre, ou non (5).

(1) PLATON, *Théagès*, p. 21. — PLUTARQUE, *Du Démon de Socrate*, ch. 19 ; *Vie d'Alcibiade*, ch. 31.

(2) LACTANCE, *Divin. instit.*, lib. III, cap. 20.

(3) XÉNOPHON, *Memorab.*, lib. I, p. 708, 722 ; lib. IV, p. 803.

(4) PLATON, *Apologie*, p. 60, 61, 77 ; *Phédon*, p. 251 ; *Euthyphron*, p. 9 ; *Deuxième Alcibiade*, p. 70. — XÉNOPHON, *Memorab.*, lib. I, p. 703, 709, 727 ; lib. II, p. 749 ; lib. IV, p. 802, 815. — CICÉRON, *De divinatione*, lib. I, n. 3.

(5) XÉNOPHON, *De expeditione Cyri*, lib. III, p. 294. — CICÉRON, *De divinatione*, lib. I, n. 54.

Socrate, en outre, croyait aux songes (1), et il expose longuement, dans la *République*, les conditions favorables de l'âme dans lesquelles ils ont de la valeur (2). Il racontait que, la veille du jour où il détourna Platon d'aller à l'armée (3), il en avait eu un dans lequel il voyait un cygne sortir de son sein en chantant, ce qu'il appliquait à Platon et à ses écrits (4). Dans la pri-

(1) PLATON, *Apologie*, p. 77; *Philèbe*, p. 227; *Phédon*, p. 137; *Banquet*, p. 230.

(2) « Cum dormientibus ea pars animi quæ mentis et rationis sit particeps sopita langueat; illa autem in qua feritas quædam sit atque agrestis immanitas, cum sit immoderato obstupefacta potu atque pastu, exsultare eam in somno immoderateque jactari. Itaque huic omnia visa objiciuntur, a mente ac ratione vacua : ut aut cum matre corpus miscere videatur, aut cum quovis alio vel homine, vel Deo, sæpe bellua; atque etiam trucidare aliquem et impie cruentari, multaque facere impure, atque tætre cum temeritate et impudentia. At qui salubri et moderato cultu, atque victu quieti se tradiderit, ea parte animi, quæ mentis et consilii est, agitata et erecta, saturataque bonarum cogitationum epulis; eaque parte animi, quæ voluptate alitur, nec inopia enecta, nec satietate affluenti (quorum utrumque præstringere aciem mentis solet, sive deest naturæ quippiam, sive abundat atque affluit); illa etiam tertia parte animi in qua irarum exsistit ardor, sedata atque restincta : tum eveniet, duabus animi temerariis partibus compressis, ut illa pars tertia rationis et mentis eluceat, et se vegetam ad somniandum acremque præbeat : tum et visa quietis occurrent tranquilla atque veracia.» (CICÉRON, *De divinatione*, lib. I, n. 29.)

(3) ELIEN, *Hist. var.*, lib. III, cap. 28.

(4) DIOGENE-LAERCE, lib. III, s. 5. — ORIGÈNE, *Contra Celsum*, lib. VI, s. 8.

son, avant que la galère sacrée fût revenue de Délos, en ayant eu un autre, où cette belle femme, dont il vient d'être question, lui adressait ce vers d'Homère :

« Dans trois jours tu seras dans la fertile Phthie » (1)...

il dit à Criton que, ce songe signifiant que, lui, Socrate, devant mourir dans trois jours, le fatal vaisseau n'arriverait que le lendemain (2). Enfin, le jour même de sa mort, il raconta à ses disciples assemblés, que, sur la foi de songes multipliés, qui l'avaient poursuivi toute sa vie, il s'était enfin décidé à chanter le Dieu dont alors on célébrait la fête, et à mettre en vers je ne sais quelle fable d'Ésope (3).

Assurément il n'est pas extraordinaire qu'un Athénien, et même un Athénien de marque, ait donné dans toutes ces erreurs de l'enfance de la raison humaine. Mais que telles aient été également les croyances d'un aussi grand esprit que Socrate, d'un philosophe qui admettait un être suprême, tel, à peu près, que celui des chrétiens,

(1) Homère, *Iliade*, liv. IX, v. 363.

(2) Platon, *Criton*, p. 102. — Cicéron, *De divinat.*, lib. I, s. 25. — Au lieu de Criton, Diogène-Laërce (lib. II, s. 35) donne ici pour interlocuteur à Socrate, Eschine, un autre de ses disciples.

(3) Plato.., *Phédon*, p. 137, 138. — Plutarque, *Comment il faut lire les poëtes*, ch. 4. — Diogène-Laërce (lib. II, s. 42) donne le commencement de cette fable, ainsi que celui de l'hymne que fit Socrate en l'honneur d'Apollon : *Delie Apollo, salve, et Diana, pueri inclyti.*

et dont toutes les opinions, soit en morale, soit en philosophie générale, étaient si supérieures à celles de son temps, le fait est plus digne d'attention, et l'on ne peut véritablement s'en rendre compte que par cette circonstance, que les hallucinations de Socrate lui étaient expliquées par les croyances superstitieuses de son pays ou de son époque, ou plutôt que ces hallucinations et ces croyances s'expliquaient les unes par les autres. Nous avons vu, en effet, dans plusieurs passages de l'*Apologie* de Xénophon, que Socrate demande ce qu'il y a d'extraordinaire à ce qu'il entende une voix divine, quand la prêtresse de Delphes en entend et en fait entendre une aussi, quand les faits naturels dont on se sert pour pronostiquer l'avenir, le bruit du tonnerre, le chant des oiseaux, sont des voix, quand tout, pour ainsi dire, est une voix dans la nature (1) ; et Maxime de Tyr se fait, à ce sujet, presque les mêmes questions (2). Pour que Socrate ne se crût pas fou tout le premier, à supposer que, comme on en a vu des exemples, il eût pu se dédoubler à ce point, il fallait donc de toute nécessité, ou qu'il s'imaginât que son grand Dieu, son Dieu chrétien, lui parlait en personne, et il était, de sa nature, assez bon et assez pieux logicien pour ne pas se faire cette idée-là ; ou bien qu'il admît l'existence d'autres Dieux, de Dieux intermédiaires,

(1) Pages 703 du texte grec, et 53 de la traduction.

(2) *Dissertatio* 14.

un peu corporels, les Dieux ou les Démons du paganisme, qui pussent remplir cet office, et dont un lui parut le remplir en effet. Ainsi se trouvent, comme je l'ai déjà dit, prouvées et expliquées les unes par les autres les croyances superstitieuses de Socrate et ses hallucinations : ainsi conçoit-on comment l'antiquité, qui partageait les mêmes erreurs, ne pouvait songer à regarder comme un fou, un homme dont le trouble intellectuel consistait uniquement en perceptions sensitives, en perceptions, surtout, qui avaient leur raison toute trouvée dans les croyances théologiques du temps, et dans les faits de communication ou d'assistance divine sur lesquels on les croyait appuyées.

Me voilà engagé, presque sans m'en apercevoir, dans l'analyse explicative des faits historiques relatifs au Démon de Socrate. Je continue cette explication, et je suppose que je parle non point à des médecins, car je n'aurais presque plus rien à leur dire, mais à des hommes éclairés qui n'ont pourtant pas fait de la psychologie morbide une étude approfondie.

Qu'un homme soit, toute sa vie, en dehors de la règle commune, par la bizarrerie de ses manières, de ses opinions, de sa conduite, ou de certaines parties de tout cela ; qu'il ne fasse rien, ne dise rien, ne pense rien comme tout le monde ; qu'il agisse ainsi par vanité, par orgueil, par timidité, par prudence, par un composé de ces divers sentiments, ou enfin par une excentricité qui ne s'explique que par elle-même ; si la chose ne va pas plus loin, si l'homme excentrique et bizarre n'est que cela, c'est-à-dire, s'il ne pense, parle et agit en définitive que comme nous avons tous pensé, parlé et agi dans quelques instants de notre vie; nous concevons cet état, nous le plaignons, nous nous en offensons peut-être; mais nous ne lui donnons pas, nous ne devons pas lui donner le nom de folie, par prudence autant que par vérité. Nous ne le devons pas, surtout, quand il s'agit d'appliquer une telle qualification à l'état intellectuel d'un homme auquel une grande portée d'esprit doit faire pardonner des distractions quelquefois amusantes, d'un homme qui n'est grand peut-être dans ce qui est de son génie, qu'à la condition d'être bizarre, quelquefois même ridicule, dans ce qui est des petites choses de la vie.

Qu'un homme encore soit, sans relâche, sous l'influence d'une passion intellectuelle, c'est-à-dire d'une idée fixe; qu'il la poursuive à travers toutes les phases successives de l'existence, dans toutes ses positions si variées et souvent si contraires; qu'il en oublie parfois l'observation des devoirs ordinaires, ceux du citoyen, du père, de l'époux même; si son organisation est forte, ou que les circonstances ne soient pas trop défavorables, que le but puisse être atteint, ou semble devoir l'être bientôt, sa raison pourra ne pas fléchir, et il faudra ne voir encore dans cette excentricité, ou plutôt dans cette concentration intellectuelle d'une autre espèce, dirigée vers un but quelquefois grand, mais toujours en général louable et utile, il faudra n'y voir, dis-je, qu'une tension périlleuse de l'esprit, qui a droit, sinon toujours à notre admiration, au moins à notre intérêt ou à notre indulgence, et qui, dans tous les cas, ne saurait, sans une absurde injustice, être taxée de folie. Apprécier d'une façon aussi peu mesurée toutes les idées fixes et exclusives et les singularités auxquelles elles peuvent donner lieu, serait ôter au genre humain sa couronne, ou en souiller les plus beaux fleurons; ce serait donner pour Panthéon aux grands hommes la flétrissure des petites maisons. Il n'est, en effet, pas un homme qui ait porté dans un art, dans une science quelconque, cet instinct du génie, qui suit une image, une idée, une suite d'inspirations, de découvertes, à travers toutes les difficultés, tous les désespoirs d'une vie longtemps obscure et méconnue, parmi tous les affreux découragements d'une âme trop ardente; il n'y en a pas un qui n'ait présenté aux yeux de ses contemporains, et quelquefois même à ceux de la postérité, cet air d'absorption que fait naître la préoccupation d'une grande pensée, et que le monde, qui ne le comprend pas, est souvent tenté de prendre pour l'incohérence de la folie, ou pour la stupeur de l'imbécillité. Les faits ne me manqueraient pas à l'appui de cette assertion. C'est le premier des Brutus, couvrant du masque de l'idiotisme la vengeance de Lucrèce et l'expulsion des Tarquins; c'est Archimède, criant dans les rues de Syracuse prise d'assaut, qu'il a résolu son problème, et ne s'apercevant pas que le glaive d'un soldat romain lui traverse la poitrine. C'est La Fontaine, oublié de Louis XIV, méconnu presque par Despréaux, et passant, aux yeux de la cour la plus spirituelle de l'Europe, pour un homme de peu d'esprit... Mais il ne faut pas non plus se le dissimuler, le génie porté ainsi jusqu'à ses extrêmes limites, usant d'un instrument trop tendu, et s'y abandonnant à toute la violence, ou à toute la profondeur de ses inspirations, le génie est bien près de cet état déplorable dont on lui a quelquefois donné le nom. Un pas de plus, et l'intervalle est franchi ; et au lieu de Galilée, vous avez Cardan (1), au lieu d'Alexandre, Mahomet, au lieu de Mélanchthon, Luther, au lieu de Platon, Socrate ; et c'est ce pas, en effet, que ce dernier a franchi. Cette pensée exclusive, vive, ardente, sublime, qui ne produisait tout à l'heure que ces singularités qui ne donnent que plus de piquant au génie, et cette concentration qui ne doit attirer sur lui que le silence du respect, cette pensée a changé de nature ; elle a revêtu le caractère d'une image, d'un son, d'un objet extérieur en un mot. Elle s'est faite corps : *verbum* (2) *caro factum est* ; et le sacrifice a été consommé ; et l'humanité qui s'enorgueillissait naguère des prodiges d'une raison sublime et créatrice, n'a plus qu'à se voi-

(1) Voyez dans la seconde partie, sur *Cardan et son Esprit familier*, la note 1.

(2) Λόγος, esprit, pensée, raison.

ler la tête, pour pleurer la perte, désormais irréparable, d'un de ses plus glorieux enfants.

Voilà ce qui est arrivé à Socrate. Ce qui n'était d'abord, en lui, qu'une impulsion irrésistible, une conviction profonde, une pensée de tous les instants, est devenu, par les progrès du temps, mais surtout par le fait d'une action incessante, une sensation externe de l'ouïe, et, je n'en doute pas, de la vue. Après les inspirations de la conscience, sont venues celles de la Divinité. Socrate a entendu *le Dieu*, Θεός, *le Démon*, δαιμόνιον, *la voix*, φωνή. Il a senti, dans tout son corps, les frémissements de leurs impulsions. Il a pensé, parlé, agi en conséquence. Il s'est fait de tout cela un titre de gloire et de supériorité aux yeux de ses contemporains; et ses contemporains l'ont cru sur parole; ils l'ont admiré, divinisé, après lui avoir pourtant fait boire la ciguë, et ils ont transmis à la postérité, comme un héritage, cette divinisation d'une pensée malade. Il me reste à expliquer maintenant comment tout cela a pu se faire; comment Socrate, la première tête philosophique de l'antiquité, a pu se laisser devenir fou, comment il a pu ne pas sentir qu'il le devenait; comment, au moins, ses contemporains, ses amis, ses disciples, des hommes éclairés, des savants, des philosophes, ont pu ne pas voir ce qu'était leur concitoyen, leur maître, et ne pas s'apercevoir que sa psychologie à double face, si elle commandait l'admiration, appelait aussi l'étonnement et la pitié. Or toutes ces démonstrations, que j'ai déjà ébauchées, vont m'être on ne peut plus faciles. Elles ressortiront tout naturellement de l'examen de la raison générale à l'époque où vivait Socrate, et surtout de celui des croyances religieuses. Je n'aurai pas besoin d'être bien long.

Le Polythéisme a eu ses fondements dans cette disposition naturelle à l'homme, et qui lui est principalement nécessaire dans l'ignorante enfance de l'âge et des nations, de chercher à tout une cause animée, divine, et de traiter ainsi surtout les objets qui peuvent, de la manière la plus fatale, lui faire ou le plus grand bien ou le plus grand mal. Il ne faut donc pas, avec Verulam (1) et Vico (2), voir, dans les emblèmes mythologiques des anciens, soit une *sagesse profonde*, soit même une *sagesse vulgaire*. Il n'y a plutôt, dans le fait général qu'ils représentent, qu'une *absurdité*, ou, si l'on aime mieux, une *nécessité vulgaire*; et pour s'en convaincre, il n'y a qu'à jeter les yeux autour de soi; voir l'enfant donner à ses jouets de la vie, des sensations et des volontés; l'homme grossier mettre à la place des faits ou des agents naturels les plus simples ses sorciers et ses loups-garoux; l'homme éclairé, le philosophe même briser, avec colère, dans un premier moment, l'objet inanimé qui lui a causé de la douleur.

(1) *De sapientia veterum*.

(2) *Scienza nuova*, Milano, 1801, t. III, p. 8.

Les Dieux des Grecs étaient donc bien, pour eux, des dieux, des êtres réels, des corps, et ils en avaient, comme on sait, peuplé toute la nature. Le monde lui-même était un Dieu ; les astres étaient des Dieux ; le feu, l'éther, l'air étaient des Dieux (1). Mais c'étaient là les Dieux des fortes têtes, des philosophes, des Académiciens, des Stoïciens, des Péripatéticiens. Le vulgaire, les gens du commun, ne s'élevaient pas aussi haut. Parmi les astres, il leur suffisait du soleil et de la lune ; et, pour loger le reste de leurs divinités, ils ne dépassaient guère la cime des plus hautes montagnes de l'ancien continent, l'Ida, l'Olympe, l'Athos. Mais à partir de là, les vallons, les plaines, les forêts, les fleuves, les mers, tout était plein de Dieux ; et il y en avait tant, dit saint Augustin (2), qu'on n'avait pas cru pouvoir en employer moins de trois ou de quatre à ouvrir et à fermer la plus modeste maison de Rome.

Lorsque les philosophes de l'ancienne Grèce, Pythagore, Anaxagore, Socrate et enfin Platon, intellectualisant un tant soit peu le polythéisme, eurent établi différentes classes parmi les divinités de leur pays, voici à peu près comment la chose s'arrangea dans leur esprit et dans leurs ouvrages (3). Ils placèrent en première ligne un Dieu universel, immense (4), con-

(1) CICÉRON, *De natura Deorum*, lib. I, passim.
(2) *De civitate Dei*, lib. IV, cap. 8.
(3) EUSÈBE, *Præparat. evangel.*, lib. IV, cap. 3, § 5.
(4) C'est celui dont il est si souvent question dans les *Me-*

fondu souvent avec le Destin, et dont ils ne savaient trop quelle image se faire, ni quelle figure, quel corps il fallait lui donner. Vinrent ensuite les astres, puis le feu, l'éther, l'air, singuliers Dieux dont la tournure devait encore embarrasser beaucoup des hommes habitués aux belles formes de la nature et de la statuaire grecques. Venait enfin toute la tourbe des Dieux véritables et anthropomorphes, grands, moyens, petits, très-petits, depuis Cybèle et Jupiter jusqu'à ces Dieux portiers, Forcule, Limentine et Cardée, dont se moquait saint Augustin.

Au reste, soit qu'on ne reconnût qu'un seul Dieu supérieur, ce *fatum* amorphe dont je parlais tout à l'heure, ce qui n'était pas commun, et ce qui équivalait presque, en ce temps-là, à une déclaration d'athéisme; soit qu'avec Socrate, Platon et la presque totalité de leurs disciples, on admît, pour grands Dieux, Dieux réels, d'abord ce Dieu immense, suprême, puis les vingt Dieux choisis de Varron, Jupiter, Junon et compagnie, il fallait trouver moyen de faire communiquer ces divinités avec les mortels, pour qu'elles reçussent leurs hommages, entendissent leurs prières, leur donnassent des ordres et des conseils. Or, pour tout cela, on n'avait rien de mieux à faire que de peupler les airs de Génies ou de Démons (1), hybrides de

morabilia, notamment au livre IV, p. 802, et dont parle Eusèbe dans le passage auquel je viens de renvoyer.

(1) HÉSIODE, *Opera et dies*, v. 120 et seq., 246 et seq. —

nouvelle espèce, provenant de l'union des Dieux avec les filles des hommes (1), formés de la partie la plus pure et la plus fluide de l'air (2), immortels, enfin, comme les Dieux, mais sujets aux passions comme les hommes (3). Ces célestes messagers dont le nombre était immense, puisque Maxime de Tyr les compte presque par milliards (4), étaient chargés aussi d'un nombre immense d'offices. D'abord, indépendamment de celui qui servait à chaque homme de bon ou de mauvais génie (5), il y en avait pour les songes, pour les auspices, pour fendre le foie, maculer les entrailles des victimes, diriger le vol des oiseaux, pour faire gronder le tonnerre et lancer la foudre au besoin, quand Ju-

PLATON, *Timée*, *Banquet*, *République*, II, III, X, *Politique*, *Epinomis*. — PLUTARQUE, *Des oracles qui ont cessé*; *Du Démon de Socrate*; *D'Isis et d'Osiris*. — APULÉE, *De Deo Socratis*. — JAMBLIQUE, *De mysteriis Ægypt.*, *Chaldæor.*, *Assyrior.* — PROCLUS, *Commentarius in Platonis Alcibiade I.*

(1) PLATON, *Apologie*, p. 64.

(2) APULÉE, *loc. cit.*, p. 144, 148. — SAINT AUGUSTIN, *De divinatione dæmonum*; *De civitate Dei*, lib. VII, cap. 15; lib. XI, cap. 23.

(3) PLUTARQUE, *Des oracles qui ont cessé*, ch. 17 et 19. — APULEE, *loc. cit.*, p. 147. — CHALCIDIUS, *Commentar. ad Platon. Timæum*, p. 227. — MAXIME DE TYR, *Dissertatio* 15. — On voit pourtant dans Plutarque (*loc. sup.*, ch. 17 et 19) que, suivant Hésiode et Pindare, les démons pouvaient mourir. Le terme moyen de leur vie était de neuf mille et quelques cents ans.

(4) *Dissert.* 14.

(5) PLATON, *Phédon*, p. 244, 256. — APULÉE, *loc. cit.*, p. 155.

piter ne voulait pas se donner cette peine, et pour une foule d'autres fonctions de même force (1). Ce n'est pas tout. Outre ces Démons de premier ordre, fils bâtards des dieux et des hommes, il y en avait d'autres, non moins occupés, et qui n'avaient pas la même origine. C'étaient les âmes des morts qui venaient servir de guide aux vivants (2); c'étaient même les âmes de ces derniers, suivant qu'avant la mort et en raison de leur pureté, elles étaient plus ou moins sorties du corps, c'est-à-dire soustraites à l'influence de la matière, et qu'elles pouvaient déjà faire l'office de mentors à l'égard de leurs propriétaires actuels (3).

On voit ici quels services la philosophie avait rendus à la société ancienne. Au lieu de ses dieux vulgaires et corporels, déjà bien assez nombreux et assez redoutables, elle lui avait peuplé jusqu'à l'air qu'elle respirait, de demi-esprits, dont quelques-uns, sans doute, devaient lui servir de guides tutélaires, mais dont beaucoup d'autres pouvaient lui nuire, ou du moins accroître sa superstition et ses terreurs.

Pour en finir avec les Démons, je dirai que le christianisme, qui les reçut en héritage de Platon et de ses disciples, fit à la doctrine païenne, sur ce sujet, quel-

(1) Apulée, *loc. cit.*, p. 134 et seq. — Maxime de Tyr, *dissert.* 14.

(2) Plutarque, *Du Démon ou Esprit familier de Socrate*, ch. 23. — Maxime de Tyr, *Dissertatio* 15.

(3) Plutarque, *loc. sup.*, ch. 28, 40.

ques modifications qui l'adaptassent à ses croyances. Les âmes des vivants ne quittèrent plus leur enveloppe terrestre qu'après la mort, soit pour expier dans des tourments, dont la prétendue éternité était peut-être une opinion utile alors, les fautes passagères de cette vie, soit pour aller, dans le sein de Dieu, jouir des ineffables béatitudes dès lors offertes en récompense à l'humanité moins grossière par une religion qui s'épurait. Restaient donc seulement les vrais Démons, les Démons hybrides, dont j'ai parlé en premier lieu. Pour pères, au lieu des Dieux mythologiques, le christianisme leur donna ses Chérubins et ses Puissances (1), et il leur adjoignit les mauvais anges, que la révolte de Satan avait précipités dans le feu des enfers (2). Ai-je besoin d'ajouter que ces démons ou ces diables se trouvaient là tout à point pour remplacer les Dieux païens, désormais précipités de leurs trônes ou dépouillés de leurs honneurs, et que c'étaient eux qui, avant la naissance du Christianisme, avaient, sous le marbre et l'airain des idoles, prophétisé à Memphis, à Dodone, à Delphes, à Éphèse, et qui, quelquefois, avec la permission du Tout-Puissant, continuaient à y prophétiser encore, au temps et au dire de saint Augustin (3),

(1) Lactance, *Divin. instit.*, lib. II, cap. 15.

(2) Lactance, *loc. sup.* — Saint Augustin, *De civitate Dei*, lib. VII, cap. 22.

(3) *De civitate Dei*, lib. V, cap. 7 ; *De divinatione dæmonum*, p. 1120.

de Lactance, d'Origène, de Tertullien et de tous les pères et docteurs de l'Eglise, dont voilà, au fond, toute la doctrine sur ce point de psychologie historique?

Je reviens à Socrate, dont cette digression est loin, du reste, de m'avoir éloigné, témoin le titre et plus encore le but de cet ouvrage. En effet, toute cette doctrine des démons, intermédiaires obligés entre la Divinité et l'homme et guides bienveillants de ce dernier, c'est Socrate lui-même qui en est, sinon le père (1), du moins, qu'on me passe l'expression, le parrain, ainsi qu'il résulte, entre autres preuves, de presque tous les dialogues de Platon ; et voici ce qui l'a conduit à fortifier cette théorie de tout le poids de sa conviction. Élevé dans la religion du paganisme,

(1) On lit dans le *Commentaire d'Hiéroclès sur les vers dorés*, attribués à Pythagore, une théorie démonologique de ce dernier philosophe, empruntée d'Orphée, des Egyptiens, et peut-être même des Celtes, et dans laquelle les démons sont distingués en trois classes : 1° les démons *supérieurs*, ou célestes, qui ne sont autre chose que les grands Dieux du paganisme ; 2° les démons *moyens* ou aériens, les vrais démons, les démons socratiques ou platoniciens ; 3° les démons *inférieurs* ou terrestres, ou les âmes des hommes, lesquelles ont surtout droit à ce titre quand elles ont quitté le corps.

Il y a encore d'autres théories pythagoriciennes des dieux et des démons, revues, corrigées et considérablement augmentées par les Alexandrins. Il y en a notamment une dans Diogène-Laërce, à l'article *Pythagore*. Il est inutile que je les rapporte.

dans la croyance aux songes, aux oracles, aux prodiges, son esprit, naturellement investigateur, et en proie aussi à des inspirations qui dataient presque de la naissance, se demanda de bonne heure comment les dieux pouvaient, d'une part, donner lieu à ces songes, à ces oracles, à ces prodiges; d'autre part, lui occasionner, à lui, ces inspirations, lui donner ces avertissements qui remontaient si haut dans sa vie. Les dieux, tels surtout que les concevait Socrate, ne pouvaient vaquer en personne à d'aussi minces fonctions. Se bornant au gouvernement général de l'univers, ils devaient se servir, pour tout le reste, d'agents intermédiaires, en général insaisissables par la vue, mais saisissables par l'ouïe, le tact, ou en vertu d'autres impressions plus profondes et plus intimes. De cette façon tout se trouvait expliqué : faits généraux relatifs aux oracles, aux prodiges, aux songes et à toutes les autres influences de la Divinité sur la terre et sur ses habitants; inspirations particulières de Socrate sur les principes et les devoirs de la morale et sur l'épuration des croyances religieuses, deux choses qui ont fait le fond et le but de toute son existence. On peut presque dire que, dans de telles conditions, et tel que nous connaissons ce grand homme, il ne lui était pas possible d'avoir d'autres croyances que celles qu'il a eues, de tenir une autre conduite que celle qu'il a tenue, d'arriver à une autre fin psychologique que celle à laquelle il est arrivé. A plus forte raison ne lui était-il pas possible de se voir ce qu'il était réellement, et ce qu'il avait commencé à être de si bonne heure ; et ce sont ces raisons, c'est-à-dire ces circonstances de lieu, d'époque et de religion, qui expliquent encore pourquoi il n'a pas non plus paru tel, c'est-à-dire fou halluciné, aux yeux des plus éclairés même de ses contemporains. Qu'y avait-il, en effet, d'extraordinaire à ce que leur concitoyen, leur ami, leur maître fût en communication avec la Divinité, lui dont la conduite était si pure, si sage, et, en quelque sorte, si providentielle et si divine ; quand la Pythie de Delphes, la Sibylle de Cumes, ou même le moindre devin en crédit, jouissaient, à leurs yeux, du même privilége ? C'est le contraire qui l'eût été, et je m'étonne seulement qu'il ait pu y avoir, dans l'antiquité, quelques divergences d'opinion sur l'explication à donner des inspirations du Démon de Socrate (1).

En effet, tous les philosophes contemporains du sage Grec, ou voisins de son époque, n'ont pas donné de ce génie familier une interprétation aussi exclusivement

(1) J'écrivais ceci il y a vingt ans. Je ne m'imaginais guère alors que, avant même l'expiration de ce terme, il se trouverait des écrivains qui auraient l'air d'expliquer sérieusement le fait, entre autres, du Démon de Socrate, comme ce philosophe et ses amis se l'expliquaient à eux-mêmes. Je n'ajouterai rien de plus sur ce sujet, si ce n'est cette simple réflexion, que ce qui pouvait être de mise au temps de Socrate et de Platon ne l'est plus tout à fait autant du nôtre. Ce qui était folie ou erreur alors mériterait maintenant un autre nom. (*Note de la deuxième édition.*)

diabolique ou divine que l'ont fait Platon, Xénophon, Plutarque, Apulée, Diogène-Laërce, Proclus, Chalcidius, Maxime de Tyr, Eusèbe, Lactance, Tertullien, Origène, Clément d'Alexandrie et beaucoup d'autres. Quelques-uns d'entre eux se contredisent même dans leurs explications, ou au moins ils ne sont pas trop sûrs de ce qu'il faut penser du fait de psychologie qui en fait le sujet (1). Ainsi Plutarque (2), conformément à quelques vues d'Héraclite, de Ménandre, de Xénocrate (3) et de Platon lui-même (4), est porté à voir, dans le génie familier du maître de ce dernier, les inspirations de son excellente nature, un bon démon, εὐδαίμων, qui ne serait, suivant la doctrine développée par un des interlocuteurs de son dialogue (5), que l'âme même de ce philosophe, soustraite en très-grande partie, par sa pureté, aux liens de son enveloppe mortelle. C'est d'après des idées analogues qu'un grand nombre de siècles plus tard, Marsile Ficin, qui admet l'influence d'un génie familier dans Socrate, pense qu'elle était favorisée par sa constitution mélancolique, qui le disposait aux extases, et lui donnait

(1) Cette incertitude se retrouve aussi chez des écrivains modernes. Voyez, par exemple, GOTF. OLEARIUS, *De genio Socratis*, cap. 15, in STANLEY, *Philos. histor.*, t. I; BRUCKER, *Histor. crit. philos.*, t. I, p. 549 ; H. RITTER, *Histoire de la philosophie*, liv. VII, ch. 2.

(2) *Platon. quæst.*, I, cap. 1.

(3) ARISTOTE, *Topic.*, lib. II, cap. 6.

(4) CLÉMENT D'ALEXANDRIE, *Stromat.*, lib. II, p. 417.

(5) *Du Démon de Socrate*, ch. 40.

plus de lucidité pour lire dans l'avenir (1); tandis que Pomponat, d'après sa manière astrologique de voir en pareille matière, regarde les inspirations du Démon de Socrate comme le résultat de l'influence de l'astre qui avait présidé à sa naissance, et qui réglait sa destinée (2).

Ceux qui ont le mieux traité Socrate, soit dans l'antiquité, soit dans les temps modernes, ont dit, en somme, que les inspirations de son génie, rendues par lui d'une manière trop figurée peut-être, n'étaient autre chose que celles de la raison la plus vertueuse, la plus sage, la plus éclairée qui fût jamais. C'est à peu près là l'opinion d'un des interlocuteurs du dialogue de Plutarque, qui dit que « l'esprit familier de « Socrate estoit une parcelle de la commune nécessité, « qui confirmoit cet homme, par longue expérience, « à donner le contrepoids et le penchement, pour le « faire incliner deçà ou delà, en choses obscures et « difficiles à conjecturer par le discours de la rai- « son (3). » C'est l'opinion de Montaigne (4), de Naudé (5), de Guy-Patin (6), de Fraguier (7), de Charpen-

(1) *Theologia Platonica*, lib. XIII, cap. 2.

(2) *De incantationibus*, in-12, Basileæ, 1556.

(3) Plutarque, *Du Démon de Socrate*, ch. 17.

(4) *Essais*, liv. I, ch. 2.

(5) *Apologie pour les grands hommes faussement soupçonnés de magie*, ch. IV.

(6) *Esprit de Guy-Patin*, Paris, in-12.

(7) *Mémoires de l'Académie des inscriptions et belles-lettres*, t. IV, p. 368.

tier (1), de Rollin (2), de Voltaire (3) et de quelques platoniciens tout à fait modernes (4) ; c'est peut-être celle de saint Augustin, qui semble attribuer à la fourberie des disciples de Socrate ce qu'on raconte de son démon (5), fourberie que Rollin (6) et Barthélemy (7), au contraire, ne sont pas éloignés de faire peser sur ce philosophe lui-même.

Pour ce qui est de cette prétendue supercherie du sage d'Athènes ou de ses disciples, je n'ai plus à prouver, je pense, qu'il n'en était absolument rien. Je me borne à signaler l'opinion qui tendrait à y faire croire, comme une des importations les plus mal avisées qui se soient faites de l'astuce et de l'esprit philosophique modernes dans l'explication des faits de la raison grossière et ignorante des peuples qui vivaient il y a deux mille ans. La fraude ne saurait donner à une nation, au monde, des idées, des institutions, une religion nouvelles. Il n'y a que la foi, bien ou mal fondée, qui puisse produire cet effet-là. Nous aurions mauvaise grâce à le nier, nous, dont toutes les pensées, tous les actes sont encore maculés d'une foule de préjugés on

(1) *Vie de Socrate*, in-18, Paris, 1657, p. 139 et suiv.

(2) *Hist. anc.*, liv. IX, ch. 4, s. 2.

(3) *Dictionnaire philosophique*, art. *Socrate*.

(4) Voyez, dans la deuxième partie, la note II : *Opinion de M. Cousin sur le fait du Démon de Socrate*.

(5) *De civitate Dei*, lib. VIII, cap. 27.

(6) *Loco suprà*.

(7) *Voyage du jeune Anacharsis*, ch. 67.

ne peut moins intellectuels, et qui, malgré les lumières et le scepticisme dont nous nous targuons, continuons à porter dans tant de questions philosophiques et physiologiques une crédulité si peu éclairée et, si je puis ainsi dire, si antique.

Enfin, parmi les auteurs modernes, il n'y en a, comme je l'ai dit, que quelques-uns qui aient pensé à attribuer à une exaltation voisine de la folie, les inspirations démoniaques du philosophe athénien. Mais cette opinion, jetée en passant, sous forme de doute, et sans aucune démonstration, paraît à peine avoir été prise en considération par ses auteurs eux-mêmes. J'ai déjà cité, à cet égard, Diderot et Barthélemy, qui disent là-dessus des choses très-sensées, mais auxquelles leur manque de développement et de preuves ne permet pas de faire autorité. Je rapprocherai de leur manière de voir une autre explication toute récente, et qui, quoique moins vraie qu'elle, est pourtant tout ce qu'on peut dire de plus satisfaisant sur le démon de Socrate, quand on n'a pas puisé, dans l'étude de la psychologie morbide, les moyens de voir toute la vérité à cet égard. Cette opinion est celle de M. Stapfer (1). En somme, suivant ce savant écrivain, le sentiment moral et religieux était tellement développé chez

(1) *Biographie universelle*, art. Socrate, 1825.

Qu'on veuille bien toujours se rappeler que ce livre a été écrit en 1835, et que j'ai cru ne rien avoir à y changer.

(*Note de la deuxième édition.*)

Socrate, que lorsque les mouvements s'en faisaient sentir avec le plus d'énergie, ils lui apparaissaient comme partis d'une cause distincte de sa personne, et il devait croire les observer plutôt que les produire, entendre des voix plutôt qu'accomplir des actes ou éprouver des émotions dont ses facultés étaient elles-mêmes la source et l'objet. Cette manière de sentir, M. Stapfer l'appelle une *illusion d'optique Psychologique*; et il faut convenir qu'il est impossible de parler avec plus de respect des hallucinations d'un grand homme. Mais, malgré la délicatesse de l'expression, et, si l'on veut, sa justesse apparente, c'est ici que se trouve l'erreur (1). Pour que ces fausses perceptions de Socrate n'eussent constitué qu'une illusion, ou plutôt une méprise compatible avec un état de raison réellement intact, il eût fallu que ce philosophe ne les eût éprouvées qu'accidentellement, et surtout que, s'en rendant parfaitement compte, il ne les eût jamais prises que pour ce qu'elles étaient, ainsi que cela peut avoir lieu dans certains cas de folie sensoriale commençante. Mais il en était tout autrement. Socrate, ainsi que le reconnaît M. Stapfer, voyait dans son démon un être bien déterminé, bien réel, dont l'action

(1) Une question pour trancher la question. Un philosophe qui, aujourd'hui, se prétendrait en communication directe avec la Divinité, et dirait en entendre la voix, lui donnerait-on une chaire à la Faculté des lettres ou une cellule à Charenton ?

sur lui avait fini par être presque incessante; et, bien que ce philosophe partageât les croyances superstitieuses générales, il ne regardait pas, contrairement à l'opinion de M. Stapfer, le privilége de cette divine assistance comme une chose tellement commune, qu'il ne dise, dans le VIe livre de la *République,* à propos de son signe démoniaque, *qu'on trouverait à peine de cela un autre exemple soit dans le présent, soit dans le passé.*

Après n'avoir ainsi vu dans les hallucinations bien formelles de Socrate qu'une sorte d'erreur d'optique intra-cérébrale, et avoir cherché à établir, entre ce fait et celui d'une raison intacte et souveraine, une alliance qui n'est pas dans la nature des choses, M. Stapfer ne regarde pas même comme une extase l'hallucination en quelque sorte cataleptique du siége de Potidée, et il ne la considère que comme le résultat presque sublime d'une concentration intellectuelle, toute raisonnable et toute libre ; ce qui ne saurait être, comme on le sent bien. Enfin, bien qu'il avoue qu'en Socrate la croyance en son génie ait été quelquefois voisine de la *superstition* et de *l'entêtement,* il est si éloigné de voir dans ce philosophe un Théosophe ou un Visionnaire, qu'il blâme l'auteur du *Voyage d'Anacharsis* de parler du fait du Démon de Socrate, comme d'un trait de bizarrerie calculée, ou d'une preuve de *travers d'esprit.* Cette dernière partie de l'opinion de Barthélemy est pourtant la seule explication qui approche de la vérité. Mais elle est loin d'être la vérité tout entière, et il n'y a que celle-ci qui puisse faire comprendre Socrate et ses inspirations, ses croyances et celles de son époque, ainsi que je l'ai peut-être surabondamment prouvé. Aussi vais-je, en terminant, résumer tout ce long exposé de faits, d'opinions, d'explications, de preuves, sur son état psychologique en général et sur son Démon en particulier, deux choses inséparables, qui doivent marcher parallèlement, et s'expliquer l'une par l'autre ; c'est-à-dire que je vais, en quelques pages, faire du fils de Sophronisque une biographie complète et vraie, un portrait ressemblant.

CHAPITRE IV.

RÉSUMÉ DE L'HISTOIRE PSYCHOLOGIQUE DE SOCRATE.

Socrate naquit de parents pauvres (1), avec des dispositions intellectuelles assez développées, pour qu'un oracle ait pu les prendre pour thème de sa réponse, et ordonner qu'on abandonnât cet enfant à l'avenir qu'il se ferait à lui-même (2). Ce sage conseil ne fut pas suivi, et le fils de Sophronisque fut obligé, contre ses goûts, de demeurer dans l'atelier de son père (3), occupé à façonner du marbre, quand il eût voulu s'abandonner à son penchant pour la philosophie, vers laquelle le poussait, presque dès son bas âge, une sorte d'inspiration ou de voix intérieure (4).

(1) PLATON, *Premier Alcibiade*, p. 62; *Théétète*, p. 62. — DIOGÈNE-LAERCE, lib. II, s. 18. — ELIEN, *Hist. var.*, lib. II, cap. 1. — THÉODORET, *Græc. affect. curat.*, serm. 1.

(2) PLUTARQUE, *Du Démon de Socrate*, ch. 38.

(3) DIOGÈNE-LAERCE, lib. II, s. 20. — PORPHYRE, dans THÉODORET, *Græc. affect. curat.*, serm. 12.

(4) PLATON, *Apologie*, p. 73; *Théagès*, p. 19. — TERTULLIEN, *De anima*, au commencement.

Comme cela arrive toujours dans les vocations réellement dignes de ce nom, cette disposition de Socrate à la méditation philosophique ne fit que s'accroître des obstacles qui lui furent opposés (1); et ce ne fut qu'avec beaucoup de peine que l'ardent et singulier jeune homme, obéissant à la nécessité, passa les années de son adolescence à exécuter des travaux de statuaire, assez parfaits, du reste, pour lui valoir quelques succès (2). Il avait dix-huit ans environ, lorsqu'un ami de l'humanité et de la philosophie, Criton, voyant cette belle intelligence aux prises avec le besoin, fit cesser la lutte (3), et mit Socrate à même de se livrer tout entier aux études réformatrices qui devaient remplir sa vie et être la cause de sa mort.

Socrate alors se montra tel que l'avait fait la nature, tel qu'il se fit voir constamment depuis, livré à une seule pensée, les yeux fixés sur un seul but : l'amélioration de la race humaine par la réforme de la logique, de la morale et de la religion. Ses discours, ses actions, sa pauvreté, son désintéressement, sa générosité, sa tempérance, sa fermeté civique, son courage

(1) Porphyre, dans Théodoret, serm. 12.

(2) Scholiaste d'Aristoph., *ad Nub.*, act. 2, scène 1. — Diogène-Laerce, lib. II, s. 19. — Pausanias, lib. I, cap. 22; lib. IX, cap. 35.

(3) Diogène-Laerce, lib. II, s. 20.

militaire, sa veille, son sommeil, tout se rapporta à ce but, qui lui avait été imposé par son organisation, plutôt qu'il ne se l'était donné à lui-même. Epoux, père, citoyen, il ne négligea aucun des devoirs que lui imposaient ces divers titres; mais le premier, pour lui, ut toujours cet enseignement moral, plus pratique encore que théorique, qu'il s'était, en quelque sorte, arrogé sur Athènes toute entière, et pour lequel tous les moyens justes et honnêtes lui étaient bons. Une vie pareille, une semblable contention d'esprit, ne pouvaient qu'entraîner dans de grandes singularités de discours, de manières, de conduite, un esprit déjà fort singulier par lui-même. Elles ne pouvaient qu'accroître son insensibilité aux intempéries des saisons, à la contagion de la peste (1), aux besoins de la nature animale; augmenter la violence d'inspirations ou d'impulsions intérieures qui dataient presque de la naissance, leur faire prendre le caractère de sensations externes; et c'est ce qui eut lieu en effet. Socrate eut des extases, presque des accès de catalepsie, ainsi que cela lui arriva au siége de Potidée et ailleurs. Bientôt ces extases prirent le caractère d'hallucinations plus tranchées, plus courtes, mais plus fréquentes; hallucinations du tact général, soit intérieur, soit extérieur; hallucina-

(1) DIOGENE-LAERCE, lib. II, s. 25. — ELIEN, *Hist. var.*, lib. XIII, cap. 27. — AULU-GELLE, *Noct. attic.*, lib. II, cap. 1.

tions de l'ouïe surtout, et probablement aussi de la vue (1). Socrate ne douta plus de l'assistance de son Démon ou de son Dieu, assistance que lui expliquaient les croyances alors régnantes, et qui, les lui expliquant à son tour, le porta à les modifier. A table, dans les rues d'Athènes, dans les camps, il s'arrêtait tout court, quelquefois sans motif apparent, d'autres fois à propos d'un éternûment venu de lui ou d'un de ses voisins, et il agissait ou n'agissait pas suivant que l'éternûment avait eu lieu à sa droite ou à sa gauche (2). Mais il s'arrêtait surtout s'il avait entendu la voix du Dieu, car il n'en recevait jamais que des ordres prohibitifs. Ces ordres lui étaient ordinairement personnels. Quelquefois pourtant ils concernaient aussi ses amis ; témoin ce qui eut lieu à la déroute de Délium ; témoin l'aventure de Charmide, celle de Criton, celle de Timarque et de son complice, témoin l'histoire des pourceaux de la rue des faiseurs de coffres, et beaucoup d'autres histoires de ce genre. D'autres fois enfin ces avertissements étaient relatifs aux affaires publiques, par exemple au mauvais succès de l'expédition de Sicile (3).

(1) APULÉE, *De Deo Socratis*, p. 166, 167. — PLATON, *Criton*, p. 102. — GOTFR. OLEARIUS, *De Socratis Dæmonio*, S. XV.

(2) PLUTARQUE, *Du Démon de Socrate*, ch. 18.

(3) PLATON, *Théagès*, p. 21. — PLUTARQUE, *loco supra*, ch. 19.

Ces fausses perceptions ou ces hallucinations de Socrate, qu'il prenait pour les inspirations de son Démon familier, ne firent qu'augmenter à mesure qu'il avança en âge, et sa croyance au Dieu qui les lui donnait en augmenta d'autant. Il finit même par se persuader que, par le fait de cette assistance divine, il pouvait, à distance, exercer une influence favorable sur les jeunes gens qui le fréquentaient, et les conduire, par cette sorte de magnétisme moral, au but de ses efforts réformateurs (1). Enfin, ces perceptions et cette croyance étaient tellement fortes à l'époque de son procès et de sa condamnation, qu'elles le détournèrent de préparer sa défense (2), de faire aucune sollicitation, aucune démarche auprès de ses juges (3), et qu'elles lui firent même dire en leur présence, qu'au péril de sa vie il recommencerait tout ce dont il était accusé, et que c'était là une chose dont il ne pouvait se défendre (4).

Rien, assurément, de plus extraordinaire, mais rien aussi de plus irréfragable comme criterium de la folie,

(1) PLATON, *Théétète*, p. 65; *Théagès*, p. 24.

(2) PLATON, *Apologie*, p. 92. — XÉNOPHON, *Apologie*, p. 702; *Memorab.*, lib. IV, p. 817. — CICÉRON, *De divinat.*, lib. I, s. 54.

(3) PLATON, *Apologie*, p. 79, 89. — XÉNOPHON, *Memorab.*, lib. IV, p. 804. — QUINTILIEN, *Institut. orat.*, lib. XI, cap. 1.

(4) PLATON, *Apologie*, p. 68, 69, 87.

que ces hallucinations qui, par leur direction sur un seul objet, leur suite, leur raison en quelque sorte, et surtout par cette circonstance qu'elles peuvent durer toute la vie sans se compliquer d'un véritable délire maniaque, constituent une espèce de folie qu'on pourrait appeler *sensoriale* ou *perceptrice* (1). Or, ce furent là constamment les hallucinations de Socrate, comme ce furent celles d'autres grands hommes, et surtout de réformateurs en matière de religion (2) ; et elles eurent et conservèrent toujours chez lui ce caractère, pour trois principales raisons. 1° Elles tenaient à ses sensations d'enfance, et n'en étaient, en quelque sorte, que la continuation. 2° Il put s'y abandonner en toute liberté ; les croyances de son époque, loin de les contrarier en rien, s'y prêtant, au contraire, merveilleusement et de tous points, et donnant un caractère inspiré et divin à des prétentions et surtout à des sensations qui obtiendraient maintenant une qualification toute différente. 3° Les connaissances médicales de ce temps-là sur la folie, par exemple celles d'Hippocrate, qui était contemporain de Socrate, ne permettaient pas d'apprécier le genre de manie de ce dernier (3) ;

(1) Voyez, plus loin, la note III, *Histoire d'un esprit frappeur, tirée de la Démonomanie des sorciers, de J. Bodin*, et les *Observations sur la folie sensoriale.*

(2) Voyez, à la fin du volume, la *Recherche des analogies de la folie et de la raison.*

(3) Voyez la note IV, *Sur la connaissance qu'avaient de la folie les anciens, et sur l'idée qu'ils s'en faisaient.*

les philosophes, d'ailleurs, ayant déclaré que la folie véritable était un état général de *fureur*, dont ils distinguaient encore le délire pythique, ou inspiré par les Dieux (1), et ayant prononcé qu'un sage, s'il lui arrivait d'entrer en fureur, toujours au moins ne pouvait pas devenir fou (2).

De tout ce résumé biographique, il résulte pourtant que Socrate était bien véritablement dans ce dernier cas; puisque, s'il y a un caractère formel et indubitable de la folie, ce sont les hallucinations (3), c'est-à-dire cet état intellectuel où l'homme, abusé par le trouble de son esprit, prend ses propres pensées pour des sensations nées de l'action immédiate des objets extérieurs. Or, le philosophe athénien, indépendamment de la consécration exclusive de sa vie au triomphe d'une ou de deux idées, indépendamment de ses singularités de plus d'une sorte, présenta, pendant quarante ans peut-être, ce caractère irréfragable de l'aliénation mentale. Pour lui, pour la gloire d'Athènes et pour celle de la philosophie, pour le triomphe de la morale et le bien de l'humanité, il est heureux qu'à raison du temps où il vivait et de la nature de sa folie, cette dernière ait pu conserver son caractère sensorial, sans passer à

(1) Platon, *Phèdre*, p. 316 et seq.

(2) Ce fut l'opinion des Stoïciens (Diogène-Laerce, VII, 117), et plus tard celle de Cicéron (*Tuscul. quæst.*, III, 5) et de Sénèque (*De benef.*, II, 35).

(3) Beausobre, *Réflexions sur la nature et les causes de la folie*; Mémoires de l'Académie de Berlin, 1759, p. 390.

l'état de délire général et véritablement maniaque. Socrate a pu demeurer ainsi, durant toute sa vie, le représentant et le martyr sans doute, mais, à coup sûr, l'expression au moins hallucinée de la raison, de la philosophie et de la vertu.

DEUXIÈME PARTIE.

NOTES,

PIÈCES A L'APPUI ET ÉCLAIRCISSEMENTS.

Après les notes qu'on va lire, je donnerai, sous forme de pièces à l'appui et d'éclaircissements, trois mémoires antérieurement publiés, et dont l'étude, pour les personnes peu versées dans la science de l'homme moral et surtout dans celle de la folie, jettera un jour nécessaire sur l'histoire psychologique de Socrate et sur celles qui lui ressemblent.

La première et la plus courte de ces pièces comprend deux observations d'aliénation mentale aiguë, presque uniquement constituée par des hallucinations qui, à raison de leur existence isolée, quoique brève, pourront être, avec avantage, rapprochées des hallucinations tout à fait chroniques de Socrate. La seconde se compose d'histoires particulières, présentées, comme les deux précédentes, dans la forme scientifique ordinaire à ces sortes de travaux, et offrant la plus complète analogie avec celles de ce grand homme et de quelques autres célèbres hallucinés. C'est ce que montrait déjà, du reste, à l'époque où elles furent publiées, l'indication des *Cas analogues* placée en tête de chacune d'elles. Quant à la troisième pièce, son titre indique assez, par lui-même, et sa nature et son objet ; et elle n'est, dans certaines de ses parties, qu'un corollaire général des faits et des rapprochements, dont se compose la seconde. Je crois sa lecture faite pour suppléer à tout ce qui, dans le récit de la partie folle et hallucinée de la vie de Socrate, pourrait paraître trop bref et trop synthétique.

A part quelques suppressions relatives à des circonstances purement médicales, j'ai fait à dessein de ne rien changer à ces trois mémoires, qui contiennent en germe, les deux derniers surtout, la plupart des idées développées dans ce livre. Il m'importait de montrer ainsi que des recherches, continuées avec réflexion pendant plusieurs années, n'ont fait que m'affermir dans la manière de voir qu'avaient fait naître de premiers travaux (1).

(1) Manière de voir qui, après vingt autres années d'études, j'ose le croire, agrandies, est toujours et plus que jamais la même.

(*Note de la deuxième édition.*)

NOTES.

NOTE PREMIÈRE.

CARDAN ET SON ESPRIT FAMILIER.

Page 195. Un pas de plus, et l'intervalle est franchi, et, au lieu de Galilée, vous avez Cardan.....

On s'imaginerait à tort que Socrate ait été le seul philosophe célèbre dont la raison hallucinée ait cru recevoir assistance d'un démon ou esprit familier. Ce genre de folie, au contraire, était assez commun dans l'école Alexandrine, dont les chefs furent, pour la plupart, des visionnaires, et il s'est montré plus d'une fois parmi les savants de toute sorte qui, à l'efferves-cente époque de la Renaissance, fatiguèrent leur cerveau à demander aux sciences occultes ce que ne pouvaient leur donner encore les sciences réelles qui n'étaient pas nées. Parmi ces esprits familiers le plus célèbre peut-être est celui de Cardan (1), et je veux en dire quelque chose que j'extrairai de l'ouvrage même que ce philosophe a publié sur sa propre vie (2).

(1) Campanella aussi avait un *esprit*, mais moins connu que celui de Cardan.

(2) *De vita propria liber.*

Jérôme Cardan, né près de Milan, en 1508, était bâtard, mais d'une famille noble, dont il expose, avec orgueil et complaisance, la généalogie et les titres divers. Il fait la remarque, au moins singulière, qu'*on y vivait longtemps*, qu'*on y procréait à un âge avancé*, qu'*on y était d'une haute stature*, *d'un grand savoir*, *d'une parfaite probité.*

Son père était un original, ne s'habillant pas comme tout le monde, bègue, superstitieux, amateur de toutes sortes d'études, ayant, par suite d'une blessure reçue à la tête, perdu dans sa jeunesse plusieurs parties des os du crâne, enfin se croyant déjà guidé par un esprit. Quant à sa mère, elle était colère, mais elle avait de la sagacité et de la mémoire. Elle avait tenté de se faire avorter, étant enceinte de lui. L'état du ciel et des planètes, à l'heure où naquit Cardan, eût pu, dit-il, faire de lui un être monstrueux et disloqué. Mais il en fut quitte pour naître dans un état de mort apparente, *avec des cheveux noirs et crépus*, et frappé d'une impuissance virile qui ne cessa qu'à l'âge de trente et un ans. Ce n'est pas tout. Il était bègue, comme son père, sans force corporelle, doué d'une aptitude moyenne, *inter frigidam et harpocraticam, id est inter rapacem et inconsultam divinationem.* L'état astrologique du ciel, au moment de sa naissance, fit encore que, malgré une certaine subtilité, son esprit n'était nullement libre, qu'il ne put jamais former que des projets interrompus et empêchés, qu'il n'eut que peu de biens, peu d'amis, mais qu'en revanche il eut beaucoup d'ennemis, dont *la plupart lui étaient inconnus, soit de nom, soit de visage.* Il fut toute sa vie, dit-il, *absque humana sapientia, nec memoria validus, sed providentia aliquanto melior.*

Après ce singulier portrait que Cardan traçait de lui-même, un an seulement avant sa mort, il parle, sans transition, de la naissance d'un prince impérial, arrivée le jour même où il écrit, d'une autre ère qui commence pour l'empire romain, de Ferdinand et d'Isabelle, qui ont mis en mer une nouvelle flotte, etc... ; le tout sans qu'on sache d'où lui viennent ces idées, et absolument comme pourrait le faire un maniaque.

Dans le chapitre XLVII de son ouvrage, chapitre intitulé *Spiritus bonus*, il commence par rappeler qu'il est bien certain qu'il y a eu des hommes célèbres assistés ou gouvernés par des esprits familiers, appelés, dit-il, par les Grecs, anges ou messagers, et par les Latins, esprits (1). Dans ce cas se sont trouvés, ajoute-t-il, Socrate, Plotin, Dion, Synésius, F. Joseph, et enfin lui (*mihi*). Mais, *à l'exception de celui de Socrate* (2), tous ces esprits favorables, aussi bien que les

(1) Voyez, pour l'idée générale que Cardan se faisait des esprits ou démons, le chap. 93 du livre XVI du traité *De rerum varietate*, et le livre XIX du traité *De subtilitate.*

(2) Rapprochez de cette exception, qui est un éloge, la longue et dégoûtante diatribe que Cardan a écrite contre Socrate, sous le titre de *De Socratis studio.* Cette palinodie serait d'un homme sans probité, si elle n'était d'un fou.

13.

esprits funestes de C. César, de Cicéron, d'Antoine, de Brutus, de Cassius, n'étaient, dit Cardan, que des démons, tandis que le sien est un esprit bon et miséricordieux.

Il était persuadé depuis longtemps de l'existence de cet esprit; mais ce n'est que, dans sa soixante-quatorzième année, comme il commençait à écrire sa vie, qu'il put bien s'assurer de la manière dont cet esprit l'avertissait des choses futures. C'étaient de très-fortes palpitations de cœur, la sensation d'un violent tremblement de terre, avertissements partagés par Cardan fils, quand les événements à venir lui étaient communs avec son père ; c'étaient des mouvements d'espèces ou d'images (*movit speciem mihi*), etc... etc... (1).

Je cite ce qui suit dans le texte original, pour plus de vérité, et parce qu'il y a, dans ces pensées latines d'un halluciné, des choses pour lesquelles toute traduc-

(1) Indépendamment de ces différentes espèces de fausses perceptions, Cardan avait encore des hallucinations de l'odorat. Voici ce qu'il en dit au chapitre 43 du livre VIII du traité *De rerum varietate* : « Il y a encore en moi quelque chose d'extraordinaire; c'est que je sens toujours une odeur quelconque. Tantôt mon corps exhale une odeur d'encens, et tantôt une odeur désagréable. Pendant près de deux ans, les pores de ma peau laissaient passer une si forte odeur de soufre, que j'en étais insupportable à moi-même, et que je craignais pour ma santé; mais cette odeur n'était pas sensible pour ceux qui m'approchaient. » Il parle encore de cette même espèce d'hallucinations au chapitre 37 du livre *De vita propria*.

tion est impossible, inintelligibles qu'elles sont pour des traducteurs raisonnables.

In universum Dæmonum apud antiquos multiplices fuere differentiæ : prohibentes ut Socratis, admonentes ut Ciceronis in obitu, docentes quid futurum sit per somnum, per casus, per belluas, hortando nos ut ad locum eamus, et fallendo per sensum unvm, aut plures simul, et eo nobilior (hallucinations d'un ou de plusieurs sens) : *item per res naturales* (illusions), *et demum per non naturales* (hallucinations), *et hunc censemus nobilissimum. Item bonus et malus.*

Aliud cur quæ admonet non aperte admonet? adeo ut vellem; sed unam rem pro alia docet, velut strepitibus illis inconditis, ut confiderem, Deum cuncta spectare, licet illum oculis non videam? Poterat enim per somnium admonere aperte, vel per aliud ostentum clarius. Sed hoc forsan judicavit magis curam divinam, majoraque quæ acciderunt timores, impedimenta, anxietates et stridor timoris loco; obscuritate etiam opus est, ut intelligamus esse opera Dei, non ut vetare doceamur.

Gardan se demande pourquoi ces choses-là lui arrivent, et non pas aux autres. C'est qu'il était halluciné, et que les autres ne le sont pas. Il donne ensuite comme des avertissements de son *Esprit*, ces mots qu'il n'a pas pu comprendre, et que le lecteur ne comprendra sûrement pas davantage, *Te sin cosâ et Lamant*, puis ces phrases également extravagantes, *id de vitâ quatuor annorum ex responsione Simii? Et de vermiculis qui in scutellis apparuerunt?*

Mais l'esprit de l'homme, dit-il, n'est pas toujours disposé à concevoir les signes du bon Ange, que ces signes soient *une vapeur ou une forme imparfaite, ou toute autre chose.* Ce défaut de conception a lieu, suivant les philosophes, par l'effet de la mauvaise disposition des organes, ou, suivant les théologiens, par la volonté de Dieu, dont l'Ange n'est que l'instrument.

Cardan est aidé par son Esprit dans la recherche des causes, des disciplines; il en reçoit la connaissance des choses incorporelles et immatérielles. Il lui doit sa réputation, sa gloire, ses plaisirs, du soulagement dans ses peines, du secours dans l'adversité, une grande partie de tout ce qui lui est arrivé d'heureux; il aurait pu ajouter avec non moins de vérité, la plupart des fautes par lui commises dans le cours de sa vie vagabonde et déréglée.

Après ce que j'ai dit de Socrate dans l'ouvrage qu'on vient de lire, je ne crois pas avoir rien à ajouter sur ce chapitre de la vie de Cardan, où ce malheureux philosophe fait lui-même, d'une manière si formelle, l'histoire de ses hallucinations. Comme Socrate, il rend compte de ce qu'il éprouve, sans se douter de la portée de ses paroles. Mais les historiens de la philosophie y ont plus fait attention qu'à celles du sage d'Athènes, et ils ne seraient pas éloignés de voir dans Cardan un fou, ou quelque chose de très-voisin (1). Seulement ce qui les embarrasse, c'est que, dans plusieurs endroits de ses ouvrages, il revient, pour la nier, sur l'existence de son démon familier. Et c'est là précisément ce qui caractérise la forme de maladie mentale à laquelle il était en proie. Quand un halluciné est guéri, il ne croit plus à la vérité de ses hallucinations ; sauf à se les rappeler et à y croire de nouveau quand il retombe. Il arrive enfin une époque où elles ne le quittent plus. Alors il croit et à celles qu'il a présentement, et à celles qu'il a eues jadis, qu'il avait presque oubliées, mais que les nouvelles lui remettent en mémoire ; et voilà justement ce qui est arrivé à Cardan. Il a écrit l'histoire de sa vie et de son esprit familier un an environ avant sa mort, et à cette époque il était plus halluciné, plus fou que jamais, ainsi que son ouvrage tout entier en fait foi.

(1) BUHLE, *Histoire de la philosophie moderne*; Philosophie de Cardan, t. II de la traduction française.

NOTE DEUXIÈME.

OPINION DE M. COUSIN SUR LE FAIT DU DÉMON DE SOCRATE.

Page 207. C'est l'opinion de Montaigne, de Naudé, de Guy-Patin, de Charpentier, de Fraguier, de Rollin, de Voltaire, et de quelques platoniciens tout à fait modernes (1).

Le savant traducteur des œuvres complètes de Platon ne pouvait voir dans le maître de ce dernier ce qui s'y trouve, et ce que j'y ai montré, c'est-à-dire un fou halluciné ; la connaissance de la psychologie morbide pouvant seule conduire à ce résultat. Aussi, est-ce une chose digne d'attention que la manière dont M. Cousin cherche à se rendre compte du fait du Démon de Socrate, dans deux notes relatives l'une à l'Apologie, l'autre au Théagès, les deux dialogues où le fils de Sophronisque trahit, de la manière la plus déterminée, la maladie de son esprit. Je vais citer textuellement ces deux notes, et l'examen que j'en ferai ensuite sera comme le complément de la démonstration de psychologie historique à laquelle j'ai consacré cet ouvrage.

(1) Ces platoniciens ne sont plus tout à fait aussi modernes. Peut-être ne sont-ils plus aussi platoniciens. Je doute qu'ils soient devenus plus forts, je ne dis pas en grec, mais en démonologie.

(Note de la deuxième édition.)

« *Note de l'Apologie.* — Pages 87, 88, 89. — Y a-t-il quelqu'un qui admette quelque chose relatif aux démons, et qui croie pourtant qu'il n'y a pas de démons ?

Ἔσθ' ὅστις δαιμόνια μὲν νομίζει πράγματα εἶναι, δαίμονας δὲ οὐ νομίζει (Bekker, p. 110).

« Socrate admettait une révélation surnaturelle qui lui enseignait, en toute occasion, ce qu'il devait faire et surtout ce qu'il devait éviter. Il croyait sentir en lui quelque chose au-dessus de l'humanité qui l'éclairait et le dirigeait. Il ne disait pas que ce fût un être positif ; il s'arrêtait au fait dont il avait la conscience, et se servait de l'expression : τὶ δαιμόνιον, non pas un Dieu tout à fait, mais une espèce d'intermédiaire entre les Dieux et les hommes, quelque chose qui appartient à la nature des Démons que la mythologie païenne place entre le ciel et la terre. L'orthodoxie du temps ne reconnaissant pas là précisément ses Dieux, avec leur histoire et leurs noms propres, accuse Socrate de substituer à la religion établie καινὰ δαιμόνια, c'est-à-dire, une religion nouvelle, fondée sur un mysticisme démoniaque. Soit, répond Socrate à Mélitus ; du moins alors ne suis-je pas athée. Car enfin tu ne m'accuses pas d'admettre l'accident sans le sujet, l'adjectif sans le substantif. Si j'admets τὶ δαιμόνιον, τινὰ δαιμόνια (sous-entendez πράγματα, comme πράγματα ἱππικὰ, πράγματα ἀνθρώπεια, πράγματα αὐλητικά, et enfin plus bas expressément πράγματα δαιμόνια), quelque chose de relatif aux Démons, il faut que tu m'accordes que j'admets des Démons, δαίμονας. Or, les Démons sont enfants des Dieux ou Dieux eux-mêmes; donc j'admets les Dieux. Ce passage est très-clair en lui-même. Malheureusement, il a été défiguré par tous les traducteurs, Schleiermacher excepté, lesquels s'obstinant, contre toute raison logique et grammaticale, à prendre δαιμόνια substantivement et à le traduire par divinités, font faire à Socrate le raisonnement suivant : Selon toi, j'admets des divinités, cela suppose que j'admets des Démons; or, si j'admets des Démons, il s'ensuit que j'admets des Dieux ou des enfants de Dieux; donc j'admets des Dieux. Conclure des divinités, c'est-à-dire, des Dieux aux Dieux, n'est pas difficile. Mais on contestait précisément à Socrate qu'il admît des Dieux ou des divinités; et, dans sa croyance à quelque chose de relatif aux Démons, on voyait une preuve qu'il n'admettait pas de Dieux. C'est donc de là que Socrate devait partir pour prouver qu'il n'était pas athée. On voit maintenant pourquoi dans l'Apologie, j'ai traduit δαιμόνια par *quelque chose de relatif aux Démons*, ou même par l'inusité *démoniaque*, pour avoir un adjectif qui conduisît naturellement à *Démons*, et exprimât nettement le rapport et l'ordre de toutes les parties du raisonnement de Socrate.»

« *Note du Théagès.* — Page 257. La faveur céleste m'a accordé un don merveilleux qui ne m'a pas quitté depuis mon enfance ; c'est une voix qui, lorsqu'elle se fait entendre.....

Ἔστι γάρ τι θείᾳ μοίρᾳ παρεπόμενον ἐμοὶ ἐκ παιδὸς ἀρξάμενον δαιμόνιον· ἔστι δὲ τοῦτο φωνὴ ἥ ὅταν γένηται... (Bekker, p. 275.)

« Nous avons établi, dans les notes de l'Apologie, que le τὸ δαιμόνιον devait être pris adjectivement et non substantivement. Ici se vérifie cette remarque, car si τὸ δαιμόνιον voulait dire un *démon*, il serait assez bizarre d'expliquer un *démon* par une *voix*, φωνὴ ἥ...

« Je conviens que plus bas, p. 276, on lit ἡ φωνὴ τοῦ δαιμονίου, et Schleiermacher convient aussi que, cette fois, τὸ δαιμόνιον est pris évidemment pour une personne; mais il ajoute avec raison qu'on chercherait en vain quelque chose de semblable dans l'Apologie et ailleurs. On peut dire encore que l'imitateur de Platon, auquel nous devons le Théagès, faute d'avoir bien compris le *sens délicat* du τὸ δαιμόνιον de l'Apologie, a bien pu, comme font ordinairement les imitateurs, *gâter l'expression platonicienne* en la déterminant trop, et convertir une nuance, légèrement indiquée par un adjectif dans le modèle, en une notion positive et fixe, représentée substantivement dans la copie. Ici, j'ai dû me servir du mot *génie*, par la même fidélité qui me l'a fait rejeter ailleurs. »

Bien que, dans ces deux notes et surtout dans la première, la pensée de M. Cousin s'enveloppe, comme à l'ordinaire, d'un nuage qui lui donne une forme indécise, ce qui me semble pourtant résulter de leur contenu, c'est que, suivant ce philosophe, Socrate, qui admettait en réalité des Démons, ou des semi-Dieux, intermédiaires entre les grands Dieux et les hommes, ne croyait pourtant pas qu'un de ces Démons fût, en personne, l'auteur des inspirations qu'il ressentait. S'il semblait le dire, ce n'était chez lui, ou chez Platon, qu'une manière figurée de s'exprimer ; mais, au fond, il n'entendait rendre par là que l'espèce de *révélation surnaturelle*, qui lui enseignait, en toute occasion, ce qu'il devait faire ou éviter ; et cela conformément à la théorie de l'inspiration développée dans l'Ion et dans le Phèdre, et que M. Cousin n'a presque fait qu'intellectualiser dans la VIe leçon de son cours de l'Histoire de la Philosophie. Cette opinion, qui ferait de Socrate un inspiré d'un genre on ne peut plus ambigu, tombe, je n'ai plus besoin de le faire remarquer, devant l'ouvrage qu'on vient de lire ; et je veux moins la combattre, qu'examiner sur quelles raisons M. Cousin a cru pouvoir la motiver. Suivant ce savant écrivain, le τὸ δαιμόνιον des dialogues de Platon doit être pris adjectivement et non point substantivement (1) ; cette assertion est le seul fond de toutes ses preuves. Mais d'abord, considéré en lui-même, ce mot peut indifféremment offrir l'un ou l'autre de ces sens, et mon

(1) Avant M. Cousin, Fraguier avait avancé la même opinion et commis la même erreur. Voici ses paroles : « Il faut bien remarquer que, dans ce que Socrate semble dire de son démon, δαιμόνιον n'est pas un nom substantif comme

livre prouve assurément qu'*à priori* c'est dans le dernier qu'il doit être envisagé. Et c'est, en effet, dans ce sens, que l'ont pris tous les écrivains qui, depuis Platon et Xénophon, se sont occupés du Démon de Socrate : Cicéron, Plutarque, Diogène-Laërce, Apulée, Maxime de Tyr, Proclus, Élien, Eusèbe, Lactance, Tertullien, Origène, auteurs grecs ou latins, plus ou moins rapprochés du temps où vivait Socrate, et qui savaient apparemment mieux que les hellénistes de nos jours dans quel sens à la fois historique et philologique, il faut prendre le τὸ δαιμόνιον de Platon ou de son maître.

Si, dit M. Cousin, d'après Schleiermacher, on trouve, dans le Théagès, qui n'est qu'une imitation de Platon, ἡ φωνὴ τοῦ δαιμονίου, où ce dernier mot est évidemment un substantif, on chercherait en vain quelque chose de semblable dans l'Apologie et ailleurs ; et M. Cousin et Schleiermacher se trompent ; car, dans l'Apologie même, vers la fin, je lis, ἡ γὰρ εἰωθυῖα μαντικὴ ἡ τοῦ δαιμόνιου, l'*avertissement accoutumé du démon*, où évidemment δαιμόνιον est un substantif. Il est vrai que M. Cousin traduit cette phrase tout simplement par *inspiration prophétique*. Mais cela ne prouve autre chose, sinon que ce savant helléniste n'a pas senti l'im-

dans cette phrase de l'Ecriture : *Omnes Dei gentium Dæmonia* ; c'est l'adjectif de δαίμων, comme θεῖον l'est de θεός, *Divinum* de *Deus*. » (*Mémoires de l'Académie des inscriptions et belles-lettres*, t. IV, 1746, p. 308.)

portance psychologique du τὸ δαιμόνιον pris substantivement; et cela n'a rien d'extraordinaire, car, un peu plus haut, il dit : si τὸ δαιμόνιον signifiait un *démon*, il serait assez bizarre d'expliquer un *démon* par une *voix*, φωνή. Or, le lecteur doit être persuadé maintenant que cette explication, bien loin d'être bizarre, est nécessaire, et la seule vraie. C'était précisément cette *voix*, qui était la plus haute expression du fait du *Démon* de Socrate; c'était elle qui lui en annonçait le plus indubitablement la présence; parce que ce Démon et cette voix, c'était tout un, c'est-à-dire, une fausse sensation de l'ouïe; je me suis déjà assez étendu sur ce point, pour n'avoir plus à y revenir. Au reste, ce n'est pas seulement ici que M. Cousin n'a pas senti l'importance psychologique du mot φωνή, pas plus qu'il n'a senti celle du τὸ δαιμόνιον pris substantivement. Dans l'Apologie, à l'endroit où Socrate, expliquant pourquoi il n'a jamais eu le courage de se trouver dans les assemblées du peuple pour y donner ses conseils à la république, dit qu'il en a été empêché par *quelque chose de divin et de démoniaque qui devient une voix*, ὅτι θεῖόν τι καὶ δαιμόνιον γίγνεται φωνή, M. Cousin, *gâtant* ici à son tour l'*expression platonicienne*, où φωνή indique si positivement une hallucination de l'ouïe, traduit par, *c'est je ne sais quoi de divin et de démoniaque;* ce qui ne saurait rendre la pensée de Platon, et bien moins encore celle de Socrate.

Je ne comprends pas d'ailleurs comment M. Cousin

a pu ne pas voir que le τὸ δαιμόνιον dans Platon, indépendamment des cas fort nombreux où il est très-évidemment pris substantivement, devait, dans les cas douteux, être la plupart du temps interprété dans le même sens. Car, dans Xénophon (comme Platon, témoin oculaire et auriculaire des hallucinations de son maître), il se trouve aussi, soit dans les *Memorabilia*, soit dans l'Apologie, un grand nombre de passages, où le τὸ δαιμόνιον ne peut être pris que substantivement. En outre, dans Platon comme dans Xénophon, Socrate, pour exprimer les avertissements ou la présence de son génie, se sert très-souvent et presque d'une manière indifférente, du mot Dieu, ὁ θεός, qu'il particularise, et dont assurément on ne peut faire un adjectif(1). Ici, il est vrai, M. Cousin ne tombe pas dans la faute commise par Dacier, qui, faisant presque de Socrate et de Platon des philosophes chrétiens, rend toujours ὁ θεός par *Dieu.* M. Cousin, au contraire, dit *le Dieu* et conserve ainsi, sans le savoir, à l'expression platonicienne, le caractère de particularité néces-

(1) Cette remarque appartient, pour ainsi dire, à Proclus, dont M. Cousin est, je crois, le plus récent éditeur. Cet éclectique, en son commentaire sur le *Premier Alcibiade*, entendait tellement bien le τὸ δαιμόνιον dans un sens substantif, qu'il dit que Socrate pouvait, avec vérité, appeler indifféremment son génie familier *Démon* ou *Dieu*, parce que ce génie était si haut placé dans l'échelle des Démons, qu'il se confondait avec les Dieux, et méritait d'être traité comme leur égal.

saire pour représenter la fausse sensation d'un halluciné.

Ce n'est pas que, dans certains cas, le mot δαιμόνιον n'ait été véritablement employé adjectivement par Socrate, et je vais dire, à ce sujet, suivant quelle échelle psychologique le sage Grec modifiait l'expression de ses sensations morbides. Lorsque ces dernières consistaient tout simplement en un sentiment vague, indéterminé, de l'assistance lointaine de son grand Dieu, ou des Dieux païens, Socrate disait, θεὸς, θεοί, *Dieu, les Dieux, le Dieu de Delphes*. La sensation se particularisait-elle davantage, le Dieu semblait-il se rapprocher ? Socrate disait, ὁ θεὸς, *le Dieu*. Agissant de plus près encore, *le Dieu* pour lui, devenait *le Démon*, τὸ δαιμόνιον, ὁ δαίμων. Dans certains cas, la sensation, quoique plus déterminée, n'était peut-être encore qu'une illusion, relative à un mouvement extérieur quelconque, que Socrate interprétait à sa façon, et alors il se contentait de dire, τὸ δαιμόνιον σημεῖον, *le signe du Démon* (Républ., VI), τὸ εἰωθὸς σημεῖον τοῦ δαιμονίου, *le signe accoutumé du Démon* (Euthydème), τὶ δαιμόνιον ἐναντίωμα, *quelque empêchement du Démon* (Ier Alcibiade). Enfin, la sensation devenait-elle tout à fait spéciale, auditive, sans cause dans le monde extérieur, Socrate alors entendait la *voix*, φωνή. C'était là le superlatif de ses hallucinations.

Je termine ici cette discussion, qu'il serait complétement inutile d'étendre davantage, et que je n'aurais pas soulevée, si je lui avais cru le moindre caractère philologique. Ma position m'a forcé à m'occuper, en psychologie, de choses plutôt que de mots, et ce sont des choses seulement dont je voulais établir la vérité. Les mots se sont ployés à cela d'eux-mêmes. Ils sont venus expliquer les faits, comme ils ont à leur tour été expliqués par eux; et la facilité avec laquelle a été obtenu ce double résultat me paraît un assez bon garant de la fidélité qu'ont mise Platon et Xénophon à rendre les préceptes et les hallucinations de leur maître. C'est une idée que je soumets au jugement des hellénistes et des philosophes.

NOTE TROISIÈME.

HISTOIRE D'UN ESPRIT FRAPPEUR, TIRÉE DE LA DÉMONOMANIE DES SORCIERS, DE J. BODIN, AUTEUR DU LIVRE DE LA RÉPUBLIQUE.

Page 217. Rien assurément de plus extraordinaire, mais rien aussi de plus irréfragable comme criterium de la folie, que ces hallucinations qui, par leur direction sur un seul objet, par leur suite, leur raison en quelque sorte, et surtout par cette circonstance qu'elles peuvent durer toute la vie sans se compliquer d'un véritable délire maniaque, constituent une espèce de folie qu'on pourrait appeler *sensoriale* ou *perceptrice.*

J. Bodin, ce terrible adversaire des sorciers, qui a écrit un traité sur leur *Démonomanie* (1), raconte, au chapitre II du Ier livre de son ouvrage, chapitre intitulé, *De l'association des esprits avec les hommes,* une histoire d'halluciné tellement semblable, du point de vue psychologique, à celle de Socrate, que je crois important de l'en rapprocher. Elle sera, avec l'histoire de Cardan, une sorte de transition entre celle du philosophe grec et les observations toutes modernes dont se composent deux des mémoires qui terminent cet ouvrage.

Avant de la rapporter, je rappellerai que Bodin

(1) *De la Démonomanie des sorciers,* par J. Bodin, angevin, in-4, Paris, 1580; ouvrage dédié au premier président Christophe de Thou.

croyait que, par une grande pureté de mœurs, par un dévouement absolu à Dieu, on peut arriver à sentir directement sa présence. C'est là, dit-il, ce qu'Averrhoès appelle l'adeption de l'intellect, et *ce que* SOCRATE *aperçut des premiers entre les Grecs.* Il ajoute : « Cela estoit bien fort fréquent entre les Hébrieux, comme nous voyons en l'escripture saincte, qui est pleine de mille exemples, comme Dieu, par ses anges, a assisté aux saincts personnages, et parlé par les angés à iceulx intelligiblement, aux autres par signes, sans paroles... Aux uns Dieu donnoit un ange si excellent, que leurs prophéties et prédictions estoient toujours certaines et infaillibles, comme on dict de Moïse, Élie, Samuel, Élisée » (page 10).

Puis, à propos du dialogue de Plutarque sur le *Démon de* SOCRATE, *discours long* dit Bodin, *et dont chacun croira ce qu'il voudra,* il raconte l'histoire de son halluciné, dans lequel il voit, bien entendu, un homme conduit par un bon ange. Voici cette histoire : « Je puis asseurer (c'est l'auteur qui parle) d'auoir entendu, d'vn personnage qui est encores en vie, qu'il y auoit un esprit qui luy assistoit assiduellement, et commença à le cognoistre, ayant enuiron trente-sept ans, combien que le personnage me disoit qu'il auoit opinion que, toute sa vie, l'esprit l'auoit accompagné par les songes précédents et visions qu'il auoit eus, de se garder des vices et inconuénients. Et toutes fois il ne l'auoit jamais apperceu, comme il feist depuis l'aage de trente-sept ans : ce qui luy aduint, comme il dict, ayant un an auparauant continué de prier Dieu de tout son cœur, soir et matin, à ce qu'il luy pleust enuoyer son bon ange, pour le guider en toutes ses actions; et aprez et deuant la priere il employoit quelque temps à contempler les œuures de Dieu, se tenant quelques fois deux ou trois heures tout seul assis à méditer et contempler, et chercher en son esprit, et à lire la Bible, pour trouuer laquelle de toutes les religions débatues de tous costés estoit la vraye, et disoit souuent ces vers :

Enseigne moy comme il faut faire,
Pour bien ta volonté parfaire,
Car tu es mon vray Dieu entier.
Fais que ton esprit débonnaire
Me guide, et meine au droict sentier.

Blasmant ceux-là qui prient Dieu qu'il les entretienne en leur opinion, et continuant cette priere, et lisant les sainctes escriptures, il trouua en Philon Hébrieu, au liure des sacrifices, que le plus grand et plus agréable sacrifice que l'homme de bien et entier peut faire à Dieu, c'est de soy mesme, estant purifié par luy. Il suyuit ce conseil, offrant à Dieu son âme. Depuis il commença, comme il m'a dict, d'auoir des songes et visions pleines d'instruction : et tantost pour corriger un vice, tantost un autre, tantost pour se garder d'vn danger, tantost pour estre résolu d'une difficulté, puis d'vne autre, non seulement des choses diuines, ains encores des choses humaines; et entre aultres luy sembla auoir ouy la voix de Dieu en dormant, qui luy dict, je sauuerai ton âme, c'est moy qui t'ay apparu par cy deuant. Depuis, tous les matins, sur les trois ou quatre heures, l'esprit frapoit à sa porte, et se leua quelques fois ouurant la porte, et ne voyoit personne, et tous les matins l'esprit continuoit, et s'il ne se leuoit pas, il frapoit de rechef et le réueilloit jusques à ce qu'il fust leué. Alors il commença d'avoir crainte, pensant que ce fust quelque maling esprit, comme il disoit : et pour ceste cause, il continuoit de prier Dieu, sans faillir un seul jour, que Dieu lui enuoyast son bon ange, et chantoit souuent les psalmes, qu'il sauoit quasi tous par cœur. Et lors l'esprit se feist cognoistre en veillant, frapant doucement le premier jour, qu'il aperceut sensiblement plusieurs coups sur un bocal de verre, qui l'estonnoit si fort : et deux jours après ayant vn sien amy secrétaire du Roy, qui est encores en vie, disnant auec luy, oyant que l'esprit frapoit sur vne escabelle ioignant de luy, commença à rougir et craindre; mais il luy dist, n'ayez point de crainte, ce n'est rien : toutesfois pour l'asseurer il luy conta la vérité du faict. Or il m'a asseuré que, depuis, tousiours il l'a accompagné, luy donnant vn signe sensible, comme le touchant à l'oreille dextre, s'il faisoit quelque chose qui ne fust bonne, et à l'oreille senestre s'il faisoit bien; et, s'il venoit quelqu'un pour le tromper et surprendre, il sentoit soudain le signal à l'oreille dextre; si c'estoit quelque homme de bien, et qui vint pour son bien, il sentoit aussi le signal à l'oreille senestre. Et quand il vouloit boire ou manger chose qui fust mauvaise, il sentoit le signal; s'il doutoit aussi de faire ou entreprendre quelque chose, le mesme signal lui advenoit. S'il pensoit quelque chose mauvaise et qu'il s'y arrestast, il sentoit aussi tost le signal pour s'en détourner. Et quelques fois quand il commençoit à louer Dieu de quelque psalme, ou parler de ses merveilles, il se sentoit saisi de quelque force spirituelle, qui luy donnoit courage. Et affin que il discernast le songe par inspiration d'auec les autres resueries, qui aduiennent quand on est mal disposé, ou que on est troublé d'esprit, il estoit eueillé de l'esprit sur les deux ou trois heures du matin, et vn peu après il s'endormoit: alors il auoit les songes véritables de ce qu'il deuoit aduenir. En sorte que il dict que depuis ce temps-là il ne luy est aduenu quasi chose, qu'il n'en ayt eu aduertissement, ny doubte des choses qu'on doibt croire, dont il n'en ayt eu résolution. Vray est qu'il demandoit tous les jours à Dieu qu'il luy enseignast sa volonté, sa loy, sa vérité, et employoit un jour de la sepmaine, autre que le dimanche (pour les desbauches qu'il disoit qu'on faisoit ce jour-là), pour lire en la Bible, et puis méditoit, et pensoit à ce qu'il auoit leu; puis après il prenoit plaisir à louer Dieu d'vn psalme de louanges, et ne sortoit point de sa maison le jour qu'il festoyoit; et néantmoins au surplus de toutes ses actions il estoit assez joyeux, et d'vn esprit gay, allegant à ce propos le passage de l'escripture qui dict, *vidi facies sanctorum lætas.* Mais si, en compagnie, il lui arrivoit de dire quelque mauuaise parole, et de laisser pour quelques jours à prier Dieu, il estoit aussi tost aduerty en dormant. S'il lisoit un livre qui ne fust bon, l'esprit frapoit sur le livre, pour le luy faire laisser, et estoit aussi tost détourné s'il faisoit quelque chose contre sa santé, et en sa maladie gardé soigneusement. Brief, il m'en a tant compté que ce seroit chose infinie que de vouloir tout réciter. Mais surtout il estoit aduerty de se leuer matin, et ordinairement dès quatre heures, et dict qu'il ouït vne voix en dormant qui disoit, qui est celuy qui le premier se leuera pour prier? Aussi dict il qu'il estoit souuent auerty de donner l'aumosne, et alors que plus il donnoit l'aumosne, plus il sentoit que ses affaires prospéroient. Et comme ses ennemis auoient résolu de le tuer, ayant sceu qu'il deuoit aller par eau, il eut vision en songe que son père lui amenoit deux cheuaux, l'vn rouge, l'autre blanc, qui fut cause qu'il enuoya louër deux cheuaux, l'vn rouge, l'autre blanc, sans luy avoir dict de quel poil il les vouloit. Je luy demandai pourquoy il ne parloit pas ouvertement à l'esprit; il me feist response que vne fois il le pria de parler à luy, mais que aussi tost l'esprit frapa bien fort contre sa porte, comme d'vn marteau, luy faisant entendre qu'il n'y prenoit pas plaisir; et souuent le destournoit de s'arrester à lire ni à escrire, pour reposer son esprit, et à méditer tout seul, oyant souuent en veillant une voix bien fort subtile et inarticulée. Je luy demanday si jamais il avoit vu l'esprit en forme, il me dict qu'il n'avoit jamais rien veu en veillant, horsmis quelque lumière en forme d'un rondeau, bien fort claire. Mais vn jour estant en extrême danger de sa vie, ayant prié Dieu de tout son cœur qu'il luy plust le préserver, sur le poinct du jour entre-sommeillant, il dict qu'il apperçeut sur le lit où il étoit couché, vn jeune enfant vestu d'une robe blanche changeant en couleur de pourpre, d'vn visage de beauté esmerueïllable; ce qui l'asseura bien fort. Une autre fois estant aussi en danger extrême, se voulant coucher, l'esprit l'en empescha, et ne cessa qu'il ne se fust leué : et lors il pria Dieu toute la nuict sans dormir. Le jour suyvant Dieu le sauua de la main des meurtriers d'vne façon estrange et incroyable, et après avoir eschapé le danger, il dict qu'il ouït en dormant une voix qui disoit, il faut bien dire, qui en la garde du hault Dieu pour jamais se retire. Et pour le faire court, en toutes les difficultés, voyages, entreprises qu'il auoit à faire, il demandoit conseil à Dieu. Et comme il prioit Dieu qu'il luy donnast sa bénédiction, vne nuict il eut vision en dormant, comme il dict, qu'il voyoit son père qui le bénissoit. J'ai bien voulu réciter ce que j'ay sçeu d'vn tel personnage, pour faire entendre que l'association des malings esprits ne doibt pas estre trouuée estrange, si les anges et bons esprits ont telle société et intelligence avec les hommes (1). (Pages 10 et suivantes.)

(1) Guy-Patin a prétendu que l'histoire démoniaque ci-dessus est celle de Bodin lui-même. Gotfr. Oléarius (*a*) et Brotier (*b*) ont accepté son témoignage, ou, si l'on veut, celui du *Patiniana*, et je serais très-disposé à en faire autant. Le récit fait par Bodin me paraît avoir un cachet bien intime et bien personnel, et le bon Ange qui en est le héros pourrait, en effet, très-bien avoir été le familier de l'homme aux yeux duquel, entre autres opinions aussi insensées, les comètes n'étaient autre chose que des esprits de grands personnages qui, après avoir durant des siècles habité l'atmosphère terrestre, se retirent enfin dans les profondeurs du ciel pour y jouir en repos de leur gloire (*c*). Je dois le dire pourtant, je ne trouve, soit dans la *Démonomanie*, soit dans les autres ouvrages de Bodin, rien qui se rapporte au fait allégué. Bayle, dans l'article de son *Dictionnaire* qu'il á consacré à ce philosophe, ne parle point de son prétendu *Esprit*. Il dit seulement, d'après de Thou (*Histoire*, liv. CXVIII, p. 771), que Bodin fut, en son temps, accusé de magie. Et, en effet, Naudé, dans son *Apologie*, défend Bodin de cette inculpation.

Voici au reste le passage du *Patiniana*. C'est au moins un document intéressant à signaler aux dignes plumes qui se consacrent avec tant de candeur à l'histoire des esprits mobiliers, autrement dit les *esprits frappeurs*.

« J'ai ouï dire à un homme qui le savait de MM. Pithou, que Bodin avait un démon ou esprit familier comme Socrate, qui le dissuadait de faire ce qui ne lui convenait pas, *nunquam ad hortandum, sed semper ad prohibendum*. Le

(*a*) *De genio Socratis*, cap. 15, in Stanley, *Philos. histor.*, t. I.

(*b*) *Observations* sur le livre du *Démon de Socrate* de Plutarque.

(*c*) *Universæ naturæ theatrum*, 1586, p. 221.

Je crois inutile de faire remarquer tout ce qu'il y a de similitude entre l'histoire précédente et celle de Socrate. C'est, sur une plus petite échelle, le même état intellectuel, ce sont les mêmes hallucinations; c'est la même durée de la maladie dans sa forme exclusivement sensoriale; un *ange* seulement au lieu d'un *démon*. Je ne veux qu'appeler l'attention sur l'écrivain qui a ainsi apprécié ce fait de psychologie morbide et sur les opinions du temps où il vivait.

J. Bodin était une des fortes têtes de cette époque-là, et son livre de *la République*, alors suivi dans les écoles d'Angleterre, a joui longtemps d'une grande réputation. Cela n'a pas, comme on le voit, empêché l'auteur de croire à toutes les extravagances de la magie et de la sorcellerie, et de raconter sérieusement, comme un fait d'assistance divine par l'intermédiaire d'un ange, l'histoire que je viens d'extraire de sa *Démonomanie*. J. Wier, qu'il combat en termi-

président Fauchet fut un des premiers qui s'en aperçut; car, proposant à Bodin d'aller à quelqu'endroit, aussitôt un escabeau se remue, et Bodin dit : C'est mon bon ange, qui me fait connaître par là qu'il n'y fait pas bon pour moi. Dans plusieurs autres occasions, quand on lui conseillait d'entreprendre quelque chose, s'il entendait remuer quelqu'un de ses meubles, il disait : Je n'en ferai rien, mon génie me le défend. » (*Naudæana et Patiniana*, ou Singularités prises des conversations de MM. Naudé et Patin; Paris, in-12, 1701, p. 13 du *Patiniana;* voir aussi les pages 1 et 9.)

(*Notes de la première et de la deuxième édition.*)

nant son ouvrage, avait dans l'esprit tout à la fois plus de philosophie et de bonté. Si, dans son livre, *De prestigiis Dæmonum*, il ne met pas en doute le pouvoir malfaisant du Diable, et celui des véritables magiciens, au moins ne croit-il pas que ce pouvoir soit partagé par les sorcières, et c'est dans cette persuasion qu'il fait tous ses efforts pour arracher au bûcher ces pauvres vieilles abusées, que Bodin, au contraire, y traînait. Ce serait une grave erreur que de penser que Wier ait feint de partager une partie des croyances superstitieuses de son temps, pour se soustraire aux persécutions des ministres du culte, et pour obtenir plus sûrement le résultat auquel il voulait arriver, l'extinction des bûchers pour crime de sorcellerie. Une pareille opinion sur Wier prouverait qu'on n'a pas lu son livre, ou qu'on n'entend rien à l'esprit des époques et de leurs représentants. Wier a cru tout ce qu'il a dit, le faux comme le vrai, et peu de temps après lui, G. Naudé, dans son *Apologie des grands hommes faussement soupçonnés de magie*, n'a pas émis des idées beaucoup plus raisonnables. Lui, contemporain et ami du fameux Campanella, il croyait aussi à la magie, aux maléfices; seulement il ne voulait pas qu'on en accusât tous les grands personnages en l'honneur desquels il est venu rompre une lance, et qu'il regardait seulement comme des savants, ou des *politiques*. Aussi, pas plus qu'à Wier, pas plus qu'à Bodin, il ne lui est venu dans l'esprit que tous ces fameux magiciens étaient, pour le moins, des hommes ignorants en physique, et, par cela même, crédules et superstitieux; car lui Naudé, aussi bien que Wier et Bodin, était dans le même cas. A plus forte raison ces trois coryphées de la démonographie des XVIe et XVIIe siècles ne pouvaient-ils voir, dans la plupart de leurs sorciers, de leurs magiciens, de leurs *politiques,* des hallucinés de haut ou de bas étage, dont l'état intellectuel ressemblait à celui de Socrate; et s'ils ne l'ont pas vu, la Grèce, comme eux ignorante et superstitieuse, ne pouvait, deux mille ans avant leur époque, apprécier, comme il convient, l'état de raison du plus grand de ses philosophes. C'est là la conclusion où j'en voulais venir.

NOTE QUATRIÈME.

SUR LA CONNAISSANCE MÉDICALE ET PHILOSOPHIQUE QU'AVAIENT DE LA FOLIE LES ANCIENS ET SUR L'IDÉE QU'ILS S'EN FAISAIENT.

Page. 218. 3° Parce que les connaissances médicales de ce temps-là sur la folie, par exemple celles d'Hippocrate, qui était contemporain de Socrate, ne permettaient pas d'apprécier le genre de manie de ce dernier.......

A l'époque où vivait Socrate, la connaissance des limites qui séparent la raison de la folie, la connaissance surtout du phénomène si curieux des hallucinations, étaient loin d'être assez avancées, soit parmi les philosophes, soit même parmi les médecins, pour qu'il fût possible de voir, tels qu'ils étaient, Socrate et les autres grands hommes qui ont vécu dans le même état que lui. Cela est si vrai, que, maintenant encore, à plus de deux mille ans de distance, il n'y a qu'un petit nombre d'hommes qui sachent voir clair à cet égard. Indépendamment des ouvrages d'Hippocrate (*de Morbis*, I, *de Insomniis*, *de Morbo sacro*), qui était contemporain du maître de Platon, qu'on lise ceux de Platon lui-même (*Timée*, à la fin, *IIe Alcibiade*, *Phèdre*, *Lois*, XI), ceux de Cicéron (*Tuscul. quæst.*, III, IV et V), ceux des médecins grecs ou latins : Arétée (*Morb. diut.*, lib. I, cap. 5 et 6), Galien (*De symptom. caus.*, lib. I, cap. 4 et

2; *De loc. affect.*, lib. III, cap. 5 et 6; lib. IV, cap. 2; lib. V, cap. 4), Celse (*De re med.*, lib. III, cap. 5 et 6), Cæl. Aurelianus (*Acutor. morb.*, lib. I, cap. 1 à 17; *Chronic. morb.*, lib. I, cap. 5 et 6), Alexandre de Tralles (*De art. med.*, lib. I, cap. 13 et 17) ; et l'on se convaincra que la connaissance de la folie était bien loin d'être alors assez complète, pour qu'on pût se figurer rien de pareil à l'explication que la psychologie pathologique moderne peut donner du Démon de Socrate. Mais l'on s'en convaincra bien davantage encore, en lisant le long passage suivant du Phèdre, où se trouve exposée une sorte de théorie mystique du délire inspiré par les Dieux; et l'on se demandera alors, si son auteur, quel qu'il soit, ou Socrate, ou Platon, loin d'être juge compétent en pareille matière, n'était pas lui-même, quand il l'écrivait, dans un état d'excitation et d'enthousiasme, voisin des extrêmes limites de la raison.

« Non, ce discours n'est point vrai ; non, l'ami froid « ne doit pas obtenir la préférence sur l'amant, par « cela seul que l'un est dans son bon sens, et l'autre « en délire. *Rien de mieux, s'il était démontré que* « *le délire fût un mal ; au contraire, les plus grands* « *biens nous arrivent par un délire inspiré des dieux.* « *C'est dans le délire que la prophétesse de Delphes et* « *les prêtresses de Dodone ont rendu aux citoyens et* « *aux Etats de la Grèce mille importants services* ; de « sang-froid, elles ont fait fort peu de bien, ou même

« elles n'en ont point fait du tout. Parler ici de la si-
« bylle et de tous les prophètes qui, remplis d'une in-
« spiration céleste, ont, dans beaucoup de rencontres,
« éclairé les hommes sur l'avenir, ce serait passer
« beaucoup de temps à dire ce que personne n'ignore.
« *Mais ce qui mérite d'être remarqué, c'est que, parmi*
« *les anciens, ceux qui ont fait les mots n'ont pas re-*
« *gardé le délire* (μανία) *comme honteux et déshonorant.*
« En effet, ils ne l'auraient point confondu sous la
« même dénomination avec le plus beau des arts, ce-
« lui de prévoir l'avenir, qui dans l'origine fut appelé
« μανική. C'est *parce qu'ils regardaient le délire comme*
« *quelque chose de beau et de grand, du moins lorsqu'il*
« *est envoyé des dieux*, qu'ils en donnèrent le nom à
« cet art ; et nos contemporains, par défaut de goût,
« introduisant un τ dans ce mot, l'ont changé mal à
« propos en celui de μαντική. Au contraire, la recher-
« che de l'avenir faite sans inspiration, d'après le vol
« des oiseaux ou d'après d'autres signes, en essayant
« d'élever, à l'aide du raisonnement, l'opinion hu-
« maine à la hauteur de l'intelligence et de la con-
« naissance, fut appelée d'abord οἰονοιστική, dont les
« modernes ont fait οἰωνιστική, changeant l'ancien ο en
« leur emphatique ω. Les anciens nous attestent par
« là qu'autant *l'art du prophète*, μαντική, *est plus noble*
« *que celui de l'augure*, οἰωνιστική, *pour le nom comme*
« *pour la chose, autant le délire qui vient des dieux*
« *l'emporte sur la sagesse des hommes.*

« *Il est arrivé quelquefois*, quand les dieux en-
« voyaient, sur certains peuples, de grandes maladies « ou de grands fléaux, en punition d'anciens crimes, « qu'*un saint délire, s'emparant de quelques mortels,* « *les rendît prophètes* et leur fit trouver un remède à « ces maux dans des pratiques religieuses ou dans « des vœux expiatoires ; il apprit ainsi à se purifier, « à se rendre les dieux propices, et délivra des maux « présents et à venir ceux qui s'abandonnèrent à ses « sublimes inspirations.

« Une troisième espèce de délire, celui qui est in- « spiré par les Muses, quand il s'empare d'une âme « simple et vierge, qu'il la transporte et l'excite à « chanter des hymnes ou d'autres poèmes et à em- « bellir des charmes de la poésie les nombreux hauts « faits des anciens héros, contribue puissamment à « l'instruction des races futures. Mais, sans cette poé- « tique fureur, quiconque frappe à la porte des Mu- « ses, s'imaginant à force d'art se faire poëte, reste « toujours loin du terme où il aspire, et sa poésie, « froidement raisonnable, s'éclipse devant les ouvra- « ges inspirés.

« J'aurais encore à citer beaucoup d'autres effets du « délire inspiré par les Dieux. Gardons-nous donc de le « redouter, et ne nous laissons pas effrayer par celui « qui prétend prouver qu'on doit préférer un ami de « sang-froid à un amant en délire.......

« C'est ici qu'en voulait venir tout ce discours sur

« la quatrième espèce de délire. *L'homme, en apercevant la beauté sur la terre, prend des ailes et brûle de s'envoler vers elle; mais dans son impuissance, il lève, comme l'oiseau, ses yeux vers le ciel, et négligeant les affaires d'ici-bas, il passe pour un insensé. Eh bien, de tous les genres de délire, celui-là, selon moi, est le meilleur, soit dans ses causes, soit dans ses effets, pour celui qui le possède et pour celui à qui il se communique.* Or, celui qui ressent ce délire et se passionne pour le beau, celui-là est désigné sous le nom d'amant. En effet, nous avons dit que toute âme humaine doit avoir contemplé les essences, puisque, sans cette condition, aucune âme ne peut passer dans le corps d'un homme. Mais il n'est pas également facile à toutes de s'en ressouvenir, surtout si elles ne les ont vues que rapidement, si, précipitées sur la terre, elles ont eu le malheur d'être entraînées vers l'injustice, par des sociétés funestes, et d'oublier ainsi les choses sacrées qu'elles avaient vues. Quelques-unes seulement conservent des souvenirs assez distincts; celles-ci, lorsqu'elles aperçoivent quelque image des choses d'en haut, sont transportées hors d'elles-mêmes et ne peuvent plus se contenir; mais elles ignorent la cause de leur émotion, parce qu'elles ne remarquent pas assez ce qui se passe en elles. La justice, la sagesse, tout ce qui a du prix pour des âmes, a perdu son éclat dans les images que nous en voyons ici-bas. Embarrassés

« nous-mêmes par des organes grossiers, c'est avec « peine que quelques-uns d'entre nous peuvent, en « s'approchant de ces images, reconnaître le modèle « qu'elles représentent. La beauté était toute brillante « alors que, mêlées aux chœurs des bienheureux, nos « âmes, à la suite de Jupiter, comme les autres à la « suite des autres Dieux, contemplaient le plus beau « spectacle, initiées à des mystères qu'il est permis « d'appeler les plus saints de tous, et que nous célé- « brions véritablement, quand, jouissant encore de « nos perfections et ignorant les maux de l'avenir, « nous admirions ces beaux objets, parfaits, simples, « pleins de béatitude et de charme, qui se déroulaient « à nos yeux au sein de la plus pure lumière, non « moins purs nous-mêmes, et libres encore de ce « tombeau qu'on appelle corps, et que nous traînons « avec nous, comme l'huître traîne la prison qui l'en- « veloppe (1). »

En rapprochant de ce passage de Platon ce que ce philosophe dit de la folie dans le *Timée*, le *IIe Alcibiade*, le XIe livre des *Lois*, et dans un autre endroit

(1) Platon, *Phèdre*, p. 43 et suiv. de la traduction de M. Cousin.

La science moderne a trouvé dans toutes les belles choses du genre de celles qu'on vient de lire, un sens constamment sérieux et profond, mais voilé. Elle en a appelé l'expression un Mythe. Le mot *fable*, en effet, était devenu impropre; il était d'ailleurs trop vulgaire et d'une franchise un peu impolie.

du *Phèdre*, on voit, en somme, qu'il distinguait deux espèces de délire; l'un morbide, et l'autre inspiré par les Dieux. Or cette théorie, qui s'opposait d'emblée et de par le ciel, à ce qu'il fût fait aucun progrès dans la connaissance des hallucinations, n'était pas seulement celle des philosophes, c'était et ce devait être encore, à peu de chose près, celle des médecins (1). Ils n'eussent été, sans cela, ni de leur époque, ni de leur religion, et c'est là un privilége qui n'est accordé à personne. Assurément, dans quelques cas de prétendue inspiration, ils devaient concevoir des doutes qui ne pouvaient entrer dans l'esprit des philosophes, parce qu'ils étaient à même d'apprécier, mieux que ces derniers, la nature de l'intelligence humaine et de plusieurs de ses modes de perversion. Ils connaissaient, par exemple, ces erreurs de perception, en vertu desquelles les maniaques, se trompant sur leur propre nature et sur celle des êtres qui les environnent, les prennent ou se prennent eux-mêmes pour un animal, une plante, un objet inanimé. Ils connaissaient encore, jusqu'à un certain point, les hallucinations, forme de la folie, où il se produit des sensations qui n'ont aucune cause dans le monde extérieur, et ils les connaissaient sur-

(1) Cæl. Aurelianus commence le chapitre 5 du livre Ier du traité des *Maladies chroniques* par rappeler la division du délire faite par Platon, en délire corporel ou morbide, et délire inspiré par les dieux ou par Apollon. Arétée (*Morb. diut.*, I, 6) admet aussi une espèce de manie produite par le *souffle divin*.

tout dans les cas de délire aigu, désignés alors sous les noms de *phrénésie* et de *paraphrénésie*. Ils pouvaient ainsi parfois démasquer les jongleries des charlatans, ou prendre pour ce qu'elles sont les convulsions des épileptiques, comme cela se voit notamment au livre *De morbo sacro*, attribué à Hippocrate. Mais cela n'allait pas et ne devait pas aller plus loin ; et il ne pouvait leur venir à l'idée de rapporter la plupart du temps, à une maladie de l'encéphale, ou à un trouble de la pensée, les contorsions de leurs Pythies, ou les avertissements démoniaques de leurs Dieux.

PIÈCES A L'APPUI

ET ÉCLAIRCISSEMENTS.

I

DES HALLUCINATIONS

AU DÉBUT DE LA FOLIE.

(1831)

La mélancolie (1) des Anciens et de beaucoup de pathologistes étrangers est plutôt un degré qu'une

(1) Les anciens, comme on sait, regardaient la mélancolie originelle ou le tempérament mélancolique comme l'attribut du génie, ou au moins comme une de ses conditions les plus fréquentes. C'est ainsi qu'Aristote (*Problem.*, sect. xxx) considère comme des mélancoliques ou comme des *extatiques*, Hercule, Bellérophon, Ajax, Empédocle, Lysandre, *Socrate* et Platon lui-même. Cette opinion ne veut dire autre chose, sinon qu'il est d'une observation très-reculée, que les hommes éminents par la profondeur et la vivacité de leurs pensées sont disposés à les prendre pour les choses elles-mêmes, ou à les convertir en sensations externes, ce qui peut devenir un acheminement à la folie sensoriale, à la folie de Socrate et de Cardan.

forme de l'aliénation mentale. Liée à l'action d'un système nerveux originellement excitable, elle a pour caractère une susceptibilité maladive, qui centuple l'effet des moindres impressions, soit externes, soit internes, et met le malheureux qui en est atteint dans un état de défiance invincible contre tout ce qui l'environne, et de mécontentement profond contre lui-même.

Si cet état ne fait pas de progrès, si rien ne vient éveiller une organisation déjà trop disposée à agir, on pourra, pendant longtemps, ne voir dans le mélancolique qu'un homme bizarre, défiant, qui, dans son orgueil, a pris en haine une société où il ne se croit pas à sa place. Mais que, par l'effet d'une cause violente ou prolongée, l'activité du système nerveux s'accroisse en se pervertissant davantage, que les impressions des deux ordres de sens deviennent plus répétées, plus douloureuses, bientôt la scène morale change, et son aspect désordonné ne tarde pas à frapper les yeux même les moins habitués à voir.

Le mélancolique devient chaque jour plus irritable, plus défiant, plus sombre. Son sentiment du *moi* s'exaspère ; tout ce qui se passe sous ses yeux, il le rapporte à lui-même ; il le travestit, le dénature ; voit des complots contre sa personne dans des actes qui ne le concernent point ; de l'hypocrisie, de la haine, dans des témoignages d'amitié. Jadis il n'avait que des soupçons, maintenant il se complaît dans une fâcheuse certitude.

Tout, dans les manifestations de son intelligence, se dessine et prend une forme arrêtée. Ses sentiments, ses idées, se transforment en véritables sensations externes, aussi distinctes, je dirais presque aussi physiques, que les objets eux-mêmes : c'est la pensée qui semble se matérialiser, qui devient une image visuelle, un son, une odeur, une saveur, une sensation tactile ; ce sont des *hallucinations*.

A ne considérer que dans la manie cette forme pour ainsi dire corporelle du délire, et sans vouloir la rapprocher des hallucinations de l'encéphalite, elle est ici, comme on le voit, le dernier terme de la folie, son degré le plus élevé. Elle en est aussi le caractère le moins douteux, le plus facile à saisir.

Il est pourtant des cas, à la vérité assez rares, où les hallucinations se déclarent presque en même temps que le délire général, et cessent à peu près avec lui. Ce fait a lieu surtout chez les sujets jeunes, d'un tempérament sanguin, d'une constitution mobile et excitable. Les deux observations suivantes en sont des exemples remarquables.

PREMIÈRE OBSERVATION.

Hallucinations de l'ouïe, de la vue et du tact général, au début de la manie.

S. est un jeune homme de 29 ans, d'une belle figure, d'une physionomie ouverte et gaie, d'une taille assez élevée, d'une complexion robuste, qui offre les attributs du tempérament sanguin. Son esprit a reçu une certaine culture, et il s'exprime avec convenance et clarté.

Son père et sa mère ont toujours eu une conduite fort réglée, et ont amassé, par leur travail, une fortune assez considérable. Il a eu deux frères : l'un d'eux, auteur de pièces de théâtre et coureur d'actrices, est devenu fou par suite de la mauvaise conduite de sa femme, et s'est noyé ; l'autre a une tête légère, et n'a jamais su faire ses affaires ; enfin S. lui-même est *braque* depuis son enfance, et, sous ce rapport, comme par son goût pour le vin, il ressemble à ses deux frères. Il aime beaucoup à s'amuser, et dissipe, dans quelques semaines, ce qu'il a mis un an à amasser. Bien que sa femme soit jeune, agréable et paraisse lui être attachée, il a une maîtresse pour laquelle il a dépensé de l'argent. Il avait, en outre, l'habitude de venir chaque année à Paris, pour y dissiper en plaisirs le fruit de ses épargnes. Pendant ce temps, sa femme restait en province à la tête de son établissement. Il arrivait fréquemment que, dans un an, il demeurait tout au plus six mois près d'elle. Cette dissipation de S. a amené peu à peu la ruine de son commerce, et a occasionné, entre sa femme et lui, de fréquentes altercations, dans plusieurs desquelles il a été question de séparation. C'est à la suite de la dernière de ces querelles, que S. a quitté T. à l'insu de sa femme, le vendredi 5 septembre 1828, pour se rendre à Paris, où il n'était pas venu depuis deux ans.

Arrivé au terme de son voyage, le samedi 6, il écrit deux lettres à sa femme. Dans la dernière, lettre toute affectueuse, où il faisait ses arrangements comme s'il se fût séparé d'elle pour ne plus la revoir, il n'accuse que lui-même de son malheur, et lui demande pardon des peines qu'il lui a causées. Le mardi 9, il fait une première visite à une belle-sœur, à laquelle il paraît alors parfaitement raisonnable. Du 9 au 20, il fait plusieurs courses de curiosité, soit seul, soit avec cette dame, dans Paris, ou aux environs. Il ne commet, pendant ce temps-là, d'excès d'aucun genre.

Le samedi 20 septembre, il soupe aux Carrières de C***, avec sa belle-sœur et une autre personne. Il semblait jouir de toute sa raison. Là il apprend, par une lettre de son beau-père, que ce dernier, indigné de sa conduite, veut le priver des avantages qu'il devait lui faire. Cette communication l'inquiète, le fâche. Il parle de se brûler la cervelle ou de se noyer. En montant se coucher, à huit heures et demie, il témoigne des craintes sur la possibilité qu'on ne l'assassine pendant la nuit.

A neuf heures, une demi-heure après s'être mis au lit, il descend, parle à quelques personnes de la maison, d'une manière égarée, en demandant si l'on n'a pas vu sa femme. On l'engage à retourner se coucher. Il remonte dans sa chambre, et, à deux heures du matin, croyant entendre des voleurs s'introduire dans l'appartement, il se lève, saute par la fenêtre, court à travers la campagne, se *voit* poursuivi par des assassins, se *sent* arrêté et saisi par eux *vis-à-vis de C**** : ces hommes, qu'il ne connaît pas, *l'appellent par son nom de baptême.* Il s'échappe de leurs mains, en leur laissant son habit et en leur promettant douze mille francs *qu'ils lui avaient demandés.* Il se jette à la Seine pour les fuir, se dirige vers un bateau dont le batelier le repousse, revient à terre, et est reçu dans une maison du bord de l'eau. On l'y couche et on y prend soin de lui. Le lendemain, il fait à l'autorité, et à deux reprises différentes, la déposition des faits et des impressions que je viens de rapporter. On met en doute l'état de sa raison. Il est conduit à la préfecture de police, le 21 à 4 heures du soir ; il y passe la nuit, et le lendemain soir 22, il est amené à la division des aliénés de l'hospice de Bicêtre. Je ne le vois pas ce jour-là. Il est plus étourdi qu'agité ; il dort une partie de la nuit, et le lendemain 23 septembre, il se présente à la visite dans l'état suivant.

S. est couché. Il n'y a pas de chaleur, pas de sueur, pas de réaction fébrile. Le bord libre des paupières est un peu rouge. La physionomie présente un léger caractère d'étonnement ; elle est, du reste, celle d'un homme parfaitement raisonnable, et les discours de S., la manière dont il répond à toutes les questions qui lui sont faites sont tout à fait d'accord avec cette apparence.

Il me parle de son pays, de son état; me dit que les intérêts de son commerce exigeaient qu'il vînt quelquefois à Paris, mais que cette fois il a fait ce voyage à peu près sans autre motif que celui de prendre du bon temps. Il me raconte son souper avec sa belle-sœur et une autre personne, aux Carrières de C***, l'aventure qui l'a suivi, et que j'ai rapportée plus haut; il croit à la réalité de cette aventure et en expose les détails avec une clarté et une suite parfaites. Il parle de même de la déposition qu'il a faite chez le maire de C***, de sa translation à la préfecture de police, où il a passé la nuit et dormi. A dater de cet instant, ses souvenirs sont plus confus, et il les raconte avec moins de suite. Ainsi, après avoir dit plus haut (ce qui est la vérité) qu'il s'est rendu seul à Paris, il prétend que sa femme y est venue avec lui; qu'elle l'a fait conduire à Bicêtre, pour vivre plus commodément avec son amant (fausseté); qu'elle se trouvait près de lui, avec sa mère, au moment où il montait dans la voiture de la préfecture; qu'elle a donné de l'argent au conducteur, en lui *disant* de l'emmener; et qu'il ne sait comment ces deux femmes se sont trouvées là à point nommé, et quel moyen elles ont employé pour lui faire perdre ainsi sa liberté. Ici le désordre des idées est manifeste, et le malade s'en aperçoit bien. Il le devient davantage encore, quand S. me raconte qu'il a mis *plusieurs heures* à venir de Paris à Bicêtre, *en passant par Courbevoie*; que, dans ce voyage, une servante d'auberge lui a offert à manger (toutes choses qui n'ont pas eu lieu, comme on le pense bien).

De tout ce long récit, fait avec calme et avec une grande apparence de raison, on conclut qu'à la suite de quelque orgie, S. a pu avoir une querelle ; qu'il a fui, dans la nuit, à travers la campagne ; que peut-être l'aventure des voleurs a quelque chose de vrai ; mais que les autres circonstances de son récit sont le produit d'une imagination troublée par le regret d'une conduite au moins inconsidérée, par les fumées du vin, par le chagrin d'une incarcération inaccoutumée.

Le 24 et le 25 septembre, l'état de calme et de raison continue. S. se promène dans les cours ; il revient, quoique avec moins d'assurance, sur ses premiers récits : du reste, on l'interroge peu ; on veut laisser à son intelligence le temps de se raffermir. Enfin, le 26 septembre, j'ai, à deux reprises, avec lui, une conversation de plusieurs heures : en voici le résultat. Il reconnaît que sa raison vient d'être momentanément dérangée, sans pouvoir assigner la cause de ce trouble. Il n'a fait aucun excès le jour où il a soupé avec sa belle-sœur ; il s'était retiré de bonne heure. Il est encore porté à croire à la réalité des tentatives d'assassinat, ou au moins de vol faites sur lui ; cependant il attendra, à cet égard, le témoignage de sa belle-sœur. Quant au reste de sa narration, il en fait bon marché.

La présence de sa femme, celle de sa mère, leurs voix qu'il croyait avoir entendues en montant en voiture, les incidents de son voyage par Courbevoie, ce sont autant de chimères qu'avaient laissées dans son esprit les rêves de la nuit passée à la préfecture de police. Cet état d'égarement, ce songe prolongé a fini à Bicêtre, à la descente de voiture.

27 septembre. Calme, raison parfaite. S. communique avec sa belle-sœur et sa femme. Cette dernière vient de province exprès pour le voir. Il la reçoit avec tendresse et en versant quelques larmes.

28, 29. De toutes les circonstances de son délire, il n'y a désormais pour S., comme pour nous, de matériellement vrai que sa fuite à travers la campagne, sa déposition chez le maire de C*** et son séjour à la préfecture de police.

30 septembre. Dans une conversation avec sa femme, S. semble croire à la réalité d'une partie des circonstances de son délire. — 1er octobre. Je le convaincs de l'erreur dans laquelle il était presque retombé hier. Il goûte les raisons que je lui donne pour le mettre en garde contre de semblables retours.

Du 2 au 19 octobre. La raison est aussi droite qu'elle ait jamais pu l'être, et l'appréciation du trouble qu'elle vient d'éprouver est parfaite. Sortie le 19 octobre 1828. A une quinzaine de jours de là, je reçois de S., qui a repris à T. ses occupations habituelles, une lettre brève et bien conçue, où il me remercie, au nom de sa femme et au sien; des soins que je lui ai donnés pendant sa maladie.

DEUXIÈME OBSERVATION.

Hallucinations de l'ouïe au début de la manie.

T., jeune homme âgé de 24 ans, fait partie d'une famille honorable de province, qui paraît ne compter aucun aliéné parmi ses membres. Son caractère diffère probablement de celui de ses parents, puisque les irrégularités de sa conduite les ont plus d'une fois éloignés de lui. Il est d'une petite stature, d'une complexion assez robuste, et offre les attributs du tempérament sanguin. Il a de la sensibilité, de l'esprit, a fait des études qui lui ont profité, et s'exprime avec assez de correction. De son aveu, il a une intelligence irritable, prompte à s'exagérer le bien et le mal. Il est ami de toutes les sortes de plaisirs, et s'y livre avec une vivacité dont les écarts ont déterminé ou plutôt brisé sa carrière.

A l'âge de vingt ans, il entre dans l'armée comme soldat, et fait partie d'un régiment envoyé dans les colonies. De retour en France, il reprend ses anciennes habitudes de déréglement, se brouille de nouveau avec sa famille, et, dans un moment de découragement, il forme le projet de passer une seconde fois en Amérique, où il espérait trouver de l'emploi. Il quitte la maison paternelle avec quelque argent, se dirige vers R*** et arrive à Paris. Là le naturel se fait sentir. T., après s'être livré aux plaisirs de la table, va passer la nuit dans une maison de débauche. Il y est pris, à côté même d'une fille de joie, d'hallucinations de l'ouïe, qui lui font croire qu'il y a sous son lit d'autres prostituées, avec des hommes qui doivent les aider à l'assassiner. Il y regarde à différentes reprises, et quoiqu'il n'y aperçoive rien, ses fausses perceptions n'en continuent pas moins. Il avait avec lui des pistolets de voyage ; il veut s'en servir pour se défendre. Il ouvre la fenêtre, et appelle la force armée à son secours. On vient, on reconnaît un homme dont l'esprit est troublé. On se saisit de lui. Il est conduit à la préfecture de police, et de là à la division des aliénés de l'hospice de Bicêtre, le 27 avril 1829, au soir, dans l'état suivant :

Sueur ; chaleur générale ; rougeur de la face. Les veines du cou sont gonflées. Les carotides semblent battre proportionnellement plus fort que les artères des autres parties du corps. Le cœur aussi bat avec force : il y a accélération générale de la circulation. Les globes oculaires sont brillants, mobiles. L'agitation est très-grande : le corps est toujours en mouvement. On est obligé de fixer le malade sur son lit, au moyen du gilet de force. Le délire est presque général : il règne la plus grande incohérence dans les discours, qui sont continuels et mêlés de cris, d'imprécations, de prières. On parvient cependant à fixer l'attention du malade, et à provoquer quelques réponses justes. La manière dont il parle seul et presque sans interruption, en fixant les yeux de tel ou tel côté, indique évidemment des hallucinations de l'ouïe et peut-être de la vue. Du reste, les fonctions du système nerveux paraissent seules troublées.

La nuit se passe dans une grande agitation. Le lendemain 28, l'excitation est à peu près la même. Il faut laisser au malade le gilet de force : on pratique une saignée de la jugulaire qui réussit mal, et qu'on supplée par des sangsues derrière les oreilles : on prescrit des boissons délayantes, et quelques bouillons pour aliments.

Dans la journée, il y a moins d'agitation, moins de rougeur de la face, beaucoup moins d'incohérence dans les discours; mais les hallucinations de l'ouïe continuent. Un bain est donné dans la soirée. A la fin de la nuit, on peut ôter la camisole au malade. Il n'y a pourtant presque pas eu de sommeil.

Le 29, à la visite du matin, T. est couché, mais il est calme. L'état fébrile a cessé. Il n'y a plus de délire. La physionomie exprime un peu d'étonnement. T. me raconte ce qui lui est arrivé (ce que j'ai rapporté plus haut), en croyant à la réalité de tentatives d'assassinat, faites sur sa personne, dans un mauvais lieu. Il y a quelquefois un peu de trouble dans ses idées. De temps en temps il s'interrompt, comme s'il était troublé par un bruit venu de l'extérieur de la salle. Il croit qu'il a été transporté de Paris à C*** en B***. Je lui fais voir qu'il est dans un hôpital. Il en convient; mais c'est, dit-il, un hôpital de C***. Je lui dis qu'il n'a pas quitté Paris, ou plutôt qu'il en est très-près. Il ne le croit pas. Je lui montre la capitale du haut d'un des bâtiments de la division des aliénés. Je lui désigne du doigt le Panthéon, le Val-de-Grâce, le dôme des Invalides, etc. Il n'y voit que des édifices de C***, et aucun raisonnement ne peut le convaincre du contraire. La journée se passe ainsi. T. se promène librement dans les cours.

Le lendemain 29, à la visite du matin, au moment où l'on commence à revenir sur la scène de la veille, celle où T. a pris Paris pour une ville de province, le malheureux, dont la physionomie a repris l'expression la plus naturelle, s'écrie, en versant d'abondantes larmes : *Je suis fou! je suis fou!* et il donne les signes de la plus violente douleur. Il a reconnu l'état d'où il vient de sortir. Les tentatives d'assassinat sur sa personne, C*** mis à la place de Paris, tout cela était *un rêve, une illusion,* qu'ont provoqués une journée et une nuit de débauche, et qu'avait préparés le chagrin d'abandonner, en fugitif, la maison paternelle. T. a conscience de tout. Il apprécie même les hallucinations qu'il éprouve encore au moment où il converse avec nous. Il croit entendre, et cela de la manière la plus distincte, une maîtresse qu'il a laissée à C*** lui parler et chanter dans la cour voisine. La sensation est tellement forte que, tout en la croyant fausse, il est, à chaque instant, tenté de se lever, pour aller s'assurer de ce qui peut la faire naître. Ce sont ces fausses perceptions qui lui persuadaient qu'on l'avait transporté de Paris à G***.

A dater de ce jour, il n'y a plus le moindre trouble de l'intelligence, plus d'état fébrile. T. redevient ce qu'il était, un jeune homme d'un esprit cultivé, de manières douces, d'un caractère un peu mélancolique. Pendant quatre ou cinq jours encore, les hallucinations dont je parlais tout à l'heure continuent avec une force, une netteté qui étonne le malade, et dont il me rend compte avec une précision parfaite, et comme si elles avaient pour sujet un autre que lui. Peu à peu néanmoins elles s'affaiblissent et finissent par disparaître entièrement.

Bientôt T. s'occupe à écrire à sa famille, pour l'instruire de ce qui lui est arrivé, pour solliciter de son père l'oubli de sa conduite passée, et la permission de retourner près de lui. Des soins médicaux, le désir de prolonger sa convalescence et de rendre sa guérison durable, retardent sa sortie jusqu'au 21 mai 1829. A cette époque, rien, absolument rien, ne rappelle l'état violent qui, pendant quelque temps, a troublé son intelligence.

Réflexions. Les sujets de ces deux observations étaient des hommes jeunes, à peu près de même âge, d'un tempérament sanguin, d'une constitution mobile, et amie des plaisirs. Cette organisation, ainsi que je l'ai déjà remarqué, n'est pas ordinairement celle des mélancoliques, celle de ces hommes essentiellement nerveux, chez lesquels les hallucinations ne se déclarent qu'à la longue, et comme une sorte de couronnement de la manie. Aussi, chez nos deux malades, la folie a-t-elle, au contraire, éclaté comme un coup de foudre : elle a subitement revêtu sa forme la plus caractérisée, les hallucinations ; ce sont elles qui ont ouvert la scène. Le délire général n'est venu qu'après, ainsi que la réaction fébrile. Encore n'ai-je observé ces derniers symptômes que chez l'un d'eux ; et, dans les deux cas, l'accès de manie n'a pas duré longtemps : huit jours en tout ; c'est là certainement une folie de la plus courte espèce.

Chez S., le plus âgé des deux, avec les hallucinations a disparu tout trouble de l'intelligence. Seulement, pendant quelques jours encore, le malade a puisé, dans les souvenirs qu'elles lui avaient laissés, les motifs d'une erreur dont la cessation complète a marqué l'instant de sa guérison. Chez T., le plus jeune, il y a eu plus que cela. Après le retour parfait du jugement, les hallucinations ont persisté, presque aussi fortes et aussi distinctes qu'au moment du délire général et de la réaction fébrile. Dans l'un et dans l'autre cas, il y a eu, comme on voit, une action double et simultanée de l'encéphale, une sorte de conflit entre l'esprit se souvenant ou imaginant, et l'esprit réfléchissant sur ces souvenirs et ces images, pour les combattre et les rejeter. Rien de plus singulier qu'une semblable folie, une folie perçue, réfléchie, involontaire, condamnée. Aussi ne pouvait-elle durer longtemps sous cette forme. Si elle eût persisté, elle aurait certainement passé à l'état de délire général ; ou bien le malade eût fini par croire à la réalité de ses fausses perceptions, comme cela avait lieu chez les sujets des observations suivantes.

II

OBSERVATIONS

SUR LA FOLIE SENSORIALE.

(1833)

A n'envisager le délire maniaque que dans ce qu'il a de purement intellectuel, et abstraction faite de la lésion des facultés affectives, dont il n'est originairement que l'expression, ce délire pourrait être ramené à deux formes principales ou genres, dont le premier, fondé sur l'*association vicieuse des idées*, rentrerait d'une manière assez exacte dans la théorie psychologique de Hume et de Hartley, tandis que le second, établi sur la *transformation des idées en sensations*, pourrait fournir à l'hypothèse de Berkeley un argument bien singulier et bien puissant.

Dans le *premier genre*, en effet, ou bien les idées ne s'associent que sur un seul sujet, comme dans le délire des passions, dans le délire exclusif, dans la mélancolie, la monomanie; ou bien elles s'associent avec une trop grande rapidité, et en formant des séries vicieuses qui ne sont point dans l'ordre habituel de leur association, comme cela a lieu dans le premier degré du délire de l'ivresse, dans le délire aigu, dans la manie, soit aiguë, soit chronique; ou bien, enfin, elles s'associent avec trop de lenteur, ou même finissent par ne plus s'associer du tout, comme dans la démence, surtout la démence stupide, qui a cela de commun avec l'idiotisme.

Dans le *second genre*, les idées, au lieu de se vicier dans leurs rapports, s'altèrent dans leur nature; elles en changent; elles prennent un tel caractère de vivacité, qu'elles deviennent de véritables sensations. Quand cela a lieu à l'occasion de l'action des objets extérieurs sur les surfaces sensitives, ou, ce qui est très-rare, par l'effet d'une maladie de ces mêmes surfaces, ce sont les *illusions;* lorsque, au contraire, cela arrive sans que rien agisse sur les organes des sens, et sans qu'ils soient aucunement altérés, ce sont les *hallucinations.*

De ces deux espèces de transformation du sentiment ou de la pensée en sensation, il n'y a que les illusions qu'on puisse, à la rigueur, regarder comme de fausses sensations, ou plutôt comme de faux jugements portés à l'occasion de l'action provoquée ou spontanée des sens. Mais elles ne sont, pas plus que les hallucinations, le résultat nécessaire de la lésion de la sensibilité, considérée dans ses organes externes. Le sentiment ou la perception, à l'état pathologique comme à l'état normal, n'a point pour condition dernière ces organes, qui ne font que recevoir l'impression. C'est toujours, pour ainsi parler, le cerveau qui sent; c'est lui qui voit, qui entend, chez les hallucinés aveugles ou sourds; qui perçoit la douleur dans une jambe amputée depuis des années ; qui voit, entend, flaire, goûte, palpe dans les rêves, quand tous les sens sont fermés ou dorment, et que les agents extérieurs dorment également autour d'eux.

Quant aux *hallucinations*, elles ne peuvent, sous aucun rapport, être appelées des erreurs de sensation, ou, mieux, être attribuées à la perversion de l'action des sens, puisque, chez les hallucinés, rien n'agit sur ces derniers, qui, d'un autre côté, ne sont pas malades, à l'opposé de ce qui peut avoir lieu dans les illusions. Les *hallucinations* sont des *perceptions, internes* comme toutes les perceptions imaginables, mais *rapportées, à tort, à l'action des objets extérieurs sur les sens* ; ou, si l'on veut encore, ce sont des *transformations spontanées de la pensée en sensations le plus souvent externes*, une sorte de *délire sensorial*, dont les *illusions* ne sont, la plupart du temps, que le premier degré.

Les observations suivantes sont des exemples très-remarquables de cette espèce de folie, continuée ainsi à peu près pure, pendant un certain nombre d'années. A cet égard, elles ont le rapport le plus direct avec le sujet de cet ouvrage.

PREMIÈRE OBSERVATION.

Susceptibilité exagérée. — Défiance générale. — Illusions. — Hallucinations consistant surtout en rêves pris pour la repré-

sentation de réalités. — Conduite fondée sur ces fausses perceptions. — A part cela, raison en apparence droite.

SYNONYMIE. — *Tempérament mélancolique, Mélancolie* des anciens et des modernes.

Genre *Illusio* de Crichton.

Whimsical insanity d'Arnold, etc.

P. est un homme de 45 ans, d'une taille élevée, d'une constitution forte, d'un tempérament bilioso-sanguin, à démarche fière et pleine de hauteur.

Il paraît avoir reçu une éducation assez libérale.

Il arriva à Paris à l'âge de 19 ans, et il était sur le point de débuter à la Comédie Française, sous les auspices de D., quand une place qu'il obtint dans les bureaux du ministère de la guerre, jointe au souvenir d'un amour auquel le « métier de comédien (1) » eût enlevé tout espoir, le fit renoncer à la carrière théâtrale. C'est après avoir quitté cette place qu'il devint, prétend-il, secrétaire de C., alors ministre de la guerre. Il fut recommandé, à cette époque, à M. B., préfet maritime à la Martinique, lors du retour de cet administrateur en France, et lui servit d'aide dans le compte-rendu de sa gestion. Il fut successivement, ensuite, cuirassier, employé dans les administrations maritimes, enfin, et de nouveau, secrétaire particulier de M. B., qui venait d'être nommé commissaire-général

(1) Toutes les phrases entre guillemets sont les expressions textuelles des malades, ou appellent l'attention sur les circonstances caractéristiques de leur délire.

de la marine à Venise. Ce M. B. paraît avoir toujours témoigné beaucoup de bienveillance à P., et ce dernier voit, dans les témoignages de ce sentiment, la « preuve » d'un « dessein coupable » ou « malveillant » de M. B. sur lui : le désir de lui faire épouser une de ses concubines.

P. part pour Venise avec son bienfaiteur et la maîtresse de ce dernier. Il s'imagine que cette femme lui fait la cour, et que M. B. est de connivence avec elle, d'après le dessein qu'il lui suppose. A Venise, ses soupçons augmentent avec sa susceptibilité. Il quitte enfin M. B., à la table duquel il mangeait, se lie avec une Vénitienne, finit par croire que « cette dernière est aussi d'intelligence avec M. B. ; qu'elle le fait dormir au moyen de narcotiques, pour lui faire, dans son sommeil, paraître les réalités comme des rêves ; » il s'emporte, se livre presque à des actes de violence à son égard, voit dans les prétendus desseins de cette femme, dans ceux de M. B. et de quelques autres personnes sur lui, comme « des entreprises franc-maçonniques ; » s'imagine que les employés sous ses ordres lui manquent de respect, etc.

Enfin il quitte l'administration maritime de Venise, et vient à Milan, emmenant sa maîtresse et emportant des lettres de recommandation de M. B., dans l'intention de demander au vice-roi Eugène un brevet de capitaine de cavalerie. Là, son irascibilité, « ses soupçons contre toutes les personnes qui l'entourent, contre celles mêmes qu'il ne connaît pas, » le font croire de plus en plus à une « ligue formée contre lui, à des machinations franc-maçonniques. » Il cherche plusieurs fois à pénétrer de force jusqu'au vice-roi, malgré les représentations de M. de M., etc. ; puis veut quitter Milan, puis se détermine à y rester pour suivre sa demande ; enfin est conduit à l'hôpital Saint-Ambroise, moitié de gré, moitié de force, « pour y rétablir sa santé. »

Après en être sorti, P. retourna à Venise et y reprit son emploi dans l'administration maritime. Sa susceptibilité toujours croissante lui valut de nouveaux ennuis, qui le portèrent à quitter l'Italie. Il revint en France, dans le Midi, échoua dans ses tentatives pour avoir quelque place, et enfin se mit à faire, pour vivre, de mauvais portraits qu'il croyait et qu'il croit encore excellents, et ce travail est depuis lors devenu son seul gagne-pain.

A la rentrée des Bourbons, P., alors à Marseille, présenta à Monsieur, comte d'Artois, un mémoire où il exposait l'histoire de sa vie et des injustices commises à son égard, telle qu'il me l'a racontée à moi-même. Il croit encore que le maire de Marseille, à cette époque, en demandant au prince comment il trouvait les fêtes qu'on lui offrait, avait intention de répondre à quelques mots lâchés par lui, P., dans le public, sur leur mesquinerie. Il voit presque un dessein formé pour l'empêcher de parler à Monsieur, dans les cris de « vive le roi, » etc., proférés par la population de la ville, quand lui, P., commençait quelques phrases où il voulait rappeler au prince le mémoire qu'il lui avait présenté la veille.

P., à cette époque, était marié depuis peu de temps. Il vint à Paris avec sa femme ou plutôt sa concubine, qui « a commis, dit-il, à son égard, des choses monstrueuses, » et il y a vécu jusqu'à ce jour de son métier de peintre de portraits.

Voici comment il a été conduit à la division des aliénés. Il était chez un restaurateur, attendant, à table, un de ses amis qui devait payer leur dîner à tous deux. L'ami ne vint pas ; P. ne put pas payer. Il fut conduit au corps de garde, de là à la préfecture de police. Ses manières, ses réponses, et l'état d'exaspération où son aventure l'avait mis, firent douter de l'intégrité de sa raison. Après l'examen des médecins du bureau central, il fut amené à Bicêtre.

Au premier abord, et même après un certain examen, on ne croirait pas P. fou ; mais en conversant avec lui, en s'intéressant à ses aventures, en applaudissant à leur récit, il est impossible de ne pas voir dans cet homme une intelligence marquée, en quelque sorte, dès la naissance, pour se fausser, et vivre malheureuse ou coupable. P. est bien ce que, en pathologie mentale, on appelle un mélancolique. Orgueil, irritabilité extrême, et poussée souvent jusqu'à la violence, conversion de circonstances indifférentes en faits graves et personnels, plaisir à raconter des malheurs bien réels pour une imagination malade, mais qui seraient nuls pour un esprit sain, P. réunit tout cela. Il est sorti une première fois de Bicêtre, y est revenu, en est sorti de nouveau, et y reviendra encore. Sa susceptibilité maladive, ses illusions, ses hallucinations, sa ferme croyance en ses fausses perceptions passées, font désormais irrévocablement partie de sa nature morale, et ce serait en vain qu'on chercherait à les combattre. Mais qu'on lui en accorde la réalité, et sa raison pourra passer pour droite ; peut-être même que des yeux peu exercés parviendraient difficilement à se convaincre du contraire.

DEUXIÈME OBSERVATION.

Folie purement sensoriale. — Hallucinations de l'ouïe, de la vue, du tact, de l'odorat et du goût. — Nul autre délire que ces fausses perceptions, et les inductions qui en sont tirées.

Synonymie. — Genre *Mélancolie* des médecins de l'antiquité et de presque tous les modernes.

Démonomanie de Sauvages, Sagar, Cullen, etc.

Sensitive et *Delusive insanity* d'Arnold.

Espèce *Démonomanie*, genre *Hallucinatio*, *Illusio* de Crichton.

Monomanie d'Esquirol, etc.

G. est un vieillard de 65 ans, de physionomie et de mœurs douces, d'une intelligence ordinaire, exerçant le métier de cordonnier. Il a été admis dans la division des aliénés, le 1er mai 1828.

Il a eu la petite vérole à l'âge de 11 ans. Il en fut aveugle, dit-il, pendant 4 mois, et en a conservé une ophthalmie chronique, caractérisée encore par de la rougeur au bord libre des paupières. Il s'est marié à l'âge de 21 ans, et à 32 a servi comme volontaire, de 1793 à 1794. Il a rapporté du service militaire des « fraîcheurs, » qui immédiatement l'ont rendu très-malade, et dont il lui reste un « lombago » qui le fait marcher courbé et comme ployé en deux. Il y a 18 ans, la misère rendit sa femme folle, et elle est restée en cette qualité à l'hospice de la Salpêtrière.

En 1820, G. revenait de Montsouris : il était, dit-il, bien portant, n'avait pas bu. Il « voit » huit ou dix hommes qui le suivaient : il les « entend » chanter, et se range pour les laisser passer. Il tombe, et se retrouve dans un corps de garde, avec une plaie profonde au-dessus du sourcil gauche, et dont on voit encore la cicatrice. On le transporte chez lui. Quelques jours après, on lui dit qu'il a indubitablement été frappé par les hommes qu'il a vus le suivre dans la plaine de Montsouris. Il le croit d'autant mieux, qu'un de ses amis et sa femme ont été dernièrement attaqués et blessés, mais dans un autre lieu. Actuellement encore, G. est persuadé qu'il a été suivi et frappé par des individus faisant partie d'une bande de voleurs, qui auraient commis beaucoup d'actions semblables, également restées impunies. A la suite de sa chute et de sa blessure, il a conservé longtemps une douleur dans le côté droit de la tête. Il ajoute que, depuis deux ou trois ans, il lui arrivait souvent de « voir les bords des ruisseaux » près desquels il passait, « verts ou rouges, » et que cela coïncidait avec de « violents étourdissements. »

Au mois d'août 1827, en rentrant chez lui un soir, il commence, « brusquement et pour la première fois, à entendre du bruit, des voix » qui le menacent de malheur, et l'effrayent au point qu'il appelle un voisin, et le prie de faire avec lui une perquisition dans les greniers, pour y chercher les individus qu'il croit avoir entendus. La perquisition est infructueuse. G. engage son compagnon à coucher dans sa chambre. Pendant la nuit, il « entend encore les mêmes voix ; » mais son compagnon n'entend rien. Les jours, les nuits suivantes, G. fut en proie aux mêmes perceptions. Cela dura ainsi pendant « quatre mois. » Au bout de ce temps, non-seulement il « entendit des voix, » mais il « vit, » soit en tout, soit en partie, les individus qui lui parlaient.

Depuis qu'il est à Bicêtre, les fausses perceptions sont de plus en plus fortes ; elles sont continuelles et ont lieu la nuit comme le jour. La lassitude seule procure du sommeil à G. ; mais l'habitude a presque fait cesser la crainte que ces perceptions lui inspiraient jadis.

Pendant la nuit, les « voix » le tiennent éveillé et le menacent, lui parlent de tout ce qu'il a fait, de ce qu'il fera ; elles le défient de se délivrer d'elles. Ces « perceptions relatives à l'ouïe » s'accompagnent de « perceptions relatives à la vue ; » G. « voit » en totalité ou en partie les personnes dont il croit « entendre » la « voix. » Une d'elles lui a, dit-il, un jour, « montré » seulement « deux doigts. » Ces personnes sont très-légères, comme faites de carton, et remplies de vent, et « peut-être est-ce là leur nature. » Aussi, rien de plus facile que de les « repousser » du pied ou de la main. Dans une lutte semblable avec une d'elles, il y a huit jours, G. s'est laissé choir de son lit, et s'est blessé à la main droite. Il voit ces personnes se vêtir des habillements des malades qui couchent dans la même salle que lui, et venir le trouver dans ce costume. A ces perceptions de l'ouïe et de la vue, se joignent des « perceptions » légères du « tact : » G. « sent » ses persécuteurs le « toucher, le pousser. » Il s'y joint aussi des perceptions de « l'odorat et du goût : l'haleine » de ces personnes « sent » réellement « mauvais ; » elle lui « infecte le nez et la bouche, » et il est obligé de se rincer cette dernière cavité tous les matins en se levant.

Pendant le jour, G. a presque exclusivement les perceptions de l'ouïe ; cependant celles de la vue ont quelquefois lieu aussi, mais d'une manière vague, fugitive, incomplète, car G. souvent ne voit alors que le visage, ou une partie du corps de ses persécuteurs. Les perceptions de l'ouïe, au contraire, ont lieu continuellement, même pendant que vous parlez à G. sur le sujet même de ses peines, c'est-à-dire de ses hallucinations. Ainsi il vous dit : Tenez, dans ce moment même la voix me dit telle chose : la personne à laquelle elle appartient peut être à telle distance, là-bas, sous ces combles, et elle a dû pour y entrer passer par ce petit trou.

Depuis onze mois, G. n'a pas passé un seul jour, une seule nuit, un seul instant, excepté ceux du sommeil qui sont rares et fort courts, sans être tourmenté de ses fausses perceptions. Il y croit fermement, bien qu'il soit tenté de regarder les êtres qui le persécutent ainsi comme d'une nature autre que la sienne, et ayant, entre autres facultés, celle de se transporter, sans être vus, et avec la rapidité de l'éclair, d'un lieu dans un autre. Il croit qu'on peut le délivrer d'un semblable état, et m'en fait la demande formelle.

G. joue aux cartes avec attention et succès, mais tout en jouant, il entend continuellement ses voix qui lui parlent de son jeu, et de choses qui y sont étrangères. « A l'instant même, me dit-il, la voix prononce telle parole et maintenant telle autre ; ils sont six : ce sont des diablotins ; ils obéissent à leur maître qui est Satan. »

Depuis plusieurs jours, je ne cesse de lui faire entendre que je m'occupe des moyens de le délivrer des importuns qui le tourmentent, et il a en moi la plus grande confiance à cet égard. Aussi « ses perceptions de l'ouïe se rapportent-elles à nos conversations sur ce sujet. » Ses persécuteurs lui disent, même dans le moment où je lui parle, que j'aurai beau faire, que je ne viendrai pas à bout de mon dessein, qu'il faudra qu'il vienne avec eux se ranger à l'obéissance du « diable. » Quelquefois cependant, durant nos conversations, les voix ne se font pas entendre à G. Les êtres auxquels elles appartiennent croient, dit-il, au Très-Haut ; mais « ils ne croient pas à la divinité de Jésus-Christ ; » et « telle paraît être en effet aussi la croyance de G. »

Il est sujet à une légère céphalalgie, surtout à droite ; le bord libre des paupières est rouge et injecté ; les yeux sont larmoyants. Il n'y a pas de bluettes ; la vue est fort bonne ; les pupilles sont contractées. G*** lit et travaille facilement sans lunettes ; il perçoit fort bien, et telles qu'elles sont pour tout le monde, les odeurs et les saveurs. Il n'y a ni tintements, ni bourdonnements d'oreille ; l'appétit est très-bon, la langue naturelle, les digestions faciles. G. ne se plaint que de ses persécuteurs. Ils lui disent, entre autres choses, que, si je parviens à le débarrasser d'eux, ils seront anéantis, brûlés, ainsi que leur grand maître, le secrétaire du diable, qu'ils redoutent beaucoup. Ce secrétaire du diable, que G. ne connaît pas autrement, demeure tout près de l'hôpital de la Pitié. G***, étant dans cet hôpital, a été transporté chez lui par les « diablotins » qui le tourmentent, et qui, dans un trajet très-court, « lui ont fait voir toutes sortes d'objets, tels que forêts, vallées, etc. » Arrivé chez ce suppôt du démon, G*** a été sollicité par lui de s'enrôler dans la bande de ses « diablotins ; » mais il a opiniâtrément refusé, et alors des infirmiers de l'hôpital sont venus le chercher et l'ont reconduit à son lit. Il croit fermement à tous les faits que je viens de raconter d'après lui, et tels qu'il me les a racontés lui-même. Ce récit, comme on le sent bien, n'est autre chose que l'histoire des rêves ou des hallucinations d'un accès de manie plus aiguë, dont le malade a été pris à l'hôpital de la Pitié.

Cet état se continue, sans aucun changement, pendant les deux derniers mois de 1828, et pendant toute l'année 1829. Dans les premiers jours de janvier 1830, G. est pris d'une pleuropneumonie aiguë, à laquelle il succombe le 11 de ce mois.

Dans l'observation qu'on vient de lire, c'est à peine si l'invasion brusque des hallucinations a été précédée de quelques légers prodromes, tels qu'une chute, due probablement à une congestion cérébrale, et précédée de fausses perceptions de la vue et de l'ouïe, et d'étourdissements avec coloration fausse de certains objets. La folie, purement sensoriale, a conservé pendant près de trois ans ce caractère, sans qu'il s'y mêlât aucun délire maniaque proprement dit, au point que le malheureux qui en était atteint était quelquefois tenté de regarder ses hallucinations comme une incommodité dont la médecine pouvait le délivrer. Les organes des sens étaient d'ailleurs dans un état d'intégrité complète.

La vue même était meilleure qu'elle ne l'est d'ordinaire chez beaucoup de vieillards de l'âge de G. Cette observation est donc des plus curieuses. Mais elle l'est peut-être moins que la suivante, qui a avec elle la plus parfaite analogie, et dont j'ai actuellement (avril 1836) le sujet sous les yeux. La voici réduite à ses traits principaux.

TROISIÈME OBSERVATION.

Folie purement sensoriale, durant depuis quinze ans. — Hallucinations et illusions relatives aux sens du tact, du goût, de l'odorat et de l'ouïe. — Nul autre délire que ces fausses perceptions et les conséquences qui en sont tirées.

Synonymie. (Celle de l'observation précédente.)

B., vieillard sexagénaire, appartenant à la classe aisée de la société, d'un esprit naturel assez développé et ayant reçu une certaine culture, était déjà en 1822, d'une susceptibilité et d'une défiance assez grandes, lorsqu'il perdit son frère, auquel il était fort attaché, et se mit dans la tête que cette mort était le résultat d'un empoisonnement. Il voulut poursuivre judiciairement ce prétendu assassinat. Son esprit s'exalta davantage, et il se crut lui-même menacé de perdre la vie par le poison. Cette persuasion, qui depuis ne l'a plus quitté, est fondée sur de fausses perceptions relatives à tous les sens, excepté celui de la vue.

B. s'imagine qu'on empoisonne ses aliments; qu'on lui fait respirer de mauvaises odeurs; que, pendant son sommeil, ou son séjour au lit, on lui larde, avec des instruments piquants, diverses parties de la peau. Il entend des paroles, des discours qui ne sont pas prononcés et qui sont relatifs aux mauvais desseins qu'il croit avoir été formés contre lui. D'autres fois seulement il travestit, suivant ses fausses idées, ce qu'il entend réellement dire à ses oreilles. Ces diverses hallucinations sont on ne peut plus fortes, suivies, déterminées. Il n'y a pas de jour qu'il ne me fasse flairer ses aliments, ses boissons, ses vêtements, ses objets de couchage, auxquels il trouve une odeur, ou une saveur malfaisante, indice manifeste, dit-il, de l'existence du poison. Ces fausses sensations ne s'accompagnent d'aucune incohérence dans les idées, d'aucune erreur de conduite. Qu'on accorde à B. qu'elles sont vraies, et il n'y a rien que de très-logique dans ses paroles et dans ses actions.

Si j'entreprends de les lui combattre, en lui représentant qu'elles pourraient bien n'être que des erreurs, des illusions, les rêves d'un homme qui veille, il va tout de suite au fond de la question, et me répond qu'il n'est pas fou, qu'il *sait* et *sent bien ce qu'il sent;* et il n'y a pas à lui dire le contraire. Ses fausses perceptions sont plus fortes, plus nettes, plus suivies que la plupart de nos vraies sensations; et sa réponse à mes insinuations est celle que m'ont toujours faite tous les hallucinés qui se trouvent dans le même cas que lui.

Sa vue, qui a commencé à s'altérer au mois de novembre 1834, est maintenant tout à fait perdue, par suite de lésions variées des nerfs et des globes oculaires, telles qu'amaurose, taies sur les cornées, staphylômes, etc... Il pourrait y avoir, malgré cette perte des organes externes de la vue, hallucinations relatives à ce sens. Mais, comme je l'ai dit, il n'y en a pas.

Quand on change B. de salle et de voisins, des impressions, des idées nouvelles neutralisent, pendant quelque temps, la production de ses hallucinations, bien qu'il se les rappelle et qu'il croie toujours aussi fort à leur réalité. Mais cet état de calme et de raison à peu près véritablement complète ne dure pas longtemps, et peu à peu, par l'effet de l'habitude qui affaiblit les perceptions dont la nouveauté avait été momentanément un moyen de rémission, les hallucinations de tous les sens reviennent; elles augmentent d'intensité et de fréquence, et finissent par faire entrer B. en fureur contre ceux qui l'environnent ou qui lui donnent des soins, et qu'il accuse, sans les voir, d'être des assassins, des empoisonneurs ligués contre lui.

Cet état de manie purement sensitive dure depuis quatorze à quinze ans.

QUATRIÈME OBSERVATION.

Sentiment religieux naturel et de plus en plus développé. — Inquiétude vague et pourtant entraînement invincible vers une vocation venant de Dieu. — Hallucinations auditives rapportées d'abord à l'épigastre, puis et simultanément au sens de l'ouïe. — Une seule fois hallucinations de la vue. — De là, comme résultat ou comme coïncidence, croyance bien arrêtée à la mission de Messie réformateur. — Du reste, raison parfaite, conduite pleine de moralité, exercice normal de toutes les fonctions plus spécialement corporelles.

Synonymie. — *Mélancolie* d'Hippocrate, d'Arétée, de Cælius Aurelianus, de Galien, d'Aristote, de tous les anciens et de beaucoup de modernes.

Melancholia enthusiastica, de Sauvages et de Sagar.

Maniacal, sensitive, delusive, pathetick, fanatick insanity, d'Arnold.

Genre I, *Melancholia*; genre II, *Hallucinatio, illusio*, de Crichton.

Monomanie religieuse, d'Esquirol, etc.

Van Helmont (*Demens idea*, § 12, *Oper.*, p. 171) offre personnellement un exemple on ne peut plus remarquable de folie sensoriale, dont les perceptions, comme dans le cas suivant, se rapportaient à l'épigastre. C'est à cet état de maladie mentale que nous devons, ainsi qu'il le raconte lui-même, son fameux système de l'archée épigastrique.

R. est un homme de taille moyenne, dans la force de l'âge (31 ans), très-fortement constitué; sa santé est parfaite et l'a toujours été; la circulation est chez lui on ne peut plus calme.

La partie supérieure, moyenne et antérieure de son

crâne est notablement développée. Ses cheveux sont longs et pendants, sa physionomie est bienveillante, pleine d'assurance et quelquefois d'orgueil.

Voici son histoire psychologique, telle que me l'ont fait connaître des heures, des journées passées à l'étudier et à converser avec lui.

R. est né de parents sans fortune. « Son éducation est bien loin d'avoir été religieuse : » c'est lui qui me fait remarquer cette circonstance. A 6 ans, il était obligé de demander son pain pour vivre. Plus tard, il commença à servir en qualité de domestique, et changea souvent de maîtres. A l'âge de 14 ans, il s'approcha, pour la première fois, de la table de la communion. A quelque temps de là, il eut la possibilité d'obtenir les faveurs d'une jeune fille, « et se retint, en pensant à Dieu. » C'est là, en effet, une pensée qui l'a occupé dès son enfance et lui a, en quelque sorte, toujours été présente. Il réfléchissait souvent, mais d'une manière vague, « aux desseins de Dieu sur lui. » Il était frappé, en même temps, des désordres qu'il voyait dans le monde, et en gémissait. Il éprouve, depuis qu'il se connaît, dans la région épigastrique, un sentiment de chaleur et de bien-être, qui se répand dans toute sa personne, et qui, en raison directe de son intensité, le rend plus ou moins plein du sentiment de sa force. A l'âge de 18 ans, R. apprend à connaître l'onanisme, et se livre à cet acte, après lequel il ressent du mécontentement et « comme des remords. » A la même époque, il éprouve tout à coup ce qui suit : Il lui semble que « son intelligence s'agrandit, que toute la suite des phénomènes du monde extérieur se déroule à ses yeux ; il aperçoit, en quelque sorte d'un coup d'œil, quoique d'une manière peu arrêtée, toute la création. » Alors il prend le parti de se rapprocher des autels et de la table de la communion, « qu'il n'avait pas fréquentés depuis six ans, » et de combattre en lui les mauvais penchants, surtout l'aiguillon de la chair, qui le tourmentait vivement. Il préfère le péché d'Onan à la faute de séduire une fille ou une femme. La vue d'un monde corrompu l'attriste de plus en plus, et son goût pour la solitude augmente. Cela ne l'empêche pas d'apprendre le métier de charron qui désormais le fera vivre. Son amour du changement de lieux et de relations s'accroît. « Il est porté invinciblement vers un but dont il ne se rend pas bien compte. Il lui semble que Dieu l'appelle quelque part. » Il parcourt ainsi quelques parties de la France, et enfin vient se fixer à Paris, ou dans ses environs. Le jubilé de 1825 a lieu. R. y prend part avec ferveur, va dans les églises, assiste aux prédications des plus éloquents missionnaires. C'est alors qu'il a « ses premières révélations. Il lui semble qu'à l'épigastre, là où il éprouve le sentiment habituel de chaleur, » dont j'ai parlé, « des paroles se font entendre, très-distinctes, mais non telles que celles qu'on perçoit par l'oreille, et bien faciles à distinguer de ces dernières. Ces paroles, qui forment des prophéties, des paraboles, » s'accompagnent d'un sentiment de bien-être plus grand, d'une chaleur qui s'irradie : elles plongent R. dans l'étonnement, dans l'extase, et lui font redoubler ses exercices de piété. L'appétit devient moindre ; le sommeil disparaît ; la nuit se passe en prières. Dans une de ces nuits de ferveur, par un temps couvert, pendant une prière, R. voit tout à coup « apparaître, au milieu des nuages, un disque lumineux, gros comme le soleil, mais non point radieux comme lui ; une voix part de ce disque et dit à R. : Les enfants que je bénirai seront bénis, et ceux que je maudirai seront maudits jusqu'à la troisième et à la quatrième génération. » R., qui reconnaît la voix de Dieu, entre en communication avec l'être incréé, et lui adresse beaucoup de questions qui n'obtiennent pas toutes des réponses. La conversation dura trois quarts d'heure. R. commença à y apprendre « quels étaient les desseins de Dieu sur lui. » En terminant « l'Éternel lui dit d'aller se coucher. » Cette vision est la seule qu'il ait eue. Après elle, les « révélations » augmentèrent et ne discontinuèrent presque plus. Mais les « paroles » qui lui étaient prononcées dans « l'épigastre » étaient bien différentes de celles de la vision. Dans cette dernière, en effet, les paroles étaient absolument semblables à celles qu'on entend par l'oreille, ce qui n'a pas lieu dans les « paroles (épigastriques) des révélations. » La vision a décidé du sort de R. : « Il est le Messie » qui doit venir à la fin des siècles, pour ramener toutes les nations à la même croyance et préparer le jugement dernier. C'est en cette qualité qu'il a commencé à faire des prophéties à ses compagnons de travail, et qu'il a cherché à avoir des conférences avec M. l'abbé M., prêtre à la cour de Charles X, et avec Mgr l'archevêque de Paris. Voyant qu'il ne pouvait arriver jusqu'à ce dernier, il escalada, un jour, pendant le service de la messe, la grille du chœur de la métropole, afin, dit-il, de se faire prendre, et de pouvoir ainsi faire connaître les desseins qu'il n'avait pu manifester autrement. Cela lui réussit. On le conduisit à la préfecture de police, et de là à la division des aliénés, le 12 décembre 1827.

R. est l'exemple le plus tranché que je connaisse d'une monomanie sensoriale franche, débarrassée de tout délire général, soit de pensée, soit d'action. Qu'on lui accorde la réalité de ses révélations et de ses visions, non-seulement il n'est pas fou, mais il est ce qu'il prétend être, le Messie. Avant sa vision, avant ses plus fortes révélations, il connaissait peu les Ecritures sacrées, il ne les a étudiées que depuis, et il les rapporte avec beaucoup d'art à sa croyance, même l'Apocalypse, dans laquelle il a trouvé un sens clair. « Jésus-Christ, dit-il, est bien le Fils de Dieu ; il est venu pour préparer les voies, mais il n'est pas le Messie : cela n'est écrit nulle part. » Quand il parle des malheurs qui attendent les méchants lors de la fin du monde, ses yeux se mouillent de larmes; il gémit sur leurs peines futures, et c'est alors seulement que sa figure présente quelque chose d'exalté et d'un peu extraordinaire.

Il croit au malin esprit, et n'en parle qu'avec peine. Il s'est fait une singulière théorie des lieux infernaux. Là, dit-il, se rendent tous les sons qui se perdent sur la terre, toutes les lumières, tous les feux qui s'évanouissent dans les airs. Du reste, les peines n'y seront point éternelles, au moins pour les créatures qui y auront été placées avant le jugement dernier.

Durant quatorze mois que R. est resté dans la division des aliénés, son état de manie n'a point varié, et n'a eu aucune exacerbation. Il ne se manifestait que lorsque, après avoir gagné sa confiance, on parvenait à le mettre sur le sujet de ses hallucinations. A part cela, il était l'homme du monde le plus raisonnable et le meilleur qu'on pût trouver. Rarement réclamait-il sa sortie de l'hospice, et il ne l'eût jamais sollicitée en faisant le sacrifice de sa croyance. Vers la fin de 1828, il consentit à se charger des fonctions de garçon de service, et il s'en acquitta d'une manière toute charitable.

Au mois de février 1829, on le trouva « si raisonnable, » si disposé à ajourner à des circonstances plus favorables la mise à exécution de ses projets de réforme, que l'on consentit, par un certificat en règle, à le rendre à la société et à son métier de charron. Il sortit le 11 février. Depuis ce temps je n'en ai plus entendu parler.

CINQUIÈME OBSERVATION.

Hallucinations de l'ouïe seulement ; d'où, en apparence, idées tristes et exclusives. — A part cela, raison et santé parfaites.

SYNONYMIE. — *Mélancolie, délire exclusif et triste* des anciens et des modernes.

Melancholia vulgaris de Sauvages, Sagar, Crichton, Cullen.

Tristimanie, Lipémanie de Rush et d'Esquirol, etc.

L. est un homme de taille moyenne, d'un caractère naturellement sombre, offrant les attributs du tempérament bilieux. Il a 56 ans.

Il ne paraît pas y avoir eu d'aliénés dans sa famille. Il n'était pas maladif et n'a point eu d'évacuations supprimées. Il est marié depuis 21 ans et a 8 enfants. « Sa femme est la fille d'une autre femme avec laquelle il a vécu jadis en concubinage. » Il n'a jamais rien éprouvé de semblable à l'état mental dans lequel il se trouve maintenant.

Cinq mois à peu près avant son entrée à Bicêtre, il quitte Paris, du consentement de sa femme, pour aller travailler au Tillet, près Gonesse. « Le maître chez lequel il logeait était dévot, et il y entendait souvent parler de religion. »

Vers le 15 ou le 16 septembre, la femme L. entend dire que son mari est aliéné; elle va le trouver, le ramène à Paris en proie à des craintes relatives à de prétendues persécutions. (Les renseignements qu'elle me donne à cet égard s'accordent parfaitement avec ce qu'auparavant m'avait dit L.) Elle lui applique, sur l'avis d'un médecin, quelques sangsues derrière les oreilles, et enfin le fait conduire à la préfecture de police, d'où il est amené à la division des aliénés, le 24 septembre 1828.

Le 25, à 7 heures du matin. La physionomie de L. est celle d'un homme douloureusement affecté, terrifié même. La parole est entrecoupée, les muscles inspirateurs ont peine à soulever les parois du thorax. Voici le résultat de ma conversation avec lui : « Il a commis, il y a 32 ans, un vol de cuivre de la valeur de 15 fr. » Cette mauvaise action n'a jamais eu aucun résultat fâcheux pour lui, et elle paraît avoir toujours été ignorée. Il a été militaire pendant quatorze ans, et s'est « marié, » au sortir du service, « avec la fille d'une femme qu'il avait eue antérieurement pour concubine. » Il y a cinq mois, il est allé travailler au Tillet, près Gonesse, et a entendu parler « de jésuites » chez le maître qui le logeait. « Il ne sait comment ces jésuites ont eu connaissance du vol qu'il a commis il y a plus de trente ans. » Mais, au bout de deux mois de séjour, et pendant la nuit, « ils n'ont pas tardé à le lui reprocher, en murmurant, en parlant bas » à son chevet. « Il a d'abord pris cela pour des rêves. » Mais la persistance, la force toujours croissante de ces reproches, qui s'accompagnaient de menaces de châtiments, lui a bien fait voir que « c'étaient des réalités. » Il a donc changé de logement ; mais, dès la première nuit, les mêmes « voix se sont fait entendre » dans la cheminée, à la fenêtre, à la porte. Il s'est levé pour voir quel individu les proférait et n'a trouvé personne. C'est alors que sa femme est venue et l'a ramené à Paris. « Dès la première nuit, les voix ont recommencé de plus belle. » Il s'est contenu d'abord, parce que sa femme dormait à côté de lui. Mais enfin, n'en pouvant plus, il a cherché à s'éclairer sur la cause du bruit, et n'a pu en venir à bout. Vers le matin, la « bagarre » est devenue « générale, » dit-il : les gendarmes étaient dans la rue, les voisins aux fenêtres, « criant » contre les « jésuites, » qui étaient là pour l'arrêter. Alors il s'est rendu à la préfecture de police, d'où on l'a conduit à Bicêtre hier au soir.

« Cette nuit » il a « entendu » les mêmes « voix » qui lui « disent » qu'il faut qu'il soit puni, qu'il « sera fusillé. » Il est persuadé que sa mort est imminente, et rien ne peut lui ôter cette idée.

Le 26, à 7 heures du matin. Le malade est persuadé que de la « salle du conseil » voisine, il a « entendu » cette nuit, ce matin même, des « voix » qui lui ont annoncé que sa femme avait subi la peine de mort, et que lui allait bientôt la subir aussi. Rien absolument ne peut le distraire de cette idée, et sa physionomie exprime bien sa persuasion à cet égard. Pendant que je lui parle, il me demande si je ne « les entends » pas qui « ordonnent » d'apprêter les armes pour le fusiller. Sa femme, qui est venue ce matin demander de ses nouvelles, mais qui ne l'a pas vu, lui a apporté quelques effets. « Ces effets, » il me les montre, et me dit qu'ils « ont été trouvés sur cette malheureuse après sa mort. » J'ai beau lui affirmer qu'elle vit, il n'en croit rien, et attend sa propre fin avec résignation.

Le pouls est naturel, la langue blanche, aucun viscère ne me semble souffrir.

6 heures du soir. Tous les raisonnements que je puis imaginer pour persuader au malade que sa femme n'est pas morte sont inutiles. Dieu lui-même, me dit-il, descendrait du ciel pour le lui certifier, qu'il ne le croirait pas.

Le 30, même croyance. L. s'imagine que « les voix l'accusent d'avoir abusé de ses filles, » et il veut faire constater leur virginité pour repousser cette inculpation. Du reste, il ne délire absolument que sur ses fausses perceptions de l'ouïe, ou plutôt, sauf ces perceptions, il ne délire pas. Qu'on en admette la réalité, il dit et fait ce que tout homme dirait et ferait à sa place. Il se refuse à prendre tout médicament.

Le 4, à 5 heures du matin, il me dit que si on lui montrait sa femme vivante, il crierait au miracle ; à 9 heures je la lui fais voir au parloir ; il s'arrête quelque temps interdit, dit que c'est bien elle, qu'il la reconnaît, et il l'embrasse avec effusion. La vue de sa femme a ébranlé sa conviction. Il reconnaît qu'elle n'a pas été morte, mais il prétend qu'on « a joué une répétition de sa mort, et que c'est cette répétition qu'il a entendue. » J'insiste, et je lui affirme que tout ce qu'il a entendu n'existait que dans ses oreilles; cela lui paraît difficile à croire, mais enfin il avoue qu'il serait à désirer pour lui qu'il en fût ainsi.

Le 5, à 7 heures du matin. Les perceptions relatives à l'ouïe ont été et sont encore plus fortes que jamais. L. est dans la « même croyance relativement à la répétition de la mort de sa femme. » Il croit que ses persécuteurs, désunis dans leurs intentions à son égard, se sont battus en duel, et qu'un d'eux a été tué; « il a entendu » le bruit du duel. Profond découragement, refus de toute médication.

Du mois d'octobre 1828 au mois d'octobre 1829, l'état de manie sensoriale reste absolument le même. Les hallucinations sont purement relatives au sens de l'ouïe, et si l'on admettait que ces sensations sont fondées, L. serait parfaitement raisonnable. Je n'ai jamais aperçu en lui la moindre trace de délire général. Ses fausses perceptions le font toujours croire à des persécutions dirigées contre lui; rien absolument ne peut le faire douter de leur réalité : il est à cet égard d'un entêtement extrême. Si on le contrarie là-dessus, ou que dans la nuit ses fausses perceptions aient été très-violentes, il entre très-facilement en colère. « On fait de lui des risées; on l'empêche de dormir; on le tourmente; on le presse, etc. » Outre les perceptions de sons nettement articulés, il « entend » continuellement un « bruit de cloches, » qui viendrait de l'église voisine. Il l'entend même le vendredi saint. Ma remarque que les cloches ne sonnent jamais ce jour-là, ne l'ébranle pas. Je n'ai jamais vu d'hallucinations de l'ouïe aussi fortes, aussi isolées de tout délire, de toute incohérence dans les idées, aussi indépendantes de tout état morbide général.

Dans les premiers jours du mois d'octobre 1829, L. commence à ressentir les premières atteintes du scorbut. Il attribue le malaise qu'il éprouve à ses ennemis, à « ces messieurs, » et se refuse à prendre tout médicament. Les hallucinations continuent, bien qu'il n'en parle plus avec autant de force. Il devient très-faible et ne quitte plus le lit. La teinte de la peau est d'un jaune terreux ; elle offre aux extrémités inférieures de nombreux points scorbutiques; les gencives sont fongueuses et saignantes ; l'haleine est fétide.

Dans les derniers jours de novembre, L. consent à prendre quelques médicaments antiscorbutiques, et pendant deux ou trois jours il ne parle plus de ses fausses perceptions; mais bientôt elles le reprennent, et il recommence à attribuer sa maladie à ses persécuteurs. Le matin même du jour de sa mort, qui a lieu en pleine connaissance, il attribue la difficulté qu'il éprouve à respirer, à la compression que ses ennemis exercent sur lui.

SIXIÈME OBSERVATION.

Sensibilité naturellement exaltée. — Erreurs, illusions, sur des faits réels, mais exagérés ou mal interprétés, puis hallucinations de la vue et surtout de l'ouïe, d'où tentative de suicide. — Mort dans un accès de délire maniaque plus général.

SYNONYMIE. — *Tempérament mélancolique, mélancolie, délire exclusif* des auteurs.

Illusions et hallucinations des pathologistes français et étrangers.

CAS ANALOGUES : Le précédent et le suivant, etc. Mais dans cette sixième observation et dans la septième, le délire, à peu près exclusivement sensorial comme dans les cinq autres, devient vers la fin plus général et plus aigu, prenant ainsi les caractères de la manie proprement dite.

Quant aux tentatives de suicide qui ont eu lieu dans les deux cas, dans le dernier surtout, il importe de remarquer, pour l'exactitude de l'analyse psychologique, que cette propension funeste ne venait point d'une impulsion en quelque sorte spontanée, ou de l'ennui pur et simple de la vie (*tædium vitæ*), comme dans la véritable hypocondrie suicide; mais bien qu'elle était le résultat des hallucinations, et de l'état de malaise et de terreur qui les accompagnait.

M. est un homme de petite taille, d'un tempérament sanguin, âgé de 33 ans.

Il a été admis une première fois dans la division des aliénés, le 20 septembre 1826, en est sorti non guéri, mais fort calme, le 28 avril 1827; y est rentré dans le même état de manie que la première fois, le 9 juillet 1828.

« Sa mère est morte folle; son père s'est suicidé » par suite de mauvaises affaires; lui, M., a toujours été d'une « sensibilité, » d'une « susceptibilité» extrêmes, disposé à croire qu'on lui voulait du mal, ou qu'on cherchait à s'amuser de lui, ce qui le rendait fort timide. Sa mère disait souvent de son fils, que sa sensibilité ferait son malheur, et qu'il vaudrait mieux pour lui qu'il mourût jeune.

Ces tristes dispositions naturelles ont augmenté avec l'âge, et ont fait faire à M. toutes sortes de sottises, qu'il condamne en les racontant, et que souvent même il condamnait en les commettant. Il a fréquemment été dupe, dit-il, et n'a jamais cherché à être fripon. Il était naturellement enclin aux plaisirs vénériens, et cette disposition a été le point de départ, la cause de ses fautes et de ses malheurs, car il en a éprouvé de réels; mais beaucoup ont été imaginaires. Il s'est cru persécuté par des gens qui avaient tout au plus dessein de s'amuser à ses dépens. C'est là ce qui résulte d'une histoire bizarre et très-détaillée qu'il a écrite de sa vie, *ab ovo* jusqu'au moment actuel. Chez lui les « hallucinations » paraissent n'être venues que peu à peu, et vers la fin, par les progrès d'une irritabilité générale, qui le faisait d'abord prêter des intentions malveillantes à des actions, à des paroles qui n'en avaient point (illusions), et qui enfin lui a fait entendre des sons qui n'étaient pas produits (hallucinations).

M. est marié depuis douze ans, et depuis onze séparé de sa femme, qu'il croit lui avoir été infidèle. Il est brodeur, et il fit venir, il y a trois ans, sa sœur à Paris pour travailler près de lui dans le magasin de son maître. Il ne tarda pas à croire que ce maître et les autres personnes de son entourage le calomniaient, en l'accusant d'inceste, et voulaient ainsi le perdre de réputation. Cette croyance paraît fondée sur des hallucinations de l'ouïe. Ainsi il a « recueilli les paroles » d'exempts de police qui se disaient entre eux : « M. est un grand scélérat. » Elle s'appuie encore sur des illusions, de faux raisonnements, qui lui donnent la conviction que toute la France est instruite des bruits calomnieux qu'on a fait courir sur son compte. Il lit cela sur la figure des personnes avec lesquelles il est en rapport; il le voit dans leurs actions. Il est persuadé que les journaux se sont occupés et s'occupent encore de lui à cet égard. Et cependant il ne lit pas ces feuilles; il n'a donc jamais pu y voir une seule ligne où il fût question de lui. Mais voici comment il raisonne. Il y a deux ou trois ans que, n'ayant plus d'ouvrage par suite des calomnies qu'on a, dit-il, fait courir sur son compte, il se jeta par la fenêtre pour mettre fin à son existence. Il ne fit que se casser la cuisse droite; ce dont on le guérit à l'Hôtel-Dieu, sauf une légère claudication. Des accidents de ce genre, dit M., doivent être et sont toujours « mis sur les journaux. » Un homme qui cherche à se détruire est ordinairement « criminel. »

Les journaux ont donc dû conclure que M. était criminel et le répéter souvent depuis. Ainsi toute la France a dû être instruite de la prétendue scélératesse de M., et en voici la preuve suivant lui. Lassé des calomnies répandues sur son compte à Paris, il se rendit à Nantes, son pays, pour travailler de son état, mais il ne tarda pas à s'apercevoir que « ces calomnies» avaient pénétré jusque-là. « Il n'entendit rien dire, » mais il « vit » bien, à l'air et à la conduite des personnes avec lesquelles il se trouvait en relation, qu'on « savait » à Nantes que « M. est un grand scélérat. » Il fut donc forcé de quitter Nantes et revint à Paris. Ses fausses perceptions, les actes auxquels elles l'entraînèrent, ne tardèrent pas à attirer sur lui l'attention de la police, qui le conduisit à Bicêtre le 21 septembre 1826.

La santé de M. a toujours été faible, si ce n'est depuis l'époque à laquelle il s'est jeté par la fenêtre. Dès ce temps, en effet, il paraît s'être mieux porté. Aujourd'hui (21 septembre 1827) toutes ses fonctions se font avec régularité, et rien n'indique un organe en souffrance. La circulation en particulier est fort calme.

1831. M., pendant les deux séjours qu'il a faits dans la division des aliénés, n'a pas cessé d'être dans l'état de délire sensorial dont j'ai donné les détails ; mais, la plupart du temps, quand on ne l'interrogeait pas, on pouvait le croire un homme raisonnable. Dans ces moments-là il travaillait à des ouvrages de broderie, où il était fort habile, et qui lui étaient payés cher.

Depuis sa seconde entrée dans la division des aliénés, le 9 juillet 1828, il a eu dans l'intérieur de l'hospice trois ou quatre accès de manie plus aiguë, marquée surtout par de l'érotisme et de la disposition à briser et à nuire. Le dernier a commencé à la fin de 1830, et n'a fait qu'aller en augmentant, malgré l'emploi des moyens ordinaires. De temps en temps le délire devenait plus aigu, et approchait de celui de la méningite.

Vers la fin, l'amaigrissement devient considérable; la membrane muqueuse gastro-intestinale se prend; il y a du dévoiement. M. brise tout ce qu'il y a dans sa loge, jusqu'à la paille de son lit, et se met dans un état complet de nudité. La face a une expression de stupidité remarquable. La fièvre s'allume; agitation très-grande; séjour au lit. Signes d'un épanchement pleurétique à gauche. Mort dans la nuit du 23 au e4 février 1831.

SEPTIÈME OBSERVATION.

Manie aiguë du genre triste, consistant presque exclusivement en hallucinations très-violentes de l'ouïe, avec propension invincible et continuelle au suicide. — Quelques exacerbations dans lesquelles seules s'établit une sorte de délire général; où il est pourtant facile de reconnaître les idées fixes et les fausses perceptions qui s'y rapportent. — Mort dans un grand état d'épuisement, occasionné surtout par l'abstinence volontaire d'aliments.

SYNONYMIE. — *Mélancolie, lipémanie, tristimanie.*

Illusio, hallucinatio.
Hypocondrie suicide.
Hypocondriacal insanity d'Arnold, etc.

CAS ANALOGUES : Perfect (*Annals of insanity*, case VIII, etc.). Pinel (*Traité de l'aliénation mentale*, p. 169 et suiv.).

M., admis dans la division des aliénés, le 2 juillet 1832, à l'âge de trente-huit ans, est un ancien militaire, qui s'est fracturé les deux jambes en cherchant à déserter de la citadelle de Besançon. Il en est résulté une double amputation faite avec succès, et après laquelle M. s'est marié et a repris son état de vannier. Mais il est resté plus sombre qu'avant, et il n'a cessé d'être chagrin du souvenir de sa faute, du résultat qu'elle a eu pour lui, et de celui qu'elle eût pu avoir, si la mutilation, qui en a été la suite, n'eût adouci en sa faveur la sévérité de la justice militaire.

Ces souvenirs et une misère profonde ont peu à peu altéré la raison de M., et l'ont fait conduire à Bicêtre dans l'état suivant :

Marche difficile sur deux jambes de bois ; exercice normal des fonctions étrangères à l'encéphale ; physionomie triste et abattue ; action complétement naturelle des sens externes. Au premier aspect, apparence d'une raison intacte, et surtout point de délire maniaque général, pas d'accroissement de la circulation, soit générale, soit encéphalique. A un plus ample examen, hallucinations très-violentes et continuelles de l'ouïe, qui font croire à M. qu'on le persécute, qu'on l'injurie, qu'on le menace de le fusiller, de le faire mourir dans les plus horribles souffrances. De là privation à peu près complète de sommeil ; erreurs de conduite ; pratiques singulières ; paroles en réponse à celles que le malade croit entendre, ou prononcées conformément à de prétendus ordres, donnés par *les voix*. Idées tristes, presque toutes relatives à la nécessité de mettre fin, par le suicide, à un état de souffrance morale qui va jusqu'à la douleur physique et se confond avec elle. Cet état d'anxiété et d'hallucinations s'exaspère quelquefois jusqu'au point de dégénérer en un véritable délire maniaque, presque général, et accompagné d'injection de la face et d'une agitation extrême, qui force à maintenir le malade par le gilet de force, et qui le rend beaucoup moins sensible aux impressions venues du monde extérieur.

Pendant dix mois de séjour dans la division des aliénés, cet état, loin d'offrir la moindre rémission, n'a fait qu'aller en augmentant, malgré l'emploi suivi des émissions sanguines, des bains, des exutoires. M. s'est de plus en plus concentré dans ses fausses perceptions, et est devenu d'autant moins attentif aux impressions extérieures. Le sommeil a été presque constamment nul ; mais il n'y a jamais eu dans les idées une grande incohérence maniaque.

Le point le plus saillant de l'état mental de M. a été son désir de recevoir ou de se donner la mort. Il avait en cela un double but : 1° terminer ses souffrances morales et corporelles ; 2° ne pas mourir dans d'horribles supplices, ce qu'il croyait inévitable. Ce but, il a constamment cherché à l'atteindre, et cela par tous les moyens possibles. Une première fois il se donna sur les parois de la poitrine des coups de canif, dont il ne tarda pas à guérir. Une autre fois il trouva moyen de se débarrasser de sa camisole, et il se traînait sur ses moignons pour aller se pendre, avec une sangle, à la rampe d'un escalier voisin, lorsqu'on l'arrêta. Je l'ai vu plusieurs fois encore se mettre en route de la même manière, pour se jeter du haut en bas des degrés de la salle supérieure à la sienne, ou pour aller dans la cour de l'infirmerie chercher la mort qu'il croyait y trouver. On exerça sur lui la plus grande surveillance ; on lui ôta ses jambes de bois. On le garda à vue ; on lui laissa presque constamment appliqué le gilet de force. Alors, à plusieurs reprises, il voulut se laisser mourir de faim. Il fallut lui ingérer par le nez, avec la sonde œsophagienne, des aliments liquides. On parvint à vaincre ainsi son obstination, et à le forcer à prendre de lui-même des aliments plus substantiels.

Mais dans les premiers jours du mois de mars 1833, son état d'hallucination et de souffrance s'augmentant, ses idées de suicide le reprirent de plus belle, et il refusa obstinément jusqu'au jour de sa mort, c'est-à-dire pendant près d'un mois, de prendre de gré aucun aliment. Il fallut en revenir à l'ingestion de bouillon par la sonde œsophagienne, répétée plusieurs fois par jour. Cette opération était un supplice pour M. : elle l'empêchait de terminer ses souffrances par la mort, et elle le faisait désobéir à ses « voix, » qui lui disaient de ne pas manger. C'était une chose pénible, et tout à la fois presque grotesque, de l'entendre, dans son langage fortement accentué du Midi, vous *démander* la mort, comme un homme, sur le point d'être assassiné, demanderait grâce. Pour lui, il n'y avait plus désormais d'idée que celle-là : la mort. Je suis persuadé qu'il se serait prêté avec joie à tout ce qu'on eût voulu faire pour la lui donner.

Les hallucinations ne discontinuaient pas ; mais le dépérissement devint considérable, l'altération de la face profonde et étrange. Il s'y joignait une impression de douleur et de crainte extraordinaire. Le pouls était lent et faible, l'haleine fétide, les lèvres et les dents fuligineuses. La mort eut lieu dans cet état.

HUITIÈME OBSERVATION (1).

Manie religieuse consistant presque exclusivement en hallucinations de l'ouïe, qui datent de vingt-trois ans, et s'accompagnent, en apparence, de toute la raison compatible avec cet état.

(1) Je la publie pour la première fois, ainsi que la troisième ; mais elle est, à elle seule, une preuve si démonstrative de la vérité des opinions contenues dans cet ouvrage que je n'ai pas cru pouvoir me dispenser de la joindre aux sept observations précédentes. (*Note de* 1836.)

SYNONYMIE. — *Délire divin ou prophétique* de Platon, Arétée, Cœlius Aurelianus.

Melancholia superstitiosa de Willis.

Melancholia enthusiastica de Sauvages et de Sagar.

Manie religieuse des médecins modernes.

P., vieillard très-vert encore, d'une forte constitution, d'un tempérament sanguin, est renfermé dans la division des aliénés depuis cinq à six ans. Le 6 février 1813, après quelques semaines, quelques mois peut-être, d'inspirations légères et, pour ainsi dire, intérieures, *Dieu lui apparut*, pour la première fois, *dans toute sa gloire*, et *lui annonça* qu'il était son fils, son envoyé, chargé par lui d'annoncer sa volonté aux hommes, et d'opérer, par ses exhortations, la réforme de leur état social. Cela ne l'empêcha pas d'exercer toujours son métier de cordonnier, et de se conduire, comme par le passé, avec toutes les apparences d'une raison parfaite. Ce ne fut que deux mois environ avant son entrée à Bicêtre, et sur l'ordre formel de Dieu, qui le visita encore ce jour-là, que P. cessa de travailler, et qu'il resta, pendant près de six semaines, renfermé volontairement dans sa chambre, à demi nu, ne mangeant pas, ou mangeant peu, en proie à des avertissements divins réitérés, et à toute l'exaltation qui en était la suite. Ce fût là ce qui détermina son admission dans la division des aliénés, le 8 octobre 1829. Il était, en ce moment-là, fort calme.

Depuis ce temps, son état n'a véritablement pas

varié. P. se croit en communication avec Dieu, dont il se dit le *fils bien-aimé.* Les fausses perceptions sur lesquelles il fonde cette croyance sont, à peu près, purement relatives au sens de l'ouïe, et ne s'accompagnent d'aucune incohérence générale dans les idées, d'aucune excitation, d'aucune erreur de conduite. Indépendamment des deux visions, ou hallucinations de la vue, dont j'ai parlé, il en a eu encore deux ou trois autres. Dans l'une d'elles, *il a été ravi en esprit jusqu'au trône de Dieu, en compagnie de la Vierge Marie, et il est allé s'asseoir à la droite de son divin Père.* Pour ce qui est de ses fausses perceptions habituelles, c'est-à-dire de ses hallucinations de l'ouïe, quelquefois c'est Dieu qui lui parle en personne ; d'autres fois l'Être suprême se sert pour cela de l'intermédiaire de l'archange Raphaël, comme il se servait de Gabriel pour envoyer à Mahomet les articles de la loi musulmane. Ce divin messager lui donne souvent des avertissements très-longs, très-explicites, que P. écrit avec grand soin, et dont il m'a transmis un grand nombre. En les lisant, sauf la différence des temps, des lieux et des personnes, on croirait lire un chapitre du Coran, Il y règne seulement un peu moins d'incohérence. Il y a un de ces avertissements qui contient d'assez bonnes choses sur la valeur de l'art médical, et où se trouvent, sur l'intervention de la Divinité dans la cure des maladies, des idées qui rappellent celle du bon Paré : *je le pansay, Dieu le guarit.*

Il arrive quelquefois que, pendant longtemps, la voix, les inspirations, tout se tait. P. alors vit sur son passé. Mais il n'en est pas moins persuadé, pour cela, de la réalité de ses fausses perceptions, et il attend tranquillement qu'elles recommencent, bien convaincu qu'il ne saurait en être autrement. Un de ces intervalles a duré, sous mes yeux, douze à treize mois environ, et la foi du prophète n'en était en rien ébranlée.

Depuis un ou deux ans, une cataracte s'est formée sur chaque œil. P. n'y voit presque plus, et il est obligé de faire écrire ses avertissements divins par un de ses compagnons de salle. La forme y perd, mais le fond reste le même. P. se refuse néanmoins à toute opération sur ses globes oculaires. Dieu, dit-il, lui rendra la vue, quand il en sera temps. J'ai essayé de porter vivement son attention sur la nécessité d'une opération chirurgicale, afin que, pendant le sommeil, quelque avertissement divin, reflétant cette excitation, lui enjoignît de se laisser opérer. Le résultat a été opposé à celui que je voulais obtenir. Dieu s'est opposé à l'opération.

P. est, en ce moment, atteint de scorbut, c'est-à-dire d'une maladie grave et essentiellement débilitante. Cela n'a rien changé à son état d'hallucination et de foi religieuse. Cela n'a pas non plus généralisé le délire. Il n'y a rien de plus, chez lui, que ce qui y a toujours existé, c'est-à-dire, de fausses perceptions de l'ouïe, et elles continuent ainsi depuis 23 ans. Celles de Mahomet, à ne les prendre toutefois qu'à sa sortie de la grotte du mont HARA, n'ont peut-être pas duré aussi longtemps (1).

(1) Dans le mémoire qui suit sur les *Analogies de la folie et de la raison*, on aura à remarquer surtout celles qui sont relatives aux hallucinations chroniques ou à la folie sensoriale. Les observations qu'on vient de lire et celles qui leur ressemblent m'en ont fourni la première idée, et elles me firent émettre sur le Démon de Socrate une opinion qui, à l'époque où je l'énonçais, n'était presque qu'un pressentiment.

III

RECHERCHE DES ANALOGIES

DE LA FOLIE ET DE LA RAISON

(1834)

On a dû, pour faire le tableau de la folie, l'étudier et la décrire à son plus haut degré d'intensité, dans ses formes les plus tranchées et les plus distinctes, les plus éloignées, en un mot, de celles de la raison. C'était le moyen de la mieux peindre, mais ce n'était pas celui de la faire mieux comprendre. Dans ce dernier but, il faut non-seulement étudier l'action de ses causes occasionnelles, son incubation, son début, le passage de la raison à la folie, mais encore rechercher les états psychologiques qui, dans ce qui n'a pas cessé d'être de la raison, se rapprochent le plus des diverses formes et des divers degrés de l'aliénation mentale. Ces recherches analogiques, puisées en très-grande partie dans ce que chacun peut avoir éprouvé par soi-même, donneront lieu à des rapprochements d'où jaillira une lumière claire pour tous les yeux, et elles montreront, mieux que des descriptions isolées, que la folie n'est point une chose à part, que tous les fous ne sont point sous la tutelle des asiles qui leur sont consacrés, et que, de la raison complète ou philosophique au délire véritablement maniaque, il y a d'innombrables degrés, dont il serait avantageux à tout homme d'avoir au moins la connaissance générale, afin de ne pas mettre toujours la colère ou la vengeance à la place de cette pitié indulgente dont peut-être il a eu quelquefois besoin, et qu'il pourra quelquefois encore avoir à réclamer pour lui-même.

I. A son point de départ, et dans les dispositions mentales qui en sont la cause prédisposante ou constitutionnelle, la folie est encore de la raison, comme la raison est déjà de la folie ; et il importe de commencer par là l'étude de leurs analogies. Ces dispositions, suivant même le langage ordinaire, sont, dans le mode moral ou affectif, une *irritabilité* extrême, une *sensibilité* excessive, qui donnent lieu à des *illusions* et à toutes les erreurs de jugement qu'elles traînent à leur suite, ou dont elles ne sont que le premier degré. Ce sont des appétits, des *goûts*, des désirs *bizarres* et *exclusifs*, des *passions* mauvaises, *désordonnées*, *délirantes*, un entraînement, une *irrésistibilité* dans les actes, qui frappent tous les yeux, parce qu'ils ne sont point en harmonie avec la raison commune. Et dans le mode intellectuel, c'est un *manque d'attention* qui donne lieu à de la *distraction* et à une apparence d'*insensibilité* aux impressions venues du dehors ; c'est une *association vicieuse* des sentiments et des idées, qui produit des singularités, des disparates, de l'*incohérence* dans les discours ; ou bien une association trop rapide de ces actes intellectuels, qui occasionne dans le langage de la *confusion* et des ellipses inintelligibles; c'est enfin un jugement faux qui donne lieu à des manières de voir fausses et à des déterminations et à des actes que réprouve l'assentiment général.

En dernière analyse, il y a, dans les dispositions à la folie et à son point de départ, exaltation ou perversion de la sensibilité générale, exaltation ou perversion des appétits et des passions, vice de rectitude ou de rapidité dans l'association des sentiments et des idées. Or, ce sont là, au degré près, tous les traits essentiels ou primordiaux de la folie déclarée. Seulement, dans cette dernière, il n'est pas toujours aussi facile d'en faire l'analyse, parce que le désordre est plus grand, parce que ces diverses sortes de lésions de la volonté et de l'entendement se mêlent et se croisent, et qu'il en résulte un accroissement, soit de bien-être, soit, et beaucoup plus souvent, de malaise tout à la fois physique et moral, qui, devenu cause à son tour, augmente encore le trouble des passions et des idées, et donne lieu à des actes d'une violence démesurée et d'une extravagance manifeste.

II. Il est rare, dans le cas même d'une cause déterminante, traumatique ou toxique, telle qu'un coup violent sur la tête, un excès de vin ou l'ingestion d'un poison narcotique, il est rare, dis-je, que la folie débute brusquement et sans prodromes. Presque toujours elle a une période d'incubation, et dans ce cas encore ses analogies avec certains états psychologiques qui appartiennent à la raison, sont assez remarquables pour mériter quelque attention. On les trouvera, ces analogies, dans ces passions violentes, exclusives et longtemps continuées, où, comme dans la passion de l'amour, domine un seul sentiment, un seul ordre d'idées, que la raison combat quelquefois, mais en vain, que d'autres fois elle ne cherche pas à repousser, soit qu'elle s'y complaise, ou qu'elle soit devenue incapable de juger de leur trop grande extension. Souvent il y a, dans ce cas, une absorption, une concentration morale qui frappent les yeux même les moins exercés ; il y a une distraction qui n'est pas ordinaire, et jusqu'à de l'incohérence dans les idées ; et cet état, qui n'est autre chose que de la mélancolie, c'est-à-dire, le premier degré de l'aliénation mentale, passe souvent à un véritable état de manie déclarée. Mais dans beaucoup de cas il n'en est heureusement pas ainsi : la mise en exercice d'autres sentiments, d'autres passions, la production d'idées nouvelles, ce que l'on appelle, en un mot, des distractions, des diversions, permettent à la raison de reprendre son empire ; et, bien qu'elle ait été sur le point de céder, de se perdre peut-être pour jamais, le mot de folie n'a pas été prononcé, et elle passe pour n'avoir reçu aucune atteinte.

Je ne fais qu'indiquer ces rapprochements, dont le développement va trouver sa place dans l'examen de la manie aiguë.

III. Cet état, du point de vue des recherches d'analogie auxquelles je me livre, affecte deux formes générales qu'il importe de bien distinguer, parce qu'on en retrouve le type dans les deux ordres généraux de passions. Ou bien le délire offre un caractère de bonheur, de gaieté, de bienveillance, ou bien il porte l'empreinte de la peine, de la menace et de la violence.

Dans la première de ces deux formes, qui est de beaucoup la plus rare, il existe chez le maniaque un sentiment de bien-être et de force à la fois physique et intellectuelle, un état de bonheur qui perce dans toutes ses paroles et dans tous ses actes, et qu'il voudrait faire partager à tout ce qui l'environne. Or, c'est là littéralement, et au degré près, ce qui a lieu dans les passions gaies et heureuses, et dont la plus haute expression est la joie et *son délire*. Non-seulement on y jouit du bonheur présent, mais tous les rêves d'avenir paraissent devoir se réaliser incessamment, et ce bonheur, ces espérances, on voudrait y voir participer tout le monde. La vue du malheur afflige ou importune; quelquefois même on ne le conçoit plus. Il se joint à ces sentiments ce désordre d'idées que fait toujours naître une passion trop vive ou exclusive. Les gestes, les actes aussi sont désordonnés, sans but apparent, comme ceux des fous. Il y a, en un mot, chez l'homme plongé dans le délire de la joie, une exubérance tout à la fois de bonheur et de vie qui a besoin de se traduire par des mouvements dont le seul objet semblerait être la déperdition d'une *névrosité* également exubérante. On sait d'ailleurs qu'une joie inattendue et portée à ce degré excessif peut donner lieu à un délire maniaque quelquefois irremédiable, et qui en est comme la continuation. Sûrement qu'alors le bonheur devient de la peine, comme le plaisir purement physique, s'il est porté à un trop haut degré, ou s'il est prolongé trop longtemps, ne tarde pas à prendre les caractères de la douleur.

La seconde forme de la manie, qui est aussi sa forme la plus fréquente, est celle où, comme je l'ai dit, le délire offre les traits de la souffrance et de la colère : c'est la manie furieuse, la manie aiguë proprement dite. Or, son analogie, j'allais presque dire sa similitude, avec certaines formes de la raison, avec les passions tristes ou violentes par excellence, la colère, la peur, le désespoir, cette analogie, dis-je, est frappante. Dans l'un et dans l'autre cas, parallèlement à l'état ou de passion ou de fureur maniaque, existe un état de malaise moral et de souffrance physique qui s'y ajoute, pour donner lieu non-seulement au désordre des idées et des actes, mais encore au caractère de violence et de nocuité de ces derniers. La colère, la peur, le désespoir, tels sont donc les trois principaux termes de comparaison que la raison peut offrir à la recherche des analogies de la manie aiguë, furieuse ou triste.

Le plus ordinairement le maniaque furieux menace, frappe, ne cherche qu'à commettre des actes de violence. Son délire est une colère continuelle : la contre-partie de l'axiome hippocratique, *furor ira diuturna*. Seulement ici le désordre est plus grand que dans la colère raisonnable. Il y a une plus grande incohérence des idées, et entre elles des ellipses tellement fortes qu'on ne peut pas en combler les vides. Il y a un mélange plus inextricable de tous les sentiments et de toutes les passions, ou au moins de plusieurs d'entre elles; il y a une plus grande propension à faire acte de colère sur les personnes, les choses, les plus innocentes ou les plus inoffensives. Cette exubérance furieuse, qui semble devoir s'épuiser à tout prix, prend sa source dans l'état de malaise qui l'accompagne, à en juger par ce qui se passe dans la colère elle-même; elle prend sa source dans l'exaltation de l'amour-propre et dans l'accroissement du sentiment de la propre puissance; elle la prend enfin dans des illusions et des hallucinations qui mettent le maniaque en hostilité contre des personnes ou des choses auxquelles il attribue, à tort, des intentions ou des actes nuisibles, dirigés contre lui.

Or, tous les traits de cette analyse d'un accès de manie furieuse, jusqu'aux illusions sur les intentions, se retrouvent, à peu de chose près, dans un accès de colère porté au plus haut degré, surtout s'il a lieu chez un homme naturellement peu maître de lui-même, ou excité par un commencement d'ivresse.

Il n'est personne qui n'ait éprouvé, par lui-même ou par l'observation des autres, les effets de la peur portée à un haut degré. Ces effets tiennent vraiment du délire, aussi et peuvent parfaitement rendre compte de ce qui doit se passer chez un maniaque peureux, chez un panophobique. Il se fait alors une confusion extrême des idées, qui perdent leur cohérence; on est saisi de vertige; les yeux se couvrent comme d'un voile; loin de faire ce qu'il faut pour fuir ou repousser le danger, on agit dans le sens contraire, ou l'on n'agit point du tout. Les muscles entrent en convulsions, ou bien ils fléchissent sous le poids du corps; il se fait souvent des exonérations involontaires. Un sentiment de faiblesse et de froid inexprimable a lieu, et peut aller jusqu'à la syncope. Quand il n'en est point ainsi, que l'individu demeure capable de quelque action, il se manifeste un égoïsme qui va quelquefois jusqu'à la férocité : sentiments doux, affections puissantes, devoirs naturels, tout est oublié, et le moi perce dans toute sa nudité hideuse.

On voit ainsi, dans la peur, apparaître simultanément les caractères primitivement essentiels de tout délire maniaque. Illusions sur les résultats de l'action des sens ; perversion ou nullité de l'association des idées ; exaltation, perversion et conflit des appétits et des passions ; dénudation de l'égoïsme ; délire des actions qui ne vont point au but qu'il faudrait atteindre, mais qui n'en sont que plus en harmonie avec le désordre de tous les autres actes intellectuels : rien ne manque à ce rapprochement, et si je voulais analyser le délire maniaque panophobique, ou du moins celui que caractérisent surtout la défiance et la crainte, j'aurais à peine à grossir les traits du tableau que je viens de tracer. Je n'aurais pas même à y ajouter que, dans le délire de la peur, il y a toujours une cause extérieure à cette passion, tandis que, dans le délire maniaque phobique, il n'y en a point, et que tout y dépend de perceptions purement spontanées; d'abord, parce que, dans ce dernier cas, cette cause a pu exister et a existé souvent, et que le délire craintif n'est que la suite plus ou moins éloignée de son action; ensuite, parce que, dans la peur comme dans le délire, il n'y a quelquefois pas de cause extérieure. On a peur parce qu'on a peur; on a peur de tout, en vertu d'une disposition intime, soit habituelle, soit du moment, et cela peut avoir lieu chez les hommes les plus forts et les plus courageux, comme chez l'enfant ou la femme que rendent craintifs leur âge ou leur sexe.

Le désespoir tient à la fois de la colère et de la crainte, mais davantage de ce dernier sentiment. C'est la frayeur de l'avenir, comme la peur est la frayeur du présent. Qu'il porte sur un fait accompli et irremédiable, ou bien sur l'impossibilité de l'accomplissement d'un fait éventuel, son objet et sa nature n'en sont pas moins tout à fait exclusifs. Dans le désespoir, comme dans la mélancolie et le délire partiel, les facultés intellectuelles sont tendues sur un seul objet et dans un seul mode, la douleur. Tout le reste est oublié ou senti de la même manière, péniblement ; et ce défaut d'équilibre et de vérité des affections amène le délire de paroles et d'actions qui est propre à cet état. L'avenir n'étant plus vu que sous un aspect sombre, quelque grave que soit la cause du mal, on se l'exagère encore assez pour n'y voir aucun remède, bien que le temps, à lui seul, en soit un si grand ; et voilà comment le désespoir est la frayeur de l'avenir. Son délire, lorsqu'il va jusque-là, est donc bien plus un délire d'actions qu'un délire de paroles. Sans doute, ces dernières trahissent des illusions, une exagération extrême de la sensibilité ; les idées ne s'associent que sur un seul sujet, et tantôt avec une rapidité qui ne permet pas toujours d'en suivre la chaîne, tantôt avec une lenteur qui rappelle quelques-uns des traits de la démence stupide. Mais c'est le désordre des actions qui l'emporte, et il va quelquefois jusqu'à faire perdre à l'homme son attitude essentielle et caractéristique : *os sublime*. On se roule à terre, on se tord les mains, on s'arrache les cheveux, on porte sur soi des mains violentes et quelquefois suicides ; tandis qu'un examen plus calme, l'examen seulement du lendemain, eût prévenu des excès honteux pour la nature humaine, et eût souvent fait apercevoir à un mal *irremédiable* des remèdes d'une efficacité encore assez grande.

J'ai à peine besoin de dire que, parmi les formes de la folie, celles qui, par leur caractère d'exclusion et de terreur, offrent l'analogie la plus frappante avec le délire du désespoir, sont l'hypocondrie, où le maniaque se croit en proie à des tortures physiques aussi variées que douloureuses, et que doit terminer, suivant lui, une mort prochaine et inévitable; le délire sensorial, en vertu duquel l'halluciné pense être en butte à des persécutions continuelles et terribles, ou bien se persuade être condamné pour l'autre vie à d'éternels supplices; certaines formes, enfin, de la manie aiguë, telles que la stupidité, où, sans hallucinations, sans illusions précises, l'aliéné est plongé dans un état d'abattement profond produit par un malaise à la fois physique et intellectuel, et qui a presque tous les caractères extérieurs d'un désespoir silencieux.

Dans tous ces cas divers, la seule, ou du moins la principale différence qu'il y ait entre le désespoir de la raison et celui de la folie, c'est que le premier reconnaît une cause réelle, prise dans le monde extérieur, tandis que, dans le second, cette cause, qui jadis a pu avoir ce caractère, l'a désormais perdu, et ne réside plus que dans les perceptions spontanées et sans objet du maniaque. Plus tard, il est vrai, son désespoir pourra passer à un état de délire général plus ou moins triste ou douloureux, et alors il deviendra de plus en plus difficile d'y saisir les traits qui le rapprochaient du désespoir de la raison.

Du rapprochement analogique que je viens d'établir entre le délire de la raison, ou plutôt des passions, et le délire de la folie, il résulte que, dans l'un comme dans l'autre cas, le désordre commence essentiellement par le côté moral ou affectif de l'intelligence, c'est-à-dire, que c'est nécessairement sur les affections et les passions que portent les causes qui y donnent lieu; que c'est par elles que commence le trouble de la raison, par elles qu'il se continue, et que le délire proprement dit, le délire des pensées et des paroles, n'est, comme le désordre des actions, que l'expression de ce délire de la passion et de la volonté. Mais quelles lois établir dans cette expression? Quelle liaison instituer entre le délire des pensées et des paroles et le trouble des facultés affectives qui en est la cause? Aucune autre que l'expression formelle et détaillée de cette dépendance.

Les facultés morales ou affectives, qui sont la source des passions et forment le fond de l'intelligence, son fait primordial ou générateur, doivent, pour que la raison se maintienne droite, se maintenir elles-mêmes dans un équilibre qui peut varier, du reste, suivant la constitution morale de l'individu. Il ne faut pas surtout que cet équilibre soit rompu brusquement, c'est-à-dire qu'une des passions prenne tout à coup une extension violente aux dépens des autres. Non-seulement cet accroissement démesuré conduit à des actes désordonnés d'abord, et ensuite maniaques; mais les autres passions, celles surtout qui ont avec la première des rapports plus intimes de nature et d'objet, finissent par participer à son trouble, et de là, chez les aliénés, un mélange désordonné de sentiments et de passions dont les rapports de succession et de génération finissent par devenir insaisissables.

Le premier effet du trouble des passions et de la volonté, soit dans l'état de raison, soit dans l'état de folie, c'est, d'une part, l'association trop rapide des idées, d'abord sur le sujet de la passion mise en jeu, et ensuite sur tous ou presque tous les sujets ; puis leur désassociation, ou plutôt leur association vicieuse, d'abord sur le sujet de la passion prédominante, ensuite sur les objets des autres passions, enfin sur des faits de pur entendement. C'est, d'autre part, la transformation des idées en sensations, c'est-à-dire les illusions et les hallucinations, fait psychologique morbide qui est d'ailleurs tout à fait en harmonie avec l'exagération générale de la sensibilité, si l'on n'aime mieux dire qu'il en est le résultat.

En définitive, le désordre de la pensée est à celui de la passion ce que l'effet est à la cause, l'expression à la chose exprimée ; la pensée rend la passion, comme la parole rend la pensée, comme les sons de l'orgue rendent une mélodie, d'une façon discordante, quand la passion, la pensée, la mélodie, ont elles-mêmes ce caractère. Il n'y a pas à demander d'autre pourquoi ni d'autre comment. Mais peut-être que quelques analogies plus intimes encore, prises d'états intellectuels que chacun peut avoir éprouvés par soi-même, feront plus exactement apprécier ce que ressent l'homme passionné ou le maniaque dans le désordre des facultés affectives, dans la désassociation des idées et dans leur transformation en sensations.

Qu'on soit mû à la fois par plusieurs passions modérées, mais contraires, ou seulement différentes, il se fait alors dans l'esprit, et souvent pendant longtemps, un singulier mélange, sinon d'impulsions, au moins de sentiments, qui n'ont d'autre rapport entre eux que la simultanéité de leur production. En vain voudrait-on chasser les séries d'idées qui en résultent, ou n'en conserver qu'une seule, les efforts qu'on fait à cet égard produisent souvent un résultat opposé. Seulement, on a la conscience de ce conflit, on sait qu'il doit finir, et l'irrésistibilité des sentiments ne s'étend point aux actes; toutes choses qui n'ont point lieu, en général, dans la manie déclarée.

De même, et sans que les passions aient aucunement été mises en jeu, les esprits qui ont rassemblé sur un certain nombre de sujets différents des idées tant soit peu nombreuses, éprouvent quelquefois une sorte de délire intérieur, et purement idéologique, qui peut mettre sur la voie de ce que doit être dans la folie l'association vicieuse des idées. Dans cet état, la pensée erre involontairement et souvent bien qu'elle veuille le contraire, sur une foule de sujets qui n'ont aucun rapport entre eux. Les idées se croisent, se heurtent, pour se séparer et se mêler de nouveau. Des pensées, des sentiments auxquels on voudrait ne pas donner son attention reviennent néanmoins plus souvent que d'autres. On fixerait difficilement son esprit sur un sujet plutôt que sur un autre; quelquefois même on en est tout à fait incapable. Dans cet état, si l'on pensait tout haut, et qu'on ne s'aperçût pas du manque d'association des idées, on délirerait. Ce serait de la folie, à laquelle manqueraient pourtant les signes physiques ou extérieurs, et une altération correspondante dans les déterminations, dans les mouvements et dans les actes.

Quant à la forme de l'aliénation mentale dans laquelle les idées, prenant à un degré plus ou moins élevé le caractère de sensations externes, deviennent des illusions et surtout des hallucinations, on va voir qu'elle peut aussi trouver dans l'état de raison des analogies bien plus marquées qu'on ne serait tenté de le croire au premier coup d'œil.

Pour ce qui est des illusions de la folie, je ne m'arrête point à noter leurs rapports de similitude avec celles de la raison; cette ressemblance est complète, au degré près. Si, dans le monde, en effet, l'on ne se méprend sur les personnes que d'une manière passagère, et qui ne tire point à conséquence, en revanche, on s'y méprend sur les intentions, sur le caractère des actes, et cela d'une façon durable et souvent fort grave, à l'instar de ce qui se voit dans la manie ; on s'y exagère à soi-même, ainsi que cela a lieu dans l'hypocondrie déclarée, des douleurs, des indispositions, des maladies ; on s'en crée qui n'existent point ; et l'on voit de ces diverses sortes d'illusions qui sont si tranchées, si habituelles, si irrésistibles, que dans le monde même elles sont taxées de folie. Rousseau le prosateur est un exemple remarquable d'illusions sur les intentions des actes, et il a transformé en ennemis acharnés à sa perte une foule de ses contemporains, dont quelques-uns ne demandaient pas mieux que d'être ou de rester ses amis, et dont la plupart avaient tout au plus le tort de s'amuser aux dépens d'une imagination malade et hallucinée.

Mais, s'il est une forme de la folie à laquelle la raison paraisse ne devoir pas fournir d'analogies, c'est, à coup sûr, celle qui semble le plus en opposition avec les lois ordinaires de la sensation et de la pensée, et qui caractérise le plus spécialement et le plus indubitablement la manie, ce sont les hallucinations. Il n'en est pourtant pas ainsi, et cette forme du délire peut trouver, dans l'état de raison, des analogies assez remarquables ; ou si l'on veut elle est quelquefois tellement isolée, et paraît avoir si peu d'influence sur les déterminations, que, dans les cas de ce genre, elle ne semble point incompatible avec le libre exercice de la raison.

Je ne parle point de ces paroles que, dans une conversation ou même dans l'isolement et le silence, on croit très-distinctement entendre, et auxquelles on répond, soit par d'autres paroles, soit par des actes. Ce sont pourtant bien de véritables hallucinations, qui ne sont pas plus que les autres le résultat de l'action des sens, et qu'on ne reconnaît pour telles qu'après vérification. Je ne parle pas davantage des hallucinations bien caractérisées, auxquelles donne lieu le délire de l'ivresse chez certains individus qui ont, comme on le dit et comme ils le disent eux-mêmes, *le vin fou*; la raison, dans ce cas, n'étant pas, à beaucoup près, intacte, et tout l'organisme étant, momentanément au moins, dans un véritable état pathologique. Je ne veux parler ici que des hallucinations qui peuvent avoir lieu chez des individus sains d'esprit et de corps. Or, dans ce cas, elles peuvent offrir ce double caractère, que l'individu qui en est atteint les regarde comme de fausses perceptions, qu'il n'est pourtant pas le maître de faire cesser, ou bien qu'il les considère comme des sensations bien réellement externes, mais auxquelles il donne une cause extérieure, la plus raisonnable qu'il lui est possible, et en vertu desquelles il se conduit dans certaines de ses actions.

Si ce qu'on raconte de Pascal est vrai, que l'accident dont il avait failli être victime près du pont de Neuilly lui produisit une telle impression de terreur, que depuis ce moment il crut de temps à autre voir s'ouvrir à ses côtés un abîme de feu prêt à l'engloutir; si, dis-je, ce fait est vrai, comme on le croit généralement, cette hallucination devait être isolée, en même temps qu'elle n'était que passagère (1), et elle pût pendant longtemps n'altérer en rien la puissante raison de l'auteur des *Pensées*. On a d'ailleurs d'autres exemples d'hallucinations aussi isolées dans un état de raison, sinon aussi sublime, au moins aussi intact. C'est là en effet ce qui a lieu dans beaucoup de cas commençants de folie purement sensoriale, où pendant longtemps l'individu se rend compte de ses fausses perceptions, les juge telles, en parle dans ce sens, jusqu'à ce qu'enfin, par l'effet de leur répétition et de la continuation de l'état cérébral qui y donne lieu, l'halluciné finisse par devenir réellement maniaque, et par croire vraies les fausses perceptions qu'il avait d'abord regardées comme des chimères. Il en est encore de même dans les cas où le délire, soit qu'il ait revêtu constamment une forme purement sensoriale, soit qu'il ait été accompagné d'une incohérence générale des idées, finit, lors de la guérison, par se résoudre en hallucinations très-nettes, très-distinctes, mais dont l'individu, revenu à un état de raison plus solide, apprécie la nature et la fausseté.

Voilà pour les hallucinations momentanées, ou con-

(1) De plus Pascal, tout en ne pouvant s'y soustraire, la jugeait ce qu'elle était, une sensation fausse. Il savait que cet abyme était un abyme imaginaire. (Voir le livre sur son *Amulette*, publié douze ans après ces recherches.)
(Note de la deuxième édition.)

stituant en tout ou en partie un état de manie aiguë. Il se présente maintenant une autre question. Peut-il exister des hallucinations chroniques, plus ou moins continues, regardées par l'halluciné comme des sensations vraies, compatibles néanmoins avec un état de raison en apparence complet, et qui permette à l'individu qui en est atteint, non-seulement de continuer à vivre avec ses semblables, mais même de porter dans sa conduite et dans la gestion de ses intérêts toute la justesse d'esprit désirable? On serait porté à répondre négativement, et pourtant l'observation prouve que ce serait à tort. Dans les cas de ce genre, l'halluciné, tout en regardant ses fausses perceptions comme vraies, reste dans une sorte de doute sur leur cause, et sur la conformité de leur nature avec celle de ses autres sensations. Il en fait un ordre de perceptions à part, qu'il rapporte à des causes dont il ne se rend pas bien compte; et si elles ne sont pas fort intenses, si elles ne portent pas sur des objets essentiels et qui soient des mobiles d'action, il les laissera, jusqu'à un certain point, de côté; et elles n'auront d'influence marquée ni sur ses déterminations ni sur ses actes.

C'est là tout ce qui peut avoir lieu pour nos temps modernes, où, sous peine d'être pris pour un fou halluciné, on ne saurait plus se prétendre en communication avec la Divinité, ou avec des agents surnaturels quels qu'ils soient. Mais à des époques plus reculées, il y a quelque mille ans, dans l'enfance des peuples, il s'en fallait bien qu'il en fût ainsi. Bien qu'alors, sans doute, la cause première ne se communiquât guère plus aux mortels qu'elle ne le fait maintenant, au moins croyait-on qu'il pouvait en être autrement, et si l'on voulait s'expliquer les inspirés des âges anciens, autrement qu'en les regardant comme des envoyés de Dieu ou comme des fourbes, l'ignorance et la crédulité des temps où ils vivaient en donneraient les moyens. Les fous d'alors, et surtout les fous hallucinés, devaient être ce qu'ils sont toujours en Turquie, contrée qui, sous le rapport de l'ignorance et du fanatisme, appartient bien encore aux temps antiques; ils étaient des hommes de Dieu, non-seulement aux yeux des autres, mais à leurs propres yeux, qui n'étaient pas plus éclairés que ceux de la foule, et ces deux croyances ne pouvaient manquer de se prêter une force mutuelle. Si donc la Divinité ne s'est jamais guère communiquée à la créature autrement que par les résultats des lois qu'elle a établies; si, d'un autre côté, Pythagore, Numa, Mahomet, etc., n'étaient pas des fourbes; s'ils croyaient à la réalité de leurs visions, de leurs révélations, ce qui me paraît hors de doute : c'étaient tout simplement des hommes de génie et d'enthousiasme, ayant des hallucinations partielles, isolées, dans un mode religieux et réformateur, c'est-à-dire dans un mode que favorisait l'esprit du temps; et ce même esprit, qui n'eût pu comprendre une telle espèce de folie, forçait de toute nécessité l'halluciné et ses témoins à croire à la réalité de ses fausses perceptions de toute sorte. *S'il y a eu un génie ou un démon de Socrate, ses inspirations n'étaient de même que les rêves du plus sublime visionnaire de l'antiquité*; et dans les temps modernes, la France délivrée par Jeanne d'Arc, le catholicisme vaincu par Luther, la fondation par Loyola d'un ordre religieux qui a dominé pendant trois siècles tous les trônes du monde et jusqu'à celui du vicaire de Jésus-Christ, etc., etc.; tout cela n'a pu être également que l'œuvre de véritables visionnaires. La fraude n'a jamais eu et n'aura jamais un tel pouvoir, et pour agir sur les masses, pour mettre en mouvement les peuples, pour ébranler, changer leurs croyances, pour creuser sur la face de la terre un sillon dont les siècles n'effacent pas l'empreinte, il faut penser, parler, se tromper, *délirer* comme les masses ; il faut affirmer, *croire*, comme elles et plus qu'elles, être leur envoyé, leur prophète, pour qu'elles vous croient celui de Dieu et qu'elles vous en donnent la puissance.

Que si l'on adopte cette explication que je ne fais qu'esquisser ici, et sans laquelle, je l'avoue, les faits les plus féconds de l'histoire me semblent inintelligibles, peut-être éprouvera-t-on quelque humilité à voir cette raison, si absolue dans la philosophie des écoles, se modifier, non pas seulement suivant l'âge, le sexe, le tempérament, suivant l'état de réfection ou de jeûne, de calme ou de passion, de santé ou de maladie, etc., mais même suivant les époques historiques, et se modifier tellement bien, sous ce dernier rapport, que ce qui ferait maintenant enfermer un homme dans une maison de fous, ou ce qui du moins lui vaudrait un jugement d'interdiction, faisait de lui, dans les âges reculés, un inspiré, un homme de Dieu, un réformateur des peuples.

Il serait difficile actuellement de savoir quels caractères précis offrit à son début la folie des grands personnages dont j'ai cherché à apprécier la valeur psychologique. L'histoire, qui ne les a jamais vus ce qu'ils étaient, ne pouvait rien nous transmettre à cet égard ; mais il est probable que leur manie avait eu de prime abord le caractère sensorial qu'elle conserva toujours. Ces hommes étaient doués d'une sensibilité, d'une imagination tellement ardente, et les impulsions intérieures qui les poussaient vers un but nécessité par les besoins et les croyances de l'époque, croyances et besoins qu'ils partageaient plus que personne et dont ils étaient l'expression vivante ; ces impulsions, dis-je, étaient tellement fortes, que les idées auxquelles elles donnaient lieu ne tardaient pas à se convertir en images sensibles, dont ils n'avaient aucun moyen d'apprécier le manque d'objets dans le monde extérieur, et ils se conduisaient en vertu de ces images, comme dans les passions nous nous conduisons en vertu d'impressions presque aussi vives, et qui nous ôtent momentanément tout moyen de comparaison et de choix. Si l'on veut, ce n'étaient pas des fous ; mais c'étaient des hallucinés, comme il n'y en a plus et comme il ne peut plus y en avoir, des hallucinés dont les visions pourraient être appelées les visions de la raison;

IV. Les longs détails dans lesquels je viens d'entrer sur les analogies que peuvent trouver, dans l'état de raison, les diverses faces de la manie aiguë, me laisseront peu de chose à dire sur les mêmes rapprochements appliqués aux dernières formes de la folie, la manie chronique et la démence. J'y éviterai donc toute répétition d'analyse purement idéologique, et je ne m'arrêterai qu'à ce qu'il peut y avoir à cet égard de tout à fait particulier à ces états psychologiques anormaux.

Sous ce rapport, la manie chronique, celle dans laquelle les associations vicieuses d'idées et la transformation des idées et des sentiments en sensations font désormais partie de l'intelligence, peut se comparer avec vérité à ces états intellectuels, compatibles souvent avec la raison la plus droite et même la plus puissante, et qu'on a appelés *bizarreries*, *singularités*, *manies*; états dont l'histoire des hommes les plus célèbres offre de si nombreux exemples, et qui avaient depuis longtemps fait dire à un ancien qu'il n'y a point de grand esprit dans lequel il n'entre un peu de folie.

N'offrait-il pas en effet quelque analogie avec la manie chronique, l'état mental de ces deux philosophes cyniques, Diogène et Cratès, satisfaisant, sans honte, sur la voie publique, leurs besoins les plus sales et leurs appétits les plus secrets, et dont le premier avait été surnommé, par ses contemporains mêmes, un *Socrate fou* (1)? Quoi de plus singulier encore et de plus analogue à la manie chronique, que les habitudes de la plupart des compositeurs d'un vrai talent, peintres, poëtes, musiciens, savants même, surtout en ce qui est relatif à l'objet et au moment de leurs inspirations? Et n'avons-nous pas tous, dans notre organisation morale, quelque habitude plus que bizarre, quelque *manie*, dont il nous serait difficile de nous rendre compte, et plus difficile encore de nous débarrasser?

Pour donner de l'unité aux rapprochements psychologiques que j'avais à prendre des hallucinations, j'ai été obligé, à propos de la manie aiguë, de parler aussi de celles de ces fausses perceptions qui ont trait à la manie chronique; le lecteur a pu remarquer cette anticipation. Je n'ai donc plus à traiter ici cette partie de mon sujet. Je passe à la dernière forme de la folie, la démence, accompagnée ou non de la lésion des mouvements.

V. Les états psychologiques normaux avec lesquels la démence a le plus de rapports d'analogie, sont les passions de la peur et du désespoir, et l'ennui. Je n'ai pas besoin de revenir, à cet égard, sur ce que j'ai dit en parlant de la manie aiguë : je rappelle seulement ici

(1) Les Grecs se trompaient. Socrate était bien autrement fou que Diogène, qui n'était que bizarre et *cynique*. (*Note de* 1836.)

que l'incohérence et le conflit des sentiments moraux dans ces passions, et surtout leur défaut de but, l'absence plus ou moins complète de réflexion et de volonté dans leur production, sont des caractères psychologiques très-analogues à ceux de la démence. On aura une idée plus intime encore de ce que peut être, pour celui qui l'éprouve, cette forme de la folie, si l'on se retrace avec détails certaines dispositions d'esprit où l'on peut s'être trouvé. Il y a en effet tel état intellectuel où les sensations, sans être fausses, sont obtuses, où les idées s'associent avec une grande lenteur, ou même ne s'associent pas du tout, où l'attention, difficilement provoquée, erre sur toutes sortes de sujets, sans se fixer précisément sur aucun. Les affections, les passions, les volitions sont en harmonie avec cet état d'hébétude de l'entendement. On n'affectionne rien, on ne se passionne pour rien, on ne veut rien. Au contraire, on éprouve une sorte de dégoût ou au moins d'indifférence pour tout, pour les objets mêmes d'une prédilection habituelle. On ne se donnerait pas la mort, on ne pense pas à cela ; mais c'est à peine si l'on tient à la vie. Les mouvements sont aussi lents que l'entendement et que la volonté. La parole est également paresseuse et embarrassée ; on voudrait ne pas avoir à parler, à répondre. L'articulation des sons se fait moins bien qu'à l'ordinaire. On éprouve au front, et principalement au-dessus et dans le fond des orbites, une douleur vague et peu intense, caractérisée surtout par de la pesanteur; une sorte de voile léger semble jeté sur tous les objets.......

Cet état est, à coup sûr, analogue à certaines formes stupides et silencieuses de la démence, et peut très-bien servir à faire comprendre et leurs caractères extérieurs et leurs manifestations intimes.

Quant à la forme de la démence caractérisée par l'incohérence à la fois la plus superficielle et la plus désordonnée des idées, et par un babil intarissable où les mots ne sont que des mots, qui ne représentent plus aucune pensée, elle a des analogies qu'il suffit d'indiquer avec le délire loquace et sans profondeur de certains cas d'ivresse.

VI. Mais c'est surtout avec la démence accompagnée de paralysie générale que les derniers degrés du délire du vin ont les rapports de similitude les plus frappants. Dans l'un comme dans l'autre de ces deux états, il y a obscurcissement, puis anéantissement graduel de l'intelligence; faiblesse des mouvements, marquée surtout par l'embarras de la langue et la difficulté de la marche; exonérations corporelles involontaires. Il y a surtout ce délire ambitieux si remarquable, qui montre que, lorsque la raison a perdu, soit par l'abus du vin, soit par le progrès de la manie, son empire ordinaire, l'amour-propre, qui forme le fond de notre nature morale, son *ultimum moriens*, agit alors seul, sans contre-poids, et donne lieu à toutes ces saillies extravagantes d'ambition, qui ne sont autre chose que l'expression, désormais sérieuse, des rêves auxquels, dans l'état de raison, on s'abandonne sans y croire, et qu'on désigne sous le nom de châteaux en Espagne. Enfin, dans le délire de l'ivresse, comme dans la paralysie générale, il n'est pas rare de voir des convulsions interrompre, de temps en temps, l'abolition plus ou moins complète des mouvements, et achever ainsi l'analogie que ces deux états offrent entre eux.

VII. Je viens de rechercher les analogies que peuvent trouver dans l'état de raison les diverses formes de la folie. Ce n'était point un parallèle complet que j'établissais entre ces deux modes de la pensée, et j'ai dû m'occuper surtout des rapports de similitude, en appuyant moins sur les rapports de dissemblance. J'y ai pourtant assez insisté, et ils sont, du reste, assez évidents par eux-mêmes, pour que je puisse, en les résumant en regard des autres, fixer, autant que cela est possible, les limites qui séparent la raison de la folie, et formuler, en terminant, les caractères essentiels du dernier de ces deux états.

Les analogies, qu'offrent avec certains états dits de raison, la prédisposition à la folie, son incubation et ses diverses formes, se trouvent, ainsi que je l'ai fait voir, d'une part et primitivement, dans des passions originairement mauvaises, ou désordonnées, ou dans le trouble accidentel de ces éléments de la volonté ; d'autre part, dans un vice congénial ou acquis de l'association des idées, et dans la transformation de ces dernières en hallucinations, ou au moins en illusions.

Mais dans l'état de raison qui offre le plus d'analogie avec la folie, dans la raison passionnée, ou plus simplement dans la passion, le trouble moral est partiel, et a lieu avec conscience de la part de l'individu qui en est atteint. Dans la folie déclarée, au contraire, le trouble moral est plus ou moins général et complexe, et a lieu sans conscience de la part de l'individu chez lequel il existe.

Dans la passion, il y a toujours au trouble de la volonté un motif extérieur plus ou moins puissant. Dans la folie, ce trouble est complétement spontané, ou sans motif extérieur actuel.

Dans la passion, on se fait illusion sur les intentions des actes seulement, mais non sur l'identité ou sur l'existence réelle des personnes et des choses. Dans la folie, les illusions peuvent bien aussi porter sur les intentions, mais elles portent surtout sur l'identité et sur l'existence réelle des objets extérieurs, c'est-à-dire qu'elles deviennent des illusions *réelles* et des hallucinations.

Enfin, dans la passion, dans celle au moins dont la violence n'est pas déjà de la folie, l'association des idées est seulement trop rapide et trop exclusive, mais elle n'est point incohérente. Dans la folie, il y a, au contraire, incohérence plus ou moins générale des idées, quand toutefois le délire ne se borne pas à un caractère tout aussi tranché, les hallucinations.

En dernière analyse, les caractères de l'état de raison qui a le plus d'analogie avec la folie, c'est-à-dire de la passion, sont un trouble moral partiel, existant avec conscience de la part de l'individu qui l'éprouve, ayant une cause extérieure actuelle, et se traduisant par une erreur sur les intentions seules, et par l'association trop rapide et la nature trop exclusive des idées.

Ceux de la folie sont un trouble moral plus ou moins général et complexe, existant sans conscience (1) de la part de l'individu qui l'éprouve, ayant lieu spontanément ou sans cause extérieure actuelle, et se traduisant par une erreur non-seulement sur les intentions, mais encore et surtout sur l'identité et l'existence des personnes et des choses, et enfin par la désassociation des idées; caractères qui pourraient être résumés dans la formule suivante, qu'on appellera, si l'on veut, une définition : *Trouble des passions et de la volonté, sans conscience et sans cause extérieure, actuelle,* accompagné d'un *vice dans l'association* des sentiments et des *idées* et de *transformation* de ces manifestations intellectuelles *en sensations.*

(1) Sans conscience, bien entendu en tant que trouble. On parle quelquefois à des sourds, les pires sourds, ceux qui ne veulent pas entendre.

FIN.

TABLE DES MATIÈRES.

PREMIÈRE PARTIE.

HISTOIRE DE SOCRATE ET DE SON DÉMON.

CHAPITRE PREMIER.

BUT DE CET OUVRAGE.

CHAPITRE DEUXIÈME.

HISTOIRE ORDINAIRE DE SOCRATE.

CHAPITRE TROISIÈME.

HISTOIRE PSYCHOLOGIQUE DE SOCRATE,

ou histoire de ses inspirations et de son *Démon*. — Explications des auteurs à cet égard. — La vérité sur ce sujet.

CHAPITRE QUATRIÈME.

DEUXIÈME PARTIE.

NOTES,

PIÈCES A L'APPUI ET ÉCLAIRCISSEMENTS.

NOTES.

PIÈCES A L'APPUI ET ÉCLAIRCISSEMENTS.

FIN DE LA TABLE.

CORBEIL, typ. et stér. de CRÉTÉ.

Bulletin mensuel des nouvelles publications de la

LIBRAIRIE J.-B. BAILLIÈRE ET FILS

Rue Hautefeuille, 19, près le boulevard St-Germain, à Paris

OCTOBRE 1888

DERNIÈRES NOUVEAUTÉS

BIBLIOTHÈQUE SCIENTIFIQUE CONTEMPORAINE

A 3 fr. 50 le volume

Nouvelle Collection de volumes in-16, comprenant 300 à 400 pages, imprimés en caractères elzéviriens et illustrés de figures intercalées dans le texte

AZAM. Hypnotisme, double conscience et altérations de la personnalité par le docteur AZAM, professeur à la Faculté de médecine de Bordeaux. Préface par le professeur Charcot, de l'Institut.

BARTHELEMY (A.-J.-C.). **L'Examen de la Vision** devant les conseils de révision et de réforme dans la marine et dans l'armée par le docteur BARTHÉLEMY, directeur du service de la santé à Brest.

BAYE (J. DE). **L'Archéologie préhistorique**, par le baron J. DE BAYE.

BEAUNIS. Le somnambulisme provoqué, études physiologiques et psychologiques, par H. BEAUNIS, professeur à la Faculté de Nancy.

BERNARD (CLAUDE). **La science expérimentale** par Claude BERNARD, de l'Académie des sciences et de l'Académie française

BOUANT. La galvanoplastie, le nickelage, l'argenture, la dorure et l'électro-métallurgie, par E. BOUANT, agrégé des sciences.

BOURRU et BUROT. La suggestion mentale et l'action à distance des substances toxiques et médicamenteuses, par BOURRU ET BUROT, professeurs à l'École de Rochefort.

— Variations de la personnalité.

BROUARDEL. Le secret médical. Honoraire, mariages, assurances sur la vie, déclaration de naissance, expertise, témoignage, etc., par P. BROUARDEL, professeur et doyen de la Faculté de médecine.

CAZENEUVE. La coloration des vins par les couleurs de la houille. Méthode analytique et marche systématique pour reconnaître la nature de la coloration, par P. CAZENEUVE, professeur à la Faculté de Lyon.

CHARPENTIER (A.). **La lumière et les couleurs**, au point de vue physiologique, par AUG. CHARPENTIER, professeur à la Faculté de médecine de Nancy.

COUVREUR (Ed.). **Le microscope et ses applications** à l'étude des animaux et des végétaux, par Ed. Couvreur, chef des travaux à la Faculté des sciences de Lyon.

CULLERRE, Magnétisme et hypnotisme. Exposé des phénomènes observés pendant le sommeil nerveux provoqué, au point de vue clinique, psychologique, thérapeutique et médico-légal.

— **Nervosime et névroses.** Hygiène des énervés et des névropathes.

— **Les frontières de la folie.**

DALLET (G.). **Les merveilles du ciel**, par G. Dallet.

— **La Prévision du temps** et les prédictions météorologiques.

DEBIERRE. L'homme avant l'histoire, par Ch. Debierre, professeur à la Faculté de médecine de Lille.

DUCLAUX. Le lait. Etudes chimiques et microbiologiques, par Duclaux, professeur à la Faculté des Sciences de Paris.

FERRY DE LA BELLONNE. La Truffe. Etude sur les truffes et les truffières, par le docteur Ferry de la Bellonne.

FOLIN (de) **Sous les mers** Campagnes d'explorations du *Travailleur* et du *Talisman*, par le marquis de Folin, membre de la Commission des Dragages.

FOUQUÉ. Les tremblements de terre, par Fouqué, professeur au Collège de France, membre de l'Institut.

FOVILLE. Les nouvelles institutions de bienfaisance. Les dispensaires pour enfants malades, l'hospice rural, par A. Foville, inspecteur général des établissements de bienfaisance.

FREDERICQ (L.). **La lutte pour l'existence** chez quelques animaux marins, par L. Frédéricq, professeur à l'Université de Liége.

GADEAU de KERVILLE. Les animaux lumineux, par Henri Gadeau de Kerville.

GALEZOWSKI et KOPFF. Hygiène de la vue, par les docteurs Galezowski et Kopff.

GARNIER (L.). **Ferments et Fermentations**, étude biologique des ferments, rôle des fermentations dans la nature et dans l'industrie, par Léon Garnier, professeur à la Faculté de médecine de Nancy.

GAUDRY. Les ancêtres de nos animaux, dans les temps géologiques, par Albert Gaudry, professeur au Muséum, membre de l'Institut.

GAUTIER (Arm.). **Le cuivre et le plomb** dans l'alimentation et l'industrie, au point de vue de l'hygiène, par A. Gautier, professeur à la Faculté de médecine de Paris.

GIRARD. Les abeilles, organes et fonctions, education et produits, miel et cire, par Maurice Girard, président de la société entomologique de France.

GRAFFIGNY (H. de). **La navigation aérienne** et les ballons dirigeables.

GUN (le colonel). **L'Electricité appliquée à l'art militaire**, par le Colonel Gun.

— **L'artillerie actuelle**, canons, poudres, fusils et projectiles, par le Colonel Gun.

HERZEN. Le cerveau et l'activité célébrale, au point de vue psychophysiologique, par A. Herzen, professeur à l'Académie de Lausanne.

IMBERT. Les anomalies de la vision, par Imbert, professeur à l'Ecole de pharmacie de Montpellier, 1 vol. in-16 avec figures.

KNAB (M.). **Les Minéraux utiles et l'exploitation des mines**, par M. KNAB, répétiteur à l'École centrale.

LARBALETRIER (A.). **L'Alcool** au point de vue chimique, agricole, industriel, hygiénique et fiscal, par A. LARBALÉTRIER, professeur à l'École d'Agriculture du Pas-de-Calais.

LEFEVRE (J.). **La Photographie** et ses applications aux sciences, aux arts et à l'industrie, par Julien LEFÈVRE, professeur à l'École des sciences de Nantes.

LORET. **L'Égypte au temps des Pharaons**, par LORET, maître de conférences à la Faculté des lettres de Lyon.

MARION. **Sur les plages des côtes de France**, la vie des êtres de la mer, par A.-F. MARION, professeur de zoologie à la Faculté des Sciences de Marseille.

— **Les laboratoires de zoologie marine.**

MONIEZ (L.). **Les Parasites de l'Homme** (animaux et végétaux), par L.-R. MONIEZ professeur à la Faculté de médecine de Lille.

MONTILLOT. **La Télégraphie actuelle**, par MONTILLOT, professeur de télégraphie militaire à l'École de Saumur

MOREAU de Tours, **La Folie chez les enfants.**

— **Fous et Bouffons**, étude physiologique, psychologique et historique.

PERRIER (ED.) **Le Transformisme**, par EDMOND PERRIER, professeur au Muséum d'histoire naturelle.

PLANTÉ (G.). **Phénomènes électriques de l'atmosphère**, par G. PLANTÉ, lauréat de l'Institut.

QUATREFAGES. **Les Pygmées** Les pygmées des anciens d'après la Science moderne, les Negritos ou pygmées asiatiques, les Negrillos ou pygmées africains, les Hottentots et Boschimans, par A. DE QUATREFAGES, professeur au Muséum, membre de l'Institut.

RENAULT (B.). **Les Plantes fossiles**, par B. RENAULT, aide-naturaliste au Muséum d'histoire naturelle.

RIANT (A.). **Les Irresponsables devant la justice**, par le docteur A. RIANT.

— **Hygiène des orateurs**, hommes politiques, magistrats, avocats, prédicateurs, professeurs, artistes et de tous ceux qui sont appelés à parler en public.

RICHE. **Monnaies et bijoux**, garantie et poinçonnage, par RICHE, directeur des Essais à la Monnaie de Paris.

SAPORTA (A. de). **Les théories et les notations de la chimie moderne**, par le Comte ANT. DE SAPORTA.

SAPORTA (G. de). **Origine paléontologique des arbres cultivés ou utilisés par l'homme**, par G. DE SAPORTA, correspondant de l'Institut de France.

SCHMITT. **Microbes et maladies**, par J. SCHMITT, professeur agrégé à la Faculté de médecine de Nancy.

SIMON. **Le monde des rêves**. Le rêve, l'hallucination, le somnambulisme et l'hypnotisme, l'illusion, les paradis artificiels, etc., par P. MAX SIMON, médecin en chef de l'asile d'aliénés de Lyon. *Deuxième édition.*

VUILLEMIN (P.). **La Biologie végétale**, par P. VUILLEMIN, professeur d'histoire naturelle à la Faculté de médecine de Nancy.

BIBLIOTHÈQUE DES CONNAISSANCES UTILES

Nouvelle Collection de volumes in-16,
comprenant 400 pages, illustrés de figures et cartonnés

Prix de chaque volume cartonné : 4 francs

La Bibliothèque des Connaissances utiles a pour but de vulgariser les notions usuelles que fournit la science, et les applications sans cesse plus nombreuses qui en découlent pour les Arts, l'Industrie et l'Economie domestique.

Son cadre comprend donc l'universalité des sciences, en tant qu'elles présentent une utilité pratique, au point de vue soit du bien-être, soit de la santé. C'est ainsi qu'elle abordera les sujets les plus variés : *industrie agricole et manufacturière, chimie pratique, médecine populaire, hygiène usuelle*, etc.

Ceux qui voudront bien recourir à cette *Bibliothèque* recueilleront nombre de renseignements pratiques, d'une utilité générale et d'une application journalière.

BUCHARD. Les constructions agricoles et l'Architecture rurale. 1 vol. in-16, avec 80 figures, cartonné.

ESPANET. La pratique de l'homéopathie simplifiée, *Troisième édition.* 1 vol. in-16, cartonné.

FERRAND et DELPECH. Premiers secours en cas d'accidents et d'indispositions subites, par E. FERRAND et A. DELPECH, membre de l'Académie de médecine. *Troisième édition.* 1 vol. in-16, avec 50 fig., cartonné.

FERVILLE. L'Industrie laitière, le lait, le beurre et les fromages, 1 vol. in-16, avec 80 figures, cartonné.

GRAFFIGNY (de). Les industries d'amateurs, le papier, le bois, le verre, la porcelaine et le fer. 1 vol. in-16, avec 180 figures cart.

HÉRAUD. Les secrets de l'économie domestique à la ville et à la campagne, recettes, formules et procédés d'une utilité générale et d'une application journalière, par le professeur A. HÉRAUD. 1 vol. in-16, avec 180 figures, cartonné.

— **Les secrets de la science et de l'industrie,** recettes, formules et procédés d'une utilité générale et d'une application journalière. 1 vol. in-16, avec 165 figures, cartonné.

— **Les secrets de l'alimentation,** 1 vol. in-16, avec fig. cart.

LEBLOND et BOUVIER. La gymnastique et les exercices physiques, 1 vol. in-16, avec 80 figures, cartonné.

LEFÈVRE. L'électricité à la maison, 1 vol. in-16, avec 100 figures, cartonné.

RICHE. L'art de l'essayeur, par A. RICHE, directeur des essais à la Monnaie de Paris. 1 vol. in-16, avec 94 figures, cartonné.

TASSART. Les Matières colorantes et la Teinture, par M. TASSART, ingénieur, répétiteur à l'École centrale des arts et manufactures, 1 vol. in-16, avec figures, cartonné.

St-VINCENT. Nouvelle médecine des familles, à la ville et à la campagne, à l'usage des familles, des maisons d'éducation, des écoles communales, des curés, des sœurs hospitalières, des dames de Charité et de toutes les personnes bienfaisantes qui se dévouent au soulagement des malades, par le Dr A.-C. DE SAINT-VINCENT. *Neuvième édition,* revue et corrigée, 1 vol. in-16, avec 142 figures, cartonné.

PETITE BIBLIOTHÈQUE MÉDICALE

A 2 FR. LE VOLUME

Nouvelle collection de volumes in-16 comprenant 200 pages et illustrés de figures.

BALL. La folie érotique, par B. BALL, professeur à la Faculté de médecine, membre de l'Académie de médecine.

BOERY. Les plantes oléagineuses et leurs produits (huiles et tourteaux) et les plantes alimentaires des pays chauds (cacao, café, canne à sucre etc.).

BOURGEOIS. Les passions dans leurs rapports avec la santé et les maladies, par le Dr L. X. BOURGEOIS.

CORFIELD. Hygiène de la maison, par W. H. CORFIELD, professeur au College de l'Université de Londres.

CORLIEU. La prostitution à Paris, par le Dr A. CORLIEU, 1 vol.

DÉCHAUX. La femme stérile. *Deuxième édition.* 1 vol

GOURRIER. Les lois de la génération, sexualité et conception.

GIRARD et de BREVANS. La Margarine, fabrication, valeur hygiénique, recherche, dosage dans les beurres, législation comparée, 1 vol.

GROS. Mémoires d'un estomac, par Dr H. GROS, 1 vol.

JOLLY. Le tabac et l'absinthe, leur influence sur la santé publique sur l'ordre moral et social. *Deuxième édition.* 1 vol.

— **Hygiène morale.** L'homme, la vie, l'instinct, la curiosité, l'imitation, l'habitude, la mémoire, l'imagination, la volonté, 1 vol.

MURRELL. La pratique du massage, action physiologique, emploi thérapeutique. Introduction par le Dr DUJARDIN-BEAUMETZ, membre de l'Académie de médecine. 1 vol.

PÉRIER (E.) La première enfance, guide hygiénique des mères et des nourrices. 3e *édition.*

— **La seconde enfance**, guide hygiénique des mères et des personnes appelées à diriger l'éducation de la jeunesse.

RECLUS. Manuel de l'herboriste. Traité des propriétés médicinales des plantes indigènes et exotiques.

EN DISTRIBUTION

CATALOGUE GÉNÉRAL DES LIVRES DE SCIENCES CHIMIQUES, PHYSIQUES, NATURELLES ET MÉDICALES.

Grand in-8, 96 pages à deux colonnes, avec table méthodique — Il sera envoyé *gratis* et *franco* à toute personne qui en fera la demande par lettre affranchie

BIBLIOGRAPHIE DES SCIENCES MÉDICALES

INDEX MÉTHODIQUE ET CATALOGUE DESCRIPTIF
DES LIVRES ET JOURNAUX, ANCIENS ET MODERNES, FRANÇAIS ET ÉTRANGERS
SUR LES SCIENCES MÉDICALES

1 vol. in-8 de XXXII-480 pages.......................... 2 fr. 50

Le prix de ce catalogue sera remboursé, par déduction, sur le total de la facture, à tout acheteur d'au moins 20 fr. de livres.

ALIX. *Voyez* Cuyer et Alix. **Le Cheval.**

ANDOUARD. Nouveaux éléments de pharmacie, par Andouard, professeur à l'école de médecine de Nantes. 3e *édition*. 1886, 1 vol. in-8 de 950 p. avec 150 figures........ 16 fr.

ANGER. Nouveaux éléments d'anatomie chirurgicale par Benjamin Anger, chirurgien des hôpitaux, professeur agrégé à la Faculté de Médecine. 1869, 1 vol. gr. in-8 de XVI-1056 pages avec 1079 figures et l'Atlas in-4 de 12 planches gravées et coloriées...... 40 fr.

Séparément, le texte, 1 vol. in-8........ 20 fr.

Séparément, l'Atlas, 1 vol. in-4........ 25 fr.

ANGLADA. Études sur les maladies nouvelles et les maladies éteintes, pour servir à l'histoire des évolutions séculaires de la pathologie. 1869, 1 vol. in-8 de 700 pages........ 8 fr.

Annales d'hygiène publique et de médecine légale, par Bertin, Brouardel, Charrin, L. Colin, Du Mesnil, Garnier (de Nancy), P. Garnier, Ch. Girard, Hudelo, Jaumes, Lacassagne, G. Lagneau, Lhote, Lutaud, Morache, Motet, Poincaré, Pouchet, Reuss, Riant, Vibert, avec une revue des travaux français et étrangers.

Paraissant tous les mois par cahiers de 6 feuilles in-8, avec pl.

Prix de l'abonnement annuel : Paris, 22 fr. Départements........ 24 fr.

Union postale........ 25 fr.

Première série, collection complète (1829 à 1853), dont il ne reste que peu d'exemplaires, 50 volumes in-8, avec figures........ 500 fr.

Tables alphabétiques par ordre des matières et des noms d'auteurs des Tomes I à L (1829 à 1853), 1855, in-8, 136 pages à 2 col....... 3 fr. 50

Seconde série, collection complète (1854 à 1878), 50 vol. in-8, avec figures........ 470 fr.

Tables alphabétiques, par ordre des matières et des noms d'auteurs des Tomes I à L (1854 à 1878), 1880, in-8, 130 p. à 2 col....... 3 fr. 50.

Troisième série, années 1879 à 1888, 20 vol. in-8 avec fig. et pl 220 fr.

Chaque année séparément, jusqu'à 1871 inclus........ 18 fr.

— Depuis 1872 jusqu'à 1875, 20 fr. — Depuis 1876........ 22 fr.

On ne vend pas séparément : 1re *série*, tomes I et II (1829), tomes XI et XII (1834), tomes XV et XVI (1836). — 2e *série*, tomes XI et XII (1859) tomes XXXI et XXXII (1869).

ARNOULD. Nouveaux éléments d'hygiène, par Jules Arnould, professeur d'hygiène à la Faculté de médecine de Lille. *Deuxième édition* 1888, 1 vol. gr. in-8 de 1360 pages, avec 284 figures, cartonné.. 20 fr.

ARTIGALAS. Des asphyxies toxiques, 1882, in-8........ 3 fr. 50

BARROIS. (Ch.) **Recherches sur le terrain crétacé** supérieur de l'Angleterre et de l'Irlande. 1877, 1 volume in-4 avec cartes et coupes........ 12 fr.

BEALE. De l'Urine, des dépôts urinaires et des calculs, de leur composition chimique, de leurs caractères physiologiques et pathologiques et des indications thérapeutiques qu'ils fournissent dans les traitements des maladies. Traduit par A. Ollivier et Bergeron. 1865, 1 vol. in-18 avec 136 fig........ 7 fr.

BEAUNIS. Nouveaux éléments de physiologie humaine, comprenant les principes de la physiologie comparée et de la physiologie générale, par H. Beaunis, professeur à la Faculté de médecine de Nancy. *Troisième édition*. 1888, 2 vol. gr. in-8 de 1484 p. avec 513 figures, cartonné........ 25 fr.

BEAUNIS et BOUCHARD. Nouveaux éléments d'anatomie descriptive et d'embryologie, par H. Beaunis et Bouchard, professeur à la Faculté de médecine de Bordeaux. *Quatrième édition*. 1885, 1 vol. gr. in-8 de 1072 pages avec 456 figures. Cart........ 20 fr.

BEAUNIS et BOUCHARD. Précis d'anatomie et de dissection. 1877, 1 vol. in-18, 450 pages.............................. 4 fr. 50

BECAVIN. L'Ecole de Salerne et les médecins salernitaires. 1888. gr. in-8.. 2 fr. 50

BELOUS (F.). **Etude sur les phénomènes morbides liés à l'action** exercée par les maladies infectieuses sur les centres nerveux, par le docteur F. BELOUS, interne à l'asile de Brou, 1888, gr. in-8 de 100 pages avec 1 pl.. 2 fr. 50

BERGERET (L.-F.). **Des fraudes dans l'accomplissement des fonctions génératrices,** causes, dangers et inconvénients pour les individus, la famille et la société, remèdes. 12e *édition*. 1884, 1 vol. in-18.. 2 fr. 50

— **Les passions** dangers et inconvénients pour les individus, la famille et la société. hygiène morale et sociale. 1878. 1 vol. in-18..... 2 fr. 50

— **De l'abus des boissons alcooliques,** dangers et inconvénients pour les individus, la famille et la societe. Moyens de modérer les ravages de l'ivrognerie. 1870. 1 vol. in-18 jésus de VIII-380 pages. ... 3 fr.

BERGERON (ALB.). **Précis de petite chirurgie et de chirurgie d'urgence.** 1882, 1 vol. in-18 jesus de 436 p., avec 374 figures.. 5 fr.

BERNARD (CLAUDE). **Physiologie.** Physiologie expérimentale, substances toxiques, système nerveux, liquides de l'organisme, pathologie expérimentale, médecine expérimentale. anesthésiques et asphyxie, chaleur animale, diabète, physiologie opératoire. phénomènes de la vie, table alphabétique, par Claude BERNARD, professeur au Muséum et au Collège de France, membre de l'Academie des sciences, 16 vol. in-8, avec fig.. 114 fr.

— **Leçons de physiologie expérimentale appliquée à la médecine** 1855-1856, 2 vol. in-8, avec figures.............................. 14 fr.

— **Leçons sur les effets de substances toxiques et médicamenteuses.** 1857, 1 vol. in 8, avec 22 fig.............................. 7 fr.

— **Leçons sur la physiologie et la pathologie du système nerveux,** 1858, 2 vol. in-8, avec figures.............................. 14 fr.

— **Leçons sur les propriétés physiologiques et les altérations pathologiques des liquides de l'organisme.** 1859, 2 vol. in-8, avec figures.. 14 fr.

— **Introduction à l'étude de la médecine expérimentale.** 1865, 1 vol. in-8.. 7 fr.

— **Leçons de pathologie expérimentale.** 1880, 1 vol. in-8... 7 fr.

— **Leçons sur les anesthésiques et sur l'asphyxie.** 1875, 1 vol. in-8, avec figures.. 7 fr.

— **Leçons sur le diabète** et la glycogénèse animale. 1877, 1 vol. in-8.. 7 fr.

— **Leçons de physiologie opératoire.** 1879, 1 vol. in-8, avec 116 figures.. 8 fr.

— **Leçons sur les phénomènes de la vie** communs aux animaux et aux végétaux. 1878, 2 vol in-8, avec pl. col. et figures.......... 15 fr.

— **L'œuvre de Claude Bernard,** introduction par MATHIAS DUVAL, notices par E. RENAN, PAUL BERT et ARMAND MOREAU; table alphabétique et analytique des œuvres complètes de Claude Bernard par le Dr ROGER DE LA COUDRAIE; bibliographie. 1881, 1 vol. in-8, avec un portrait de CLAUDE BERNARD.. 7 fr.

— **Portrait de Claude Bernard**.. 1 fr.

BERNARD (CLAUDE) et **HUETTE. Précis iconographique de médecine opératoire et d'anatomie chirurgicale.** 1873, 1 vol. in-18 jésus, avec 113 planches, figures noires. Cartonné. .... 24 fr.

— LE MÊME, figures coloriées.. 48 fr.

BERNARD (H.). **Premiers secours aux blessés** sur le champ de bataille et dans les ambulances. 1870, 1 vol. in-18 de 164 pages avec 76 figures .... 2 fr.

BERT (Paul). **Leçons sur la physiologie comparée de la respiration** 1870. 1 vol. in-8 de 500 pages avec 150 figures ...... 10 fr.

BLANCHARD (E.). **Les poissons des eaux douces de la France** Anatomie, physiologie, description des espèces, mœurs, instincts, industrie. commerce. ressources alimentaires, pisciculture, législation concernant la pêche, par Emile Blanchard, membre de l'Institut, professeur au Museum d'histoire naturelle. 1879 1 volume grand in-8, avec 151 fig. dessinées d'après nature et 32 pl. sur papier teinté............ 16 fr.
Relie en demi maroquin, dore sur tranches........................ 20 fr.

BLANCHARD (R.). **Traité de zoologie médicale**, par R. Blanchard, professeur agrégé a la Faculte de médecine de Paris. 1888. 2 vol. in-8 de 800 pages avec 650 fig.. 18 fr.

BOIVIN (Mme) et **DUGÈS**. **Anatomie pathologique de l'utérus et de ses annexes**. 1866. Atlas in-folio de 41 planches, gravées et coloriées, *représentant les principales altérations morbides des organes génitaux de la femme*, avec explication, cart.......................... 45 fr.

BONAMI. **Nouveau dictionnaire de la santé**, illustre de 702 figures intercalées dans le texte, comprenant la medecine usuelle, l'hygiene journalière, la pharmacie domestique et les applications des nouvelles conquêtes de la science à l'art de guerir, par le Dr Paul Bonami, médecin en chef de l'hospice de la Bienfaisance, lauréat de l'Académie de medecine. Structure et fonctions des organes, maladies, empoisonnements, accidents, microbes, hypnotisme, hygiene des âges et des professions, plantes médicinales, médicaments, pansements, électricité, hydrothérapie eaux minérales et bains de mer, alimentation, hygiène des villes et des campagnes. 1 volume gr. in-8 jesus de 950 pages à deux colonnes, illustré de 702 fig. d'anatomie, de physiologie, d'hygiène, de chirurgie, de thérapeutique, de matiere médicale, d'histoire naturelle, de physique, de chimie, intercalées dans le texte.. 16 fr.

BONNET. **Traité de thérapeutique des Maladies articulaires**. 1853, 1 vol in 8 de xviii-684 pages, avec 97 figures................ 9 fr.

— **Nouvelles méthodes de traitement des Maladies articulaires** *Seconde edition*, 1860, 1 vol. in-8 de 356 pages avec 17 fig. 4 fr. 50

BONNIER (G.). **Les plantes des champs et des bois**. Excursions botaniques: Printemps, eté, automne, hiver, par G. Bonnier, professeur à la Faculté des sciences de Paris. 1887, 1 vol. in 8. avec 873 figures dans le texte et 30 planches dont 8 en couleur........................ 24 fr.
— Cartonné.. 26 fr.

BORIUS. **Les maladies du Sénégal**. Topographie, climatologie, et pathologie, 1882, 1 vol. in-8 de 362 pages.......................... 7 fr.

BOUANT. **Dictionnaire de Chimie**, voy. *Dictionnaire*.

BOUCHUT (E) **Traité pratique des Maladies des nouveau-nés**, des enfants à la mamelle et de la seconde enfance. *Huitième édition*. 1884, 1 vol. in-8 de xvi-1128 pages, avec 179 fig......... 18 fr.

— **Hygiène de la première Enfance**, guide des mères pour l'allaitement, le sevrage, le choix de la nourrice. *Huitième édition*. 1885, 1 vol in-18 jésus de viii 460 pages. avec 53 fig. .... 4 fr.

— **La vie et ses attributs, dans leurs rapports avec la philosophie et la médecine**. 2e *édition*. 1876, 1 vol. in-18 jésus de 450 pages... 4 fr. 50

BOUCHUT (E). **Atlas d'ophthalmoscopie médicale** et de cérébroscopie montrant, chez l'homme et chez les animaux, les lésions du nerf optique, de la rétine et de la choroide, produites par les maladies du cerveau, par les maladies de la moelle épinière et par les maladies constitutionnelles et humorales. 1876, 1 vol. in-4 de VIII-148 p., avec 14 pl. en chromo, comprenant 137 fig. et 19 fig. Cart .... 35 fr.

— **Traité des signes de la mort** et des moyens de prévenir les inhumations prématurées. 3e *édit* 1883 1 vol. in-18 jés. avec fig..... 4 fr.

— **Nouveaux éléments de pathologie générale**. comprenant la nature de l'homme, l'histoire generale de la maladie, les différentes classes de maladies, l'anatomie pathologique générale, et l'histologie pathologique, le pronostic, la thérapeutique générale *Quatrieme édition* 1882, 1 vol. gr. in-8 de 900 pages avec 250 figures.......... .. 16 fr.

— **Traité de diagnostic et de sémiologie**, 1883. 1 vol. gr. in-8 de 92 pages avec 150 figures...... .... 12 fr.

— **Du Nervosisme aigu et chronique et des maladies nerveuses** *Deuxieme édition* 1877, 1 vol. in-6 de VIII-408 pages.. 6 fr.

BOUILLET. Précis de l'histoire de la médecine, avec introduction par A LAKOUIBÈNE. 1883. 1 vol. in-8 de XVI-366 pages ...... 6 fr.

BOURNET (A.) **De la criminalité en France et en Italie** Etude médico legale. 1885. 1 vol. gr. in-8 avec pl.................. 4 fr.

BOUVERET (H.) **Traité de l'empyème**, par le Dr Louis BOUVERET, agrégé a la Faculté de medecine de Lyon. 1888, 1 vol in-8 de 890 pag. 12 fr.

BRAIDWOOD (P.-M.) **De la Pyohémie ou fièvre suppurative.** 1870 1 vol. in-8 avec 12 planches chromolithographiées .... 8 fr.

BRAUD. Recherches sur l'air confiné 1880. in-8, 76 pages. 2 fr.

BREHM (A.-E.). **Les merveilles de la nature, l'homme et les animaux.** Description populaire des races humaines et du regne animal. 9 vol. gr. in-8, avec 6000 fig. et 176 pl.................. 99 fr.

Les Mammifères. Edition française, par Z. GERBE, 2 vol. gr. in-8 avec 800 figures et 40 planches .... 22 fr.

Les Oiseaux. Edition française, par Z. GERBE, 2 vol. gr. in-8 avec 500 figures et 40 planches.................................. 22 fr.

Les Reptiles et les Batraciens. Edition française, par SAUVAGE, 1 vol. grand in-8, avec 500 figures et 20 planches................... 11 fr.

Les Poissons et les Crustacés. Edition française, par SAUVAGE et KUNCKEL D'HERCULAIS, 1 vol. in-8 avec 400 figures et 20 planches.. 11 fr.

Les Insectes. les Arachnides, les Myriapodes, Edition française par J. KUNCKEL D'HERCULAIS, 2 vol. gr. in-8 avec 1800 figures et planches hors texte,........ .... 2 fr.

Les Vers. Mollusques, Zoophytes. Edition française, par A. TREMEAU DE ROCHEBRUNE, 1 vol. gr. in-8 avec 1200 figures et 20 planches... 11 fr.

Chaque volume broché.................... .... 11 fr.
Relié en demi-maroquin, doré sur tranches..................... 16 fr.

BRIAND et CHAUDÉ Manuel complet de Médecine légale. contenant un *Traité élémentaire de chimie légale*, par J. BOUIS. *Dixième édition*. 1879, 2 vol. gr in-8 avec 5 pl gravées et 37 figures ... 24 fr.

BROCCHI (P.). **Traité de zoologie agricole.** comprenant des éléments de pisciculture, d'apiculture, de sériciculture, d'ostréiculture, par P. BROCCHI, maître de conférences à l'Institut national agronomique 1886, 1 vol. in-8 de 986 pages avec 603 figures, cart................ 18 fr

BRUCKE. Des couleurs, au point de vue physique, physiologique, artistique et industriel, traduit par P. SCHUTZENBERGER 1866, 1 vol. in-18 jésus, de 344 pages avec 46 figures.......................... 4 fr

BUIGNET. Manipulations de physique Cours de travaux pratiques. 1877, 1 vol. in-8 de 800 pages, avec 265 figures et 1 planche coloriée, cartonné.. 16 fr.

CAMPENON (V.) **Du redressement des membres par l'ostéotomie**, 1883, gr. in-8, 308 pages avec figures................. 4 fr.

GAPUS et ROCHEBRUNE (A.-Tr. de). **Guide du naturaliste préparateur et du voyageur scientifique** ou instructions pour la recherche, la préparation, le transport et la conservation des animaux, végétaux, minéraux, fossiles et organismes vivants. 2e *édition*, 1883. 1 vol. in-18 avec 22 figures, cartonné . . . . 3 fr.

Carnet (Le) du médecin praticien, formules, ordonnances, tableaux du pouls, de la respiration et de la température, comptabilité. 1 cahier oblong avec cartonnage souple. . . . . 1 fr.

CARRIÈRE (Ed.). **Le climat de l'Italie et des stations du midi de l'Europe, sous le rapport hygiénique et médical.** *Deuxième édition*, 1876. 1 vol. in-8 de 640 pages . . . . 9 fr.

CARUS (V.). **Histoire de la zoologie**, depuis Aristote jusqu'à nos jours, par V. Carus, professeur à l'Université de Leipzig, annoté par A. Schneider, 1880. 1 vol. in-8, 800 pages. . . . . 15 fr.

CAUVET. Nouveaux éléments d'histoire naturelle médicale. *Troisième édition*, 1885. 2 vol. in-18 jésus de 600 pages, avec 824 figures. . . . . 12 fr.

— **Nouveaux éléments de matière médicale**, comprenant l'histoire des drogues simples d'origine animale et végétale, leur constitution, leurs propriétés et leurs falsifications. 1886-1887, 2 vol. in-18 jésus, ensemble 1750 pages avec 701 figures. . . . . 15 fr.

— **Cours élémentaire de botanique**

I. *Anatomie et physiologie végétales, paléontologie, géographie.* 1885, 1 vol. in-18, 315 pages avec 404 figures . . . . 4 fr.

II. *Les familles végétales*, 1885, 1 vol. in-18, 500 p. avec 300 fig. 5 fr.

Le même, cartonné en 1 seul vol. comprenant les deux parties. . . 10 fr.

— **Procédés pratiques pour l'essai des farines**, caractères, altérations, falsifications, moyens de découvrir les fraudes, 1886. in-18 jésus avec 74 figures. . . . . 2 fr. 50

CHABANNES. Traitement de la dyspnée, 1888. in-8. . . . . . 2 fr.

CHAPUIS. Précis de toxicologie. 1882, in-18 de 700 pages avec figures cart. . . . . 8 fr.

CHARGÉ. Traitement homœopathique des maladies des organes de la respiration, cavités nasales, larynx, trachée, bronches, poumons, plèvres. *Deuxième édition*, 1878, 1 vol. in-18 de xviii-460 pages. . . . . 6 fr.

CHARLES. Cours d'accouchements, 1887. 2 vol. in-8. . . . . 15 fr.

CHARPENTIER. Traité pratique des accouchements, par le Dr A. Charpentier, professeur agrégé à la Faculté de médecine de Paris. 1883. 2 vol. gr. in-8 de 1100 pages avec 752 fig. et 1 pl. . . . . 30 fr.

CHATIN (Joannès). **Les organes des sens dans la série animale.** Leçons d'anatomie et de physiologie comparées, faites à la Sorbonne. 1880, 1 vol. in-8 de viii-726 pages avec 136 figures. . . . . 12 fr.

CHAUFFARD (P.-E.). **La vie.** Études et problèmes de biologie générale, 1878. 1 vol. in-8 de 525 pages. . . . . 7 fr. 50

CHAUFFARD (An.). **De la fièvre traumatique** et de l'infection purulente. 1873, in-8, 229 pages . . . . 3 fr. 50

CHAUMIER (J.). **Essai sur le mal de tête**, par le Dr Johannès Chaumier, ancien interne des hôpitaux de Lyon, 1888. 1 vol. gr. in-8 de 100 pages. . . . . 2 fr. 50

CHAUVEAU. Traité d'anatomie comparée des animaux domestiques. 4e *édition*, revue et augmentée, avec la collaboration de M. Arloing. 1889. 1 vol. in-8 avec 368 figures noires et coloriées. . . . 24 fr.

CHAUVEL (J.). **Précis d'opérations de chirurgie**, par J. Chauvel, professeur de médecine opératoire à l'École du Val-de-Grâce, 2e *édition*, 1885. 1 vol. in-18 jésus de 602 p., avec 281 fig. . . . . 7 fr.

CHEVREUL. Des couleurs et de leurs applications aux arts industriels à l'aide de cercles chromatiques. 2e *édition* 1888, petit in-f°, avec 27 planches gravées sur acier et imprimées en couleur, cartonné 40 fr.

CHRÉTIEN (H.). Nouveaux éléments de médecine opératoire. 1881. 1 vol in-18 de 528 p., avec 184 fig. . . . . 6 fr.

CHURCHILL (Fl.) et LE BLOND Traité pratique des maladies des femmes, hors l'état de grossesse, pendant la grossesse et après l'accouchement 3e *édition*, 1881. 1 vol. gr. in-8° de 1158 p. avec 365 fig. 18 fr.

CIVIALE. Traité pratique sur les maladies des organes génito-urinaires *Troisième édition*, 1858-1860. 3 vol. in-8. avec fig. 24 fr.

CLAUDE. Premières notions d'homœopathie à l'usage des familles *Deuxième édition*. 1883. 1 vol. in-18 de 200 p. . . . . 1 fr. 50.

COIFFIER. Précis d'auscultation. 1882. in-18. avec 71 fig. col. 3 fr.

—Médecine et thérapeutique rationnelle 1884. 1 vol. in-18 6 fr.

COLIN (G.). Traité de physiologie comparée des animaux, considérée dans ses rapports avec les sciences naturelles, la médecine, la zootechnie et l'économie rurale, par G. Colin, professeur à l'école vétérinaire d'Alfort 3e *édition*, 1886-1887, 2 vol. in-8 avec 250 fig. 28 fr.

COLIN (Léon) Traité des maladies épidémiques. Origine, évolution, prophylaxie. 1879. 1 vol. in-8 de xx-1032 p. . . . . 16 fr.

— Traité des fièvres intermittentes, 1870. 1 vol. in-8 de 500 p. 8 fr.

—De la Variole, au point de vue épidémiologique et prophylactique. 1873, 1 vol. in-8, 200 pages avec figures . . . . 3 fr. 50

COLLINEAU. La gymnastique, notions physiologiques et pédagogiques, applications hygiéniques et médicales. 1884, 1 vol., in-8 de 824 p. avec figures . . . . 10 fr.

Comité consultatif d'hygiène publique de France (Recueil des Travaux et des actes officiels de l'Administration sanitaire).
Tome I, 1872, in-8, 8 fr. — Tome II, 1873, 2 vol. 15 fr. — Tome III, 1874, in-8, 6 fr. — Tome IV, 1875, in-8, 8 fr. — Tome V, 1876, in-8, 8 fr. — Tome VI, 1877, in-8, 8 fr. — Tome VII, 1878, in-8, 8 fr. — Tome VIII, 1879, in-8. 8 fr. — Tome IX, 1880, in-8, 8 fr. — Tome X, 1881, in-8, 8 fr. — Tome XI, 1882, in-8. 8 fr. — Tome XII, 1883, in-8, 8 fr. — Tome XIII, 1884, in-8, 8 fr. — Tome XIV, 1885, in-8, 10 fr. — Tome XV, 1886, 8 fr. — Tome XVI, 1887, 10 fr. — Tome XVII, 1888. 10 fr.

COMTE (A.). La philosophie positive, résumé par JULES RIG. 1881, 2 vol. in-8 . . . . 20 fr.

CONTEJEAN. Éléments de géologie et de paléontologie, 1874, 1 vol. in-8 de 750 p. avec 467 fig. Cartonné . . . . 16 fr.

— Géographie botanique. Influence du terrain sur la végétation, 1881 in-8, 142 pages . . . . 3 fr. 50

COQUAND. Monographie du genre Ostrea. Terrain crétacé, 1869, 1 vol. gr. in-8 et atlas de 74 planches gr. in-4 . . . . 40 fr.

—Description physique, géologique, paléontologique et minéralogique du département de la Charente 1858-1862, 2 volumes in-8 avec fig et carte coloriée . . . . 24 fr

— Géologie et paléontologie de la région sud de la province de Constantine. 1862, 1 vol. in-8, 343 pages avec 40 planches 40 fr.

— Monographie paléontologique de l'étage aptien de l'Espagne. Marseille, 1866, 1 vol. in-8, 222 p., avec atlas gr. in-8, 28 pl . . 30 fr.

CORIVEAUD. Hygiène de la jeune fille. 1882, 1 vol. in-18, 3 fr.

— Le lendemain du mariage. Étude d'Hygiène 1884. 1 vol. in-18 3 fr.

CORLIEU (A.). Aide-mémoire de médecine, de chirurgie et d'accouchements, vade-mecum du praticien, par le docteur A. CORLIEU, 4e *édition*. 1886, 1 vol. in-18 jésus de VIII-400 p. avec 448 fig. Cart. . . . . 6 fr.

— **Mémorandum de médicina, cirurjia, y partos,** traducido por DON GALLEGO, 2e *édition.* 1888. 1 vol. in-18 avec fig. cartonné . 10 fr.

CORLIEU (A.). **Les médecins grecs** depuis la mort de Galien jusqu'à la chute de l'Empire d'Occident. 1885. 1 vol. in-8 avec 1 carte. 5 fr.

CORNARO (L.). **Le régime de Pythagore,** d'après le Dr COCCHI; **De la sobriété,** conseils pour vivre longtemps, par L. CORNARO; **Le vrai moyen de vivre plus de cent ans dans une parfaite santé,** par L. LESSIUS, 1880, 1 vol. in-18 jésus avec 5 planches............ 3 fr.
Sur papier de Hollande, tiré à 100 exemplaires .... 6 fr.

CORNIL. Leçons sur la syphilis faites à l'hôpital de Lourcine, 1879, 1 vol. in-8, IX-482 p. avec 9 pl. lithographiées et figures....... 10 fr.

CORRE. La pratique de la chirurgie d'urgence. 1872, 1 vol. in-18 de VIII-216 p., avec 51 figures.......................... 2 fr.

COSTE. Hypnotisme. 1888, 1 vol. in-16 de 160 p............. 2 fr.

COWLES. Les hôpitaux. Construction et organisation, par le Dr Ed. COWLES. trad. de l'anglais par M. CHALLIX. In-8, 60 p. avec 15 fig.. 2 fr.

CRUVEILHIER (J.). **Anatomie pathologique du Corps humain,** ou Descriptions, avec figures lithographiées et coloriées, des diverses altérations morbides dont le corps humain est susceptible. Paris, 1830-1842, 2 volumes in-folio, avec 230 pl. col.............. 456 fr.
Demi-rel., dos de maroquin, non rog. Prix pour les 2 v. gr. in-fo. 24 fr.
Ouvrage complet en 41 livraisons Chaque livraison avec 5 pl. 11 fr.

— **Traité d'anatomie pathologique générale.** 1864, 5 vol. in-8. 35 fr.

CUVIER (G.). **Les Oiseaux,** décrits et figurés d'après la classification de Georges CUVIER, mise au courant des progrès de la science 1870, 1 vol. in-8. avec 72 pl. contenant 464 fig. noires, 30 fr. — fig. color. 50 fr.

— **Les Mollusques.** 1868, 1 vol. in-8 av. 36 pl contenant 620 fig. noires, 15 fr.; — fig. coloriées.. 25 fr.

— **Les Vers et les Zoophytes.** 1869 1 vol in-8, avec 37 planches, contenant 550 fig. noires, 15 fr.; — fig color.................. 25 fr.

CUYER et KUHFF. Le corps humain. Structure et fonctions, formes extérieures, régions anatomiques, situation, rapports et usages des appareils et organes qui concourent au mécanisme de la vie, démontrés à l'aide de planches dessinées d'après nature, coloriées, découpées et superposées, 1 vol gr in-8 de 370 pages de texte et 1 atlas de 27 pl. coloriées. Ouvrage complet, 2 vol. cart.............................. 75 fr.

— *Le même*, sans les organes génitaux.............................. 70 fr.

— **Les organes génitaux de l'homme et de la femme.** 2e édition, gr. in-8, 62 p., avec 65 fig et 2 planches coloriées....... 7 fr. 50

CUYER et ALIX. Le Cheval, extérieur : régions, pied, proportions, aplombs, allures, age, aptitudes, robes, tares, vices, vente et achat, examen critique des œuvres d'art équestre, etc ; structure et fonctions : situation, rapports, structure anatomique et rôle physiologique de chaque organe ; races : origine, divisions, caractères, production et amélioration, texte par E. ALIX, vétérinaire de l'armée, 1886. 1 vol. grand in-8, 703 p. avec fig et 1 atlas de 16 planches coloriées, découpées et superposées. Ensemble 2 vol. cart... 60 fr.

— *Séparément* : **Les allures du cheval,** démontrées à l'aide d'une planche coloriée, découpée, superposée et articulée. 1883, 44 p., avec figures.. 7 fr. 50

CYON. Principes d'électrothérapie. 1873, 1 vol. in-8 de VIII-275 p., avec figures.. 4 fr.

CYR (J.). **Traité pratique des maladies du foie.** 1887, 1 vol. in-8 de 886 pages.. 12 fr.

— **Scènes de la vie médicale.** 1888, 1 vol. in-16 de 300 pages. 3 fr. 50

DALTON. Physiologie et hygiène des écoles, des collèges et des famill s. 1870, 1 vol. in-18 de 500 p., avec 66 fig. .... 4 fr.

DAREMBERG (Ch.). **Histoire des sciences médicales,** comprenant l'anatomie, la physiologie, la médecine, la chirurgie et les doctrines de pathologie générale. 1870, 2 vol in-8.......................... 20 fr.

DAVAINE (C.). **Traité des Entozoaires et des maladies vermineuses,** chez l'homme et les animaux domestiques. *Deuxième édition.* 1877, 1 vol. in-8 de 1000 p., avec 5 fig........................ 14 fr.

DEBIERRE (Ch.) **L'Hermaphrodisme,** sa nature, son origine, ses conséquences sociales. 1886, gr in-8. avec 11 figures.......... 1 fr.50

DECAYE. Précis de thérapeutique chirurgicale. 1882, 1 vol. in-18 de XII-572 pages....................................... 6 fr.

DECHAUX. La saignée d'Hippocrate. 1886, in-18...... 3 fr. 50.

DEGLAND et GERBE Ornithologie européenne, ou Catalogue descriptif, analytique et raisonné des oiseaux observés en Europe. *Deuxième édition.* Paris, 1867, 2 vol. in-8 .... 24 fr.

DELEFOSSE. Procédés pratiques pour l'analyse des urines, des dépôts et des calculs urinaires. *Troisième édition.* 1886, 1 vol. in-18 jésus 176 p., avec 25 pl, comprenant 90 figures .... 3 fr.

— **Pratique de la chirurgie des voies urinaires** *Deuxième édition* augmentée d'un appendice. 1887, 1 vol. in-18 jésus de IX-585 p., avec 142 figures .... 7 fr.

DELPECH (A.) **Salles d'asile et écoles. primaires. Premiers symptômes des maladies contagieuses** qui peuvent atteindre les jeunes enfants. Instruction demandée par M. le Préfet de la Seine au Conseil d'hygiène publique et de salubrité. 1880, in-18 jésus.... 25 c.

DENIKER. Atlas manuel de botanique. Illustrations des familles et des genres de plantes phanérogames et cryptogames avec le texte en regard, par J. Deniker. 1886, 1 vol. in-4, 400 p. avec 200 planches, comprenant 3,300 figures, cart.................................. 30 fr.

DENUCÉ (P.) **Traité clinique de l'inversion utérine.** 1883, 1 vol. in-8 de 645 p., avec 103 figures.............................. 12 fr.

DESHAYES (G.-P.) **Description des animaux sans vertèbres** découverts dans le bassin de Paris, comprenant une revue générale de toutes les espèces actuellement connues. 1860-1866. *Ouvrage complet*, 3 vol. in-4 de texte et 2 vol. in-4 de 196 planches, publié en 50 livraisons Prix de chaque livraison, 5 fr. — Prix de l'ouvrage complet 250 fr.

— **Conchyliologie de l'île de la Réunion** (Bourbon). 1863, gr. in-8. 144 p., avec 14 planches coloriées.......................... 10 fr.

DÉSIR de FORTUNET. Contribution à l'étude de la scrofule. Ophthalmie, dite scrofuleuse, pathogénie et traitement par H. Désir de Fortunet, interne des hôpitaux de Lyon 1888. gr. in-8 de 112 p... 2 fr 50

DESPINE et PICOT. Manuel pratique des maladies de l'enfance *Troisième édition*, 1884, 1 vol. in 18 jésus de XII-800 p. 7 fr.

DESPRÉS (A.) **La prostitution en France.** Études morales et démographiques avec une statistique générale de la prostitution en France, 1882, 1 vol. gr. in-8 de XII-205 p., avec 2 pl. lithographiées...... 6 fr.

— **La Chirurgie journalière,** leçons de clinique chirurgicale. *Troisième édition.* 1888. 1 vol. gr. in-8 de 850 p., avec figures...... 12 fr.

Dictionnaire de Chimie, comprenant les applications aux sciences, aux arts, à l'agriculture, à l'industrie, à l'usage des industriels, des fabricants de produits chimiques, des agriculteurs, des médecins, des pharmaciens, des laboratoires municipaux, de l'école centrale, de l'école des mines, des écoles de chimie, etc., par E. Bouant, agrégé des sciences physiques, avec la collaboration de professeurs, d'ingénieurs et d'industriels. 1888, 1 vol. gr. in-8 de 1,100 pages à 2 colonnes, avec 600 figures ... 25 fr.

Dictionnaire de Médecine, de Chirurgie, de Pharmacie, de l'Art vétérinaire et des sciences qui s'y rapportent, avec la synonymie *grecque, latine, allemande, anglaise, italienne, espagnole. Seizième édition*, mise au courant des sciences médicales et biologiques et de la pratique journalière, augmentée de six nouveaux glossaires, par E. LITTRÉ, membre de l'Académie française et de l'Académie de médecine. 1886, 1 vol. gr. in-8 de 1800 p., à deux colonnes, avec 550 figures... 20 fr.

Demi-reliure maroquin, plats en toile.................... 4 fr.
Demi-reliure maroquin à nerfs, plats en toile, très soignée..... 5 fr.

Ouvrage longtemps connu sous le nom de *Dictionnaire de médecine de Nysten* et devenu classique par un succès de quinze éditions.

Atlas populaire de Médecine, de Chirurgie, de Pharmacie, de l'Art vétérinaire et des sciences qui s'y rapportent, pouvant servir de complément à tous les dictionnaires de médecine. 1885, 1 vol. gr. in-8, 48 planches, comprenant 196 figures, cartonné............ 5 fr.

Dictionnaire de la santé. Voy. BONAMI.

DONNÉ. Conseils aux mères sur la manière d'élever les enfants nouveau-nés. 7e *édition*. 1884, 1 vol. in-18 jésus de 350 p. 3 fr.

— **Hygiène des gens du monde.** *Deuxième édition*. 1879, in-18 jésus, 448 pages.. 3 fr. 50

DUBRAC. Traité de jurisprudence médicale et pharmaceutique, comprenant la législation, l'état-civil et les questions qui s'y rattachent, les dispositions à titre gratuit, la responsabilité médicale, le secret professionnel, les expertises, les honoraires des médecins et les créances des pharmaciens, l'exercice illégal de la médecine, les contraventions aux lois sur la pharmacie, la police sanitaire, les ventes de clientèle médicale, l'inaptitude au service militaire, les eaux minérales et thermales, etc. 1882, 1 vol. in-8 de 800 p.................. 12 fr.

DUCHARTRE. Éléments de Botanique, comprenant l'anatomie, l'organographie, la physiologie des plantes, les familles naturelles et la géographie botanique. *Troisième édition*. 1884, 1 vol. in-8 de 1272 p., avec 571 figures, cart.. 20 fr.

DUCHENNE. Mécanisme de la physionomie humaine, ou analyse électro-physiologique de l'expression des passions, publié en trois éditions :

1° *Édition* grand in-8, formant 1 vol. de 264 p., avec 9 planches représentant 144 fig. photographiées. *Deuxième édition*.......... 20 fr.

2° *Édition de luxe*, formant 1 vol. grand in-8, avec atlas composé de 74 planches photographiées, et de 9 planches représentant 144 figures. *Deuxième édition*. Cart.................................... 68 fr.

3° *Grande édition* in-folio, 84 p., texte in-folio et 84 planches, dont 74 sur plaques normales, et représentant les expériences électro-physiologiques.. 200 fr.

DUPLAY. Chirurgie des organes génito-urinaires de l'homme et de la femme, par S. DUPLAY, professeur à la Faculté de médecine, G. BOUILLY, L. PICQUÉ, L. POISSON, A. POUSSON, Éd. SCHWARTZ et Paul SEGOND. 1 vol. gr. in-8 de 884 p., avec 321 figures............. 17 fr. 50

DUPOUY. Médecine et mœurs de l'ancienne Rome d'après les poètes latins. 1885, 1 vol in-18 jésus de 430 p............. 4 fr.

DUVAL (E.). Traité pratique et clinique d'hydrothérapie, par E. DUVAL. 1888, 1 vol in-8 de 910 p............................. 10 fr.

DUVAL (Mathias). **Précis de Technique microscopique et histologique,** ou Introduction pratique à l'anatomie générale. 1878, in-18, 313 pages, avec 43 figures.............................. 4 fr.

— **Cours de physiologie,** par Mathias Duval, professeur à la Faculté de médecine de Paris, 6e édition du *Cours de Physiologie* de Kuss et Duval. 1887 1 vol. in-18 jésus, VIII-712 p., avec 206 fig., cart.. 8 fr.

— **École de Salerne** (L'), traduction en vers français, par Ch. Meaux Saint-Marc, avec le texte latin, précédée d'une introduction par le Dr Daremberg, et suivie de commentaires. 1880. 1 vol. in-18 jésus de 600 p., avec 7 figures.............................. 7 fr.

Papier de Hollande, tiré à 100 exemplaires.................. 14 fr.

EDINGER, Leçons sur l'anatomie des centres nerveux, traduit et annoté 1889. 1 vol in-8, avec 120 figures.

ELOUI. Recherches histologiques sur le tissu connectif de la cornée des animaux vertébrés. 1881, 1 vol. gr. in-8, avec 6 planches chromo-lithographiées.............................. 6 fr.

EMMET (Th. A.). **La pratique des maladies des femmes,** ouvrage traduit et annoté par A. Olivier, ancien interne des hôpitaux. Avec une préf. par le prof. Trélat. 1887, 1 vol. gr. in-8, 860 p., avec 220 fig. 15 fr.

ENGEL. Nouveaux éléments de chimie médicale et de chimie biologique, avec les applications à l'hygiène, à la médecine légale et à la pharmacie. *Troisième édition.* 1888, 1 vol. in-8 de VIII-671 p., avec 10 fig.............................. 9 fr.

ENGELMANN (G.-J.). **La pratique des accouchements chez les peuples primitifs.** Étude d'ethnographie et d'obstétrique. Édition française, avec une préface par le professeur Charpentier. 1886, 1 vol. in-8, avec 83 figures.............................. 7 fr.

EUSTACHE (G.). **Manuel pratique des maladies des femmes,** médecine et chirurgie. 1881, 1 vol. in-18. 748 pages.............. 8 fr.

FAGET (J.-C.). **Monographie sur le type et la spécificité de la fièvre jaune.** 1875. gr. in-8 de 84 p., avec 109 tracés graphiques 4 fr.

— **L'art d'apaiser les douleurs de l'enfantement.** Paris, 1880, in-8 de 89 p.............................. 2 fr.

FALRET (J.-P.). **Des maladies mentales et des asiles d'aliénés.** Paris, 1864, in-8, LXX-800 p., avec 1 planche.................. 11 fr.

Encyclopédie internationale de chirurgie, illustrée de figures intercalées dans le texte, par Gosselin, Verneuil, Duplay, professeurs à la Faculté de médecine de Paris; Bouilly, P. Second, Nicaise, Ed. Schwartz, G. Marchant, Picqué, chirurgiens des hôpitaux de Paris; Ollier, Poncet, Vincent, professeurs à la Faculté de médecine de Lyon; Poinsot, Pousson, chirurgiens des hôpitaux de Bordeaux; Maurice Jeannel, (de Toulouse), Poisson (de Nantes). S. Stricker, professeur à l'Université de Vienne, Allingham, R. Barwell, F. Trèves, etc., (de Londres); H. Morris, Th. Annandale (d'Édimbourg); J. Ashhurst, Solis, Cohen, Packard, White, etc. (de Philadelphie); Van Buren, Sturgis, J. Lidell, etc. (de New-York); Andrews (de Chicago), Fenwick (de Montréal), etc., etc. Ouvrage complet. 1888. 7 vol. gr. in-8, comprenant ensemble 6,680 p. à 2 colonnes, avec 2,768 figures.............. 122 fr. 50

Chaque volume se vend séparément.............................. 17 fr 50

Tome I. *Pathologie chirurgicale. — Maladies chirurgicales infectieuses et virulentes.*

Tome II. *Chirurgie générale. — Maladies chirurgicales communes aux divers tissus organiques.*

Tome III. *Peau, tissu cellulaire, bourses séreuses, lymphatiques, vaisseaux sanguins et nerfs.*

TOME IV. *Os, articulations, résections et tumeurs.*
TOME V. *Tête, yeux, oreilles, bouche, face, nez, dents, cou et rachis.*
TOME VI. *Voies aériennes, thorax, seins. — Abdomen, rectum et anus. — Orthopédie.*
TOME VII. *Maladies des organes génito-urinaires de l'homme et de la femme.*

Grâce au concours des savants français et étrangers les plus illustres, cet important ouvrage a pu être entièrement achevé en moins de 4 années, et ses premiers comme ses derniers volumes sont exactement au courant des progrès de la science contemporaine. Il forme le traité le plus complet de pathologie externe et de médecine opératoire.

FAU et CUYER. Anatomie artistique du corps humain. Planches, par le docteur FAU, texte avec figures, par E. Cuyer. 1886, in-8, 208 p. et 17 pl. Fig. noires, 6 fr. — Fig. color.................. 12 fr.

FELTZ. Traité clinique et expérimental des embolies capillaires. *Deuxième édition*, 1870, in-8 de 450 pages, avec 11 planches chromolithographiées, comprenant 90 dessins.................. 12 fr.

FERRAND (A.). Traité de thérapeutique médicale, ou guide pour l'application des principaux modes de médication à l'indication thérapeutique et au traitement des maladies, par le docteur A. FERRAND, médecin des hôpitaux. *Deuxième édition* contenant un *formulaire des médicaments nouveaux*. 1886, 1 vol. in-18 jésus de 902 pag., cart.. 9 fr.

FERRAND (E.). Aide-mémoire de pharmacie, vade-mecum du pharmacien à l'officine et au laboratoire. *Quatrième édition*, comprenant les médicaments nouveaux et les formules nouvelles en concordance avec le Codex de 1884. Paris, 1885, 1 vol. in-18 jésus de 815 pages, avec 188 fig. cart.. 7 fr.

FEUCHTERSLEBEN. Hygiène de l'âme, traduit de l'allemand. *Troisième édition*, Paris, 1870. 1 vol. in-18 de 260 p.......... 2 fr. 50

FOLEY. Étude sur la statistique de la Morgue. Paris, 1880, in-8 de 84 p., avec 15 figures.................................. 2 fr.

FONSSAGRIVES. Hygiène et assainissement des villes. Campagnes et villes; conditions originelles des villes; rues; quartiers; plantations; promenades; éclairage; cimetières; égoûts; eaux publiques; atmosphères; population; salubrité; mortalité. Paris, 1874, 1 vol. in-8 de XII-568 pages .... 8 fr.

— **Thérapeutique de la phthisie pulmonaire** basée sur les indications. *Deuxième édition*. 1880, in-8, LXIV-560 pages.............. 9 fr.

— **Principes de thérapeutique générale** ou le médicament étudié aux points de vue physiologique, posologique et clinique. *Deuxième édition*, 1884, 1 vol. in-8 de 590 pages.......................... 9 fr.

— **Hygiène alimentaire** des malades, des convalescents et des valétudinaires, ou du régime envisagé comme moyen thérapeutique. *Troisième édition*, 1881, 1 vol. in-8 de XXXII-670 pages...................... 9 fr.

— **Traité d'hygiène navale.** *Deuxième édition*, complètement remaniée et mise soigneusement au courant des progrès de l'art nautique et de l'hygiène générale. 1877. 1 vol. in-8, XVI-920 p. et 145 fig....... 15 fr.

FOURNIER (H.). De l'Onanisme, causes, dangers et inconvénients pour les individus, la famille et la société, remèdes *Troisième édition*, 1885. 1 vol. in-18 jésus, de 175 pages.......................... 2 fr.

FOVILLE (ACH.) Les aliénés aux États-Unis, législation et assistance. 1873, in-8 de 118 pages.................................. 2 fr 50

— **Les aliénés.** Étude pratique sur la législation et l'assistance qui leur sont applicables. 1870, 1 vol. in-8 de XIV-207 pages.............. 3 fr.

— **La législation** relative aux aliénés en Angleterre et en Écosse 1885, in-4, 208 pages.. 5 fr.

FOX. Iconographie photographique des maladies de la peau, par G.-H. Fox, professeur de clinique dermatologique à New-York, 1882, 1 vol. in-4, 48 planches photographiées d'après nature, coloriées à la main, cartonné.. 120 fr.

FRERICHS. Traité pratique des maladies du foie et des voies biliaires. *Troisième édition.* 1877. 1 vol. in-8 de xvi-896 p., avec 158 figures.. 12 fr.

— Traité du diabète. 1885, 1 vol. gr. in 8, avec 5 pl. chromolithogr. et fig.. 12 fr.

GALEZOWSKI. Traité des maladies des yeux. *Troisième édition*, 1888, 1 vol. in 8 de xvi-1020 p. avec 483 fig.. 20 fr.

— Traité iconographique d'ophthalmoscopie, comprenant la description des différents ophthalmoscopes, l'exploration des membranes internes de l'œil et le diagnostic des affections cérébrales et constitutionnelles. *Deuxième édition.* 1885, 1 vol. in-4 de 281 p., avec 28 pl. chromolithographiées, cartonné.. 35 fr.

— Echelles optométriques et chromatiques pour mesurer l'acuité de la vision, les limites du champ visuel et la faculté chromatique, accompagnées de tables synoptiques pour le choix des lunettes, 1883, in-8, 34 pl. noires et coloriées, cart.. 7 fr. 50

— Echelles portatives des caractères et des couleurs, pour mesurer l'acuité visuelle. 1880, in-18, 34 pl., cartonné...... 2 fr. 50

— Du diagnostic des maladies des yeux, par la chromatoscopie rétinienne. 1868, 1 vol. in-8 de 207 p. avec 31 figures, une échelle chromatique comprenant 44 teintes et cinq échelles typographiques tirées en noir et en couleurs.. 7 fr.

GALEZOWSKI et DAGUENET. Diagnostic et traitement des affections oculaires, 1886, 1 vol grand in-8.. 18 fr.

GALIEN. Œuvres anatomiques, physiologiques et médicales, traduites par le Dr Ch. DAREMBERG. Paris, 1854-1857, 2 vol. gr. in-8 de 800 p.. 20 fr.

GALISSET et MIGNON. Nouveau traité des vices rédhibitoires ou Jurisprudence vétérinaire contenant la législation et les garanties dans les ventes et échanges d'animaux domestiques, la procédure à suivre, la description des vices rédhibitoires, le formulaire des expertises, procès-verbaux et rapports judiciaires, et un précis des législations étrangères. *Troisième édition.* 1864, in-18 jésus de 542 p.. 6 fr.

GALLARD. Clinique médicale de la Pitié, 1877, 1 vol in-8 de xliv-636 p., avec 26 fig.. 10 fr.

— Leçons cliniques sur la menstruation et ses troubles. 1881, 1 vol. in-8, 325 p avec 37 fig.. 6 fr.

— Leçons cliniques sur les maladies des ovaires. 1886, 1 vol. in-8, avec 47 figures.. 8 fr.

GALLOIS (E). Manuel de la sage-femme et de l'élève sage-femme, par (E.) GALLOIS, professeur à l'École de médecine de Grenoble 1886, in-18, 640 p. avec fig.. 6 fr.

GALLOIS (N). Formulaire de l'Union médicale. Douze cents formules favorites des médecins français et étrangers. *Quatrième édition*, 1888 1 vol in-32 de xxviii-662 p., cart.. 3 fr. 50

GALOPEAU. Manuel du pédicure ou l'Art de soigner les pieds, par GALOPEAU, 1877, 1 vol. in-18, 132 p., avec 28 fig.. 2 fr.

GAUJOT et SPILLMANN (E). Arsenal de la chirurgie contemporaine. Description, mode d'emploi et appréciation des appareils et instruments en usage pour le diagnostic et le traitement des maladies

chirurgicales, l'orthopédie, la prothèse, les opérations simples, générales, spéciales et obstétricales, 1867-1872, 2 vol in-8, avec 1.437 fig. 32 fr.
— *Séparément* : Tome II, 1 vol. in-8 de 1 086 p, avec 1.437 fig. 18 fr.

GAUTIER (A.) La sophistication des vins, méthodes analytiques et procédés pour reconnaître les fraudes, par A. Gautier, professeur de la Faculté de médecine. *Troisième édition* 1884, 1 vol. in-18 jesus de 268 p., avec une planche comprenant 53 tons de vin.. .... 4 fr. 50

GAUTIER (L.-M). Les champignons, considérés dans leurs rapports avec la médecine, l'hygiène publique et privée, l'agriculture, l'industrie, et description des principales espèces, comestibles, suspectes et vénéneuses de la France. 1884, 1 vol. grand in-8 de 508 p., avec 16 pl. chromolithographiées et 195 figures... .... 24 fr.

GAUVRY. Action de l'eau chaude sur l'utérus. 1887, in-8. 4 fr.

GAVOY. L'Encéphale, description iconographique du cerveau, du cervelet et du bulbe, 1886, in-4, 200 p., avec atlas de 59 planches en glyptographie. Ensemble, 2 vol cart .... 100 fr.

GELLÉ. Précis des maladies de l'oreille, comprenant l'anatomie, la physiologie, la pathologie, la thérapeutique, la prothèse, l'hygiène, la médecine légale, la surdité et la surdi-mutité et les maladies du pharynx et des fosses nasales. 1885, 1 vol. in-18, 708 p., avec 157 fig.... 9 fr.

GERBAUD. De la rétention du placenta et des membranes dans l'avortement. 1886. gr. in-8, 224 p.................... 4 fr.

GERMAIN (de Saint-Pierre). Nouveau Dictionnaire de botanique, comprenant la description des familles naturelles, les propriétés médicales et les usages économiques des plantes, la morphologie et la biologie des végétaux (étude des organes et étude de la vie). Paris, 1870, 1 vol. in-8 de xvi-1388 p., avec 1.640 fig. .. .. 25 fr.

GILLETTE. Chirurgie journalière des hôpitaux de Paris, répertoire de thérapeutique chirurgicale. Paris, 1878. 1 vol. in-8 de xvi-772 p., avec 662 fig., cart.................................... 12 fr.

— **Clinique chirurgicale des hôpitaux de Paris.** Paris, 1877, 1 vol. in-8, 324 p., avec fig.................................. 5 fr.

GIRARD (H.) Etudes pratiques sur les maladies nerveuses et mentales. 1863, 1 vol. grand in-8 de 234 p................. 12 fr.

GIRARD (M.) Les insectes. Traité élémentaire d'Entomologie, comprenant l'histoire des espèces utiles et leurs produits, des espèces nuisibles et des moyens de les détruire, l'étude des métamorphoses et des mœurs, les procédés de chasse et de conservation. par Maurice Girard, président de la Société entomologique de France. Ouvrage complet, 1873-1885, 3 vol. in-8, avec atlas de 118 pl. Figures noires, 100 fr. — Figures coloriées.. 170 fr.

GIRAUD-TEULON (F.) La vision et ses anomalies, cours théorique et pratique sur la physiologie et les affections fonctionnelles de l'appareil de la vue, 1881, gr. in-8, 936 p., avec 117 fig........ 20 fr.

GIROD. Manipulations de botanique. Guide pour les travaux d'histologie végétale par Paul Girod, professeur à la Faculté des Sciences de Clermont-Ferrand, 1887, in-8, av. 20 pl............................ 7 fr.

GODET. Les Japonais chez eux, étude d'hygiène, 1881, 1 vol. in-8.. 2 fr. 50

GODRON (D.-A.) De l'espèce et des races dans les êtres organisés, et spécialement de l'unité de l'espèce humaine. *Deuxième édition*. Paris, 1872, 2 vol. in-8 .... 12 fr.

GOFFRES. Précis iconographique de bandages, pansements et appareils. *Nouveau tirage*. 1887, 1 vol. in-18 jesus, 596 p., avec 81 pl. figures coloriées, cartonné.............................. 36 fr.
Figures noires, cartonné.. 18 fr.

GORDON. Traité expérimental d'électricité et de magnétisme, précédé d'une introduction par M. A. CORNU (de l'Institut). 1881, 2 vol. in-8, ensemble 1,332 p., avec 371 fig. et 58 pl. noires et col..... 35 fr.

GOYAU. Traité pratique de maréchalerie, comprenant le pied du cheval, la maréchalerie, la ferrure appliquée aux divers genres de service, la médecine et l'hygiène du pied. 1882, 1 vol. in-18, 528 p., avec 364 figures ..... 10 fr.

GRAEFE. Clinique Ophthalmologique. 1866, 1 vol. in-8, avec 21 figures..... 8 fr.

GRENIER. Flore de la chaîne jurassique. Edition complète, précédée de la *Revue de la Flore du mont Jura*, 3 parties formant 1 vol. in-8 de 1,092 p., cart..... 12 fr.

GRIESINGER. Traité des maladies infectieuses. Maladies des marais, fièvre jaune, maladies typhoïdes (fièvre pétéchiale ou typhus des armées, fièvres typhoïdes, fièvre récurrente ou à rechutes, typhoïde, bilieuse, peste), choléra. *Deuxième édition* revue et annotée par le Dr E. VALLIN. 1877, 1 vol. in-8, XXII-742 p..... 10 fr.

GRISOLLE. Traité de la pneumonie. 1864, 1 vol, in-8..... 9 fr.

GROSS (V.). Archéologie préhistorique. La Tène, un oppidum helvète par Victor GROSS. 1887. 1 vol. in-4 de 62 p., avec fig. et 13 pl. en phototypie, figurant 240 objets. Cart..... 8 fr.

GUARDIA (J.-M.). La médecine à travers les siècles. Histoire et philosophie 1865, 1 vol in-8 de 800 p..... 10 fr.

GUBLER (A.). Cours de thérapeuthique. 1880, 1 vol. in-8 de 600 p..... 9 fr.

GUBLER (A.) et LABBÉE. Commentaires thérapeutiques du Codex medicamentarius ou histoire de l'action physiologique et des effets thérapeutiques des médicaments inscrits dans la pharmacopée *Troisième édition*, revisée d'après le Codex de 1884. 1885, 1 vol. grand in-8. Cartonné ..... 16 fr.

GUEGUEN. Etude sur la marche de la température dans les fièvres intermittentes et les fièvres éphémères. 1878, in-8 avec planches graphiques..... 5 fr.

GUÉRIN (ALPH.). Du pansement ouaté et de son application à la thérapeutique chirurgicale par Alph. GUÉRIN, chirurgien de l'Hôtel-Dieu 1885, in-18, 392 p., avec figures..... 4 fr.

GUIBOURT. Histoire naturelle des drogues simples. *Septième édition* par G. PLANCHON, professeur à l'École de pharmacie. 1876, 4 forts vol. in-8, avec 1,077 figures..... 36 fr.

GUNTHER. Nouveau manuel de médecine vétérinaire homœopathique. *Deuxième édition*. 1871, 1 vol. in-18 de XXII-504 p., avec 34 figures..... 5 fr.

GUYON (F.). Eléments de chirurgie clinique, comprenant le diagnostic chirurgical, les opérations en général, l'hygiène, le traitement des blessés et des opérés, par J.-C. Félix GUYON, professeur à la Faculté de Paris. 1873, 1 vol. in-8 de XXXVIII-672 p., avec 63 figures..... 12 fr.

— Leçons cliniques sur les maladies des voies urinaires, professées à l'hôpital Necker. *Deuxième édition*. 1885, 1 vol. in-8, de 1,000 p., avec 46 figures..... 16 fr.

— Leçons cliniques sur les affections chirurgicales de la vessie et de la prostate. 1888, 1 vol. gr. in-8, de 1,100 pages..... 16 fr.

HAHNEMANN. Exposition de la doctrine médicale homœopathique, ou Organon de l'art de guérir. *Cinquième édition*, 1873, 1 vol. in-8 de 640 p., avec portrait..... 8 fr.

HAHNEMANN. Traité de matière médicale homœopathique, comprenant les pathogenesies du Traite de matiere medicale pure et du Traité des maladies chroniques. Traduit par Léon Simon, et V.-P. Léon Simon, de l'hôpital Hahnemann. 1877-188?. t. I, II et III, in-8.... 24 fr.

— **Etudes de médecine homœopathique.** 1855, 2 vol. in-8. 14 fr.

HALLOPEAU. Traité élémentaire de pathologie générale, comprenant la pathogenie et la physiologie pathologique, par H. Hallopeau, professeur agrege à la Faculté de medecine. *Deuxième édition*, 1887. In-8, avec 145 figures.......................... 12 fr.

— **Du mercure,** action physiologique et therapeutique. 1878, gr. in-8, 275 p.. 5 fr.

HAMILTON (H.). Traité pratique des fractures et des luxations. Traduit et augmenté de nombreuses additions par G. Poinsot, professeur agrégé à la Faculté de medecine de Bordeaux. 1884, 1 vol. gr. in-8 de 1.284 p., avec 514 figures........................ 24 fr.

HAMMOND. Traité des maladies du système nerveux comprenant les maladies du cerveau, les maladies de la moelle et de ses enveloppes, les affections cérébro-spinales, les maladies du système nerveux périphérique et les maladies toxiques du système nerveux. Traduction française, augmentée de notes et d'un appendice, par le Dr F. Labadie-Lagrave. 1879, 1 vol. gr. in-8 de xxiv-1300 p., avec 116 fig. cart. 22 fr.

HARDY (Alfred). Traité pratique et descriptif des maladies de la peau, par Alfred Hardy, professeur à la Faculte de medecine de Paris. 1886, 1 vol in 8, avec fig cart.............................. 18 fr.

HARRIS, AUSTEN et ANDRIEU. Traité théorique et pratique de l'art du dentiste. 1884, 1 vol. in-8 de 1,200 p., avec figures cartonné.................................. 20 fr.

HÉRAUD. Nouveau dictionnaire des plantes médicinales, description, habitat et culture, recolte, conservation, partie usitee, composition chimique, formes pharmaceutiques et doses, action physiologique, usages dans le traitement des maladies. *Deuxième édition*. 1884, 1 vol. in-18, de 620 p., avec 273 figures, cartonné.................. 6 fr.

— **Jeux et récréations scientifiques,** applications usuelles des mathématiques, de la physique, de la chimie et de l'histoire naturelle 1884, 1 vol. in-18 jésus, de 636 p., avec 297 figures, cart............ 6 fr.

HERING. Médecine homœopathique domestique. Traduction nouvelle par Léon Simon, 6e *édition*, 1873, 1 vol. in-12, xcii-756 p., avec 169 figures, cartonné..................................... 7 fr.

HIPPOCRATE. Œuvres complètes, traduction nouvelle, avec le texte en regard, suivie d'une table des matières, par E. Littré. Ouvrage complet. Paris. 1839-1861, 10 vol. in-8 de 700 p. chacun....... 100 fr.

HIRSCHEL. Guide du médecin homœopathe au lit du malade, et repertoire de therapeutique homœopathique. Traduction par V.-Léon Simon. 2e *édition* 1874. 1 vol. in-18 jésus de xxiv-540 p..... 5 fr.

HOLMES (T.). Thérapeutique des maladies chirurgicales des enfants. 1870, 1 vol in-8, de 917 p., avec 330 figures.......... 15 fr.

HORTOLÈS (Ch.). Etude du processus histologique des néphrites. 1881. gr. in 8, 182 p., avec figures et 5 pl. coloriées... 6 fr.

HUFELAND. L'art de prolonger la vie ou la Macrobiotique, nouvelle édition française augmentee de notes par J. Pellagot. 1871, 1 vol. in-18 jesus de 640 p.................................. 4 fr.

HUGHES (R.). Action des médicaments homœopathiques, ou éléments de pharmaco-dynamique, traduit de l'anglais et annoté par le docteur I. Guérin-Méneville. 1874, 1 vol. in-18 jésus de xvi-647 p. 6 fr.

— **Manuel de thérapeutique** selon la méthode de Hahnemann. Traduit par I. Guérin-Méneville, 1881, 1 vol. in-18 jés. xvi-668. p.. 6 fr.

HUGOUNENQ. Les alcaloïdes d'origine animale. 1886, in-8 2 fr.

HUGUIER. Mémoire sur les allongements hypertrophiques du col de l'utérus dans les affections désignées sous les noms de *descente*, de *précipitation de cet organe*, et sur leur traitement. 1860, in-4, 231 p., avec 13 planches lithographiées.......................... 15 fr.

— **De l'hystérométrie** et du cathérisme utérin, de leurs applications au diagnostic et au traitement des maladies de l'utérus. 1865, 1 vol. in-8 de 400 p., avec 4 planches.. 6 fr.

HURTREL D'ARBOVAL. Dictionnaire de médecine, de chirurgie et d'hygiène vétérinaires. Édition entièrement refondue et augmentée de l'exposé des faits nouveaux observés par les plus célèbres praticiens français et étrangers, par A. ZUNDEL, vétérinaire supérieur d'Alsace-Lorraine. 1877, 3 vol. grand in-8 à deux colonnes, avec 1,600 figures.. 60 fr.

HUXLEY. Les sciences naturelles et les problèmes qu'elles font surgir (*Lay Sermons*) 1877, 1 vol. in-18 jésus de 500 p.......... 4 fr.

IMBERT-GOURBEYRE. Des paralysies puerpérales. 1861, 1 v. in-4 de 80 p.. 2 fr. 50.

JAHR. Principes et règles qui doivent guider dans la pratique de l'Homœopathie. Exposition raisonnée des points essentiels de la doctrine médicale de HAHNEMANN. 1857, 1 vol. in-8 de 528 p...... 7 fr.

— **Du Traitement homœopathique des Maladies des Organes de la Digestion,** comprenant un précis d'hygiène générale et suivi d'un répertoire diététique à l'usage de tous ceux qui veulent suivre le régime rationnel de la méthode de Hahnemann. 1859, 1 vol. in-18 jésus de 520 p.. 6 fr.

JAMMES (L.) Manuel des étudiants en pharmacie, 1886, 2 vol. in-18 avec figures.. 10 fr.

JEANNEL (J.). Formulaire officinal et magistral, international, comprenant environ 4,000 formules tirées des Pharmacopées légales de la France et de l'étranger ou empruntées à la pratique des thérapeutistes et des pharmacologistes, avec les indications thérapeutiques, les doses des substances simples et composées, le mode d'administration, l'emploi des médicaments nouveaux, etc., suivi d'un mémorial thérapeutique. *Quatrième édition*, en concordance avec le Codex medicamentarius de 1884 et le Formulaire des hôpitaux militaires de 1884. 1887, 1 vol. in-18 de XVI-1,044 p., cart.......................... 6 fr. 50

— **De la prostitution dans les grandes villes, au dix-neuvième siècle,** et de l'extinction des maladies vénériennes; questions générales d'hygiène, de moralité publique et de légalité, mesures prophylactiques internationales, réformes à opérer dans le service sanitaire; discussion des règlements exécutés dans les principales villes de l'Europe. Ouvrage précédé de documents relatifs à la prostitution dans l'antiquité. *Deuxième édition*, refondue et complétée par des documents nouveaux. 1874, 1 vol. in-18 de 658 p., avec figures.......................... 5 fr.

JEANNEL (MAURICE). Arsenal du diagnostic médical, mode d'emploi et appréciation des instruments d'exploration employés en séméiologie et en thérapeutique, avec les applications au lit du malade. 1877, 1 vol. in-8 de XVI-440 p., avec 262 fig.......................... 7 fr.

— **L'infection purulente ou pyohémie.** 1880, in-8.............. 7 fr.

JOBERT. De la réunion en chirurgie, 1864, 1 vol. in-8, XVI-720 p., 7 pl. dessinées d'après nature, gravées en taille-douce et color. 12 fr.

JOUSSET (P.). Leçons de clinique médicale. 1877, 1 vol. gr. in-8, XI-552 p.. 7 fr. 50

— **Nouvelles leçons de clinique médicale.** 1886, 1 vol. gr. in-8 9 fr.

JOUSSET (P.) **Éléments de médecine pratique,** contenant le traitement homœopathique de chaque maladie *Deuxième édition*, 1877, 2 vol. in-8 . . . . . . 15 fr.

— **Traité élémentaire de matière médicale** expérimentale et de thérapeutique positive par P. Jousset, avec la collaboration de Bon, Claude, Gabalda, Guérin-Méneville, M Jousset, Piedvache et J.-P. Tessier. 1884, 2 vol in-8 . . . . . . 18 fr.

JOUSSET (Marc). **Les maladies de l'enfance,** description et traitement homœopathique 1888, 1 vol. in-18 de 445 p. . . . . . . 4 fr.

— **Essai sur les hématocèles utérines intra-péritonéales.** 1883. in-8 . . . . . . 3 fr.

JULLIEN (Louis). **Traité pratique des maladies vénériennes.** *Deuxième édition*. 1886, 1 vol. gr. in-8 de 1,260 p , avec 246 figures, cartonné . . . . . . 21 fr.

JUNGFLEISCH (E.). **Manipulations de chimie,** guide pour les travaux pratiques de chimie 1886, 1 vol. gr. in-8 de 1,240 p., avec 372 figures, cartonné . . . . . . 27 fr.

KELSCH et KIENER. Traité des maladies des pays chauds. 1889. 1 vol gr. in-8 de 850 pages, avec 6 planches chromolithographiées et figures.

KIENER (L.-C) **Species général et iconographie des coquilles vivantes,** comprenant la collection du Muséum d'histoire naturelle de Paris, la collection Lamarck et les découvertes récentes des voyageurs, par L.-C. Kiener, continuée par le Dr Fischer, aide-naturaliste au Muséum d'histoire naturelle. 1837-1886. 12 vol. in-8, avec 902 pl. col . . 900 fr.

— Le même, 12 vol. in-4, avec 902 pl. col . . . . . . 1800 fr.

L'ouvrage est complet en 165 livraisons. Prix de chacune, avec 6 pl. color. in-8, 6 fr. — In-4 . . . . . . 12 fr.

On peut acquérir chaque famille, chaque genre séparément.

KOEBERLÉ. Des maladies des ovaires et de l'ovariotomie 1878, in-8, 135 p , avec figures . . . . . . 4 fr. 50

KUSS et DUVAL. Voy Duval (Mathias).

KUSSMAUL. Les troubles de la parole, traduction française augmentée de notes et d'additions et précédée d'une introduction par le professeur Benjamin Ball. 1884 . . . . . . 7 fr.

LABOULBÈNE. Nouveaux éléments d'anatomie pathologique descriptive et histologique. 1879, 1 vol. gr. in-8, 930 p., avec 297 fig., cartonné . . . . . . 20 fr.

LANDOUZY (L.). **Des paralysies dans les maladies aiguës.** 1880 in-8, 362 p . . . . . . 6 fr.

LAVALLÉE Arboretum segrezianum, icones selectæ arborum et fruticum in hortis segrezianis collectorum. 1885, 1 vol. in-4, avec 36 pl. cartonné . . . . . . 60 fr.

— **Les Clématites à grandes fleurs.** Description des espèces cultivées dans l'arboretum de Segrez. 1884, 1 vol. in-4, avec 24 planches dessinées d'après nature, cartonné . . . . . . 40 fr.

LAVERAN (A.). **Nature parasitaire des accidents de l'impaludisme,** description d'un nouveau parasite, trouvé dans le sang des malades atteints de fièvre palustre. 1881, in-8, 101 p avec 2 pl . . 3 fr 50

LAVERAN et TEISSIER. Nouveaux éléments de pathologie médicale. par A. Laveran, professeur à l'École de médecine militaire du Val-de-Grâce, et J. Teissier, professeur à la Faculté de médecine de Lyon. *Troisième édition*. 1888, 2 vol. in-8, avec figures . . 20 fr

LAYET. Hygiène des professions et des industries, précédé d'une étude générale des moyens de prévenir et de combattre les effets nuisibles de tout travail professionnel. 1875, 1 v. in-12 de XIV-560 p. 5 fr.

LEBERT. Traité d'Anatomie pathologique générale et spéciale, ou Description et iconographie pathologique des affections morbides, tant liquides que solides, observées dans le corps humain. *Ouvrage complet.* 1855-1861, 2 vol. in-fol. de texte, et 2 vol. in-fol. comprenant 200 pl. dessinées d'après nature, gravées et coloriées................ 615 fr.

LEFORT (Jules). **Traité de chimie hydrologique** comprenant des notions générales d'hydrologie et l'analyse chimique des eaux douces et des eaux minérales. *Deuxième édition.* 1873, 1 vol. in-8, 798 p., avec 50 figures et une planche chromolithographiée................ 12 fr.

LEGOUEST. Traité de Chirurgie d'armée. *Deuxième édition.* 1872. 1 vol. in-8 de 800 p., avec 149 fig.................. 14 fr.

LEGRAND du SAULLE. Les hystériques, état physique et état mental, actes insolites, délictueux et criminels. *Deuxième édition.* 1882, in-8 de 625 p.. 8 fr.

LE JOLIS. Liste des algues marines de Cherbourg. 1880, in-8, 168 p., avec 6 pl.. 5 fr.

LENHOSSEK. Des déformations artificielles du crâne. 1880, in-4, avec 3 pl. et 16 fig., cartonné.............................. 14 fr.

LETIEVANT. Traité des sections nerveuses, physiologie pathologique, indications, procédés opératoires. 1873, 1 vol. in-8, avec 20 figures.. 8 fr.

LEUDET. Clinique médicale de l'Hôtel-Dieu de Rouen. 1874, 1 vol. in-8 de 650 p.. 8 fr.

LEURET et GRATIOLET. Anatomie comparée du système nerveux considérée dans ses rapports avec l'intelligence; 1839-1857. 2 vol. in-8 et atlas de 32 pl. in-folio. Fig. noires.............. 48 fr. Figures coloriées... 96 fr.

LÉVY (Michel). **Traité d'hygiène publique et privée.** *Sixième édition,* 1879, 2 vol. gr. in-8, ensemble 1,900 p., avec fig....... 20 fr.

LEYDEN (E.). **Traité clinique des maladies de la moelle épinière** par E. Leyden, professeur de clinique médicale à l'Université de Berlin. 1879, 1 vol. gr. in 8 de 850 p....................... 14 fr.

LICHTWITZ (L.). **Les anesthésies hystériques** des muqueuses et des organes des sens et les zones hystérogènes des muqueuses, recherches cliniques. 1887, in-8... 3 fr.

LITTRÉ. Dictionnaire de médecine. Voyez *Dictionnaire.*

LIVON (Ch.). **Manuel de vivisections,** par Ch. Livon, professeur à l'école de médecine de Marseille. 1882, 1 vol. in-8, avec 119 figures noires et coloriées.. 7 fr.

LOMBARD. Traité de climatologie médicale, comprenant la météorologie médicale et l'étude des influences du climat sur la santé, par le docteur H.-C. Lombard, de Genève 1877-1879, 4 vol. in-8..... 40 fr.

— **Atlas de la distribution géographique des principales maladies** dans ses rapports avec les climats. 1880, in-4, de 25 cartes imprimées en couleurs, avec texte explicatif, cart...................... 12 fr.

— **Les stations sanitaires au bord de la mer et dans les montagnes,** les stations hivernales, choix d'un climat pour prévenir ou guérir les maladies 1880, in-8, 92 p............................ 2 fr.

LORAIN. Le choléra observé à l'hôpital Saint-Antoine. 1868, 1 vol gr. in-8 de 300 p., avec graphiques............................ 7 fr.

— **Le Pouls, ses variations et ses formes diverses dans les maladies.** 1870, 1 vol. gr. in-8, 372 p., avec 488 fig............ 10 fr.

LORAIN. De la température du corps humain et de ses variations dans les diverses maladies. Publication faite par les soins du professeur Brouardel, 1878, 2 vol. in-8, avec figures et portrait.......... 30 fr.

— **De l'Albuminurie.** 1860, in-8, avec planche............ 2 fr. 50

Voy. Vallin. *Guide du Médecin praticien.*

LUBBOCK. La vie des plantes. Traduction française revue par sir J. Lubbock, 1889, 1 vol. in-8 de 500 p. avec 350 fig.

LUTON. Études de thérapeutique générale et spéciale, avec applications aux maladies les plus usuelles, par A. Luton, professeur de clinique médicale à l'École de médecine de Reims 1882, 1 vol. in-8, de 472 p. 6 fr.

LUYS (J.). Iconographie photographique des centres nerveux. 1873, 1 vol. gr. in-4, de texte et d'explication des planches VIII-74, 40 p., avec atlas de 70 photogr. et 65 schémas lithogr., cart. en 2 vol. 150 fr.

— **Petit atlas photographique du système nerveux. Le cerveau.** 1888, 1 vol. in-8, avec 24 héliogravures, cartonné........ 12 fr.

— **Études de physiologie et de pathologie cérébrales.** Des actions reflexes du cerveau dans les conditions normales et morbides de leurs manifestations. 1874, 1 vol. gr. in-8 de XII-208 p., avec 2 pl. contenant 8 fig tirées en lithogr. et 2 fig. tirées en photoglyptie......... 5 fr.

— **Recherches sur la mensuration de la tête à l'aide de nouveaux procédés céphalographiques.** 1886, in-8, avec fig. 1 fr. 50.

LYELL. L'Ancienneté de l'homme, prouvée par la géologie, et remarques sur les théories relatives à l'origine des espèces par variation. *Deuxième édition* française revue et corrigée par Hamy. Paris, 1870, in-8 de XVI-560 p., avec 68 figures — **Précis de Paléontologie humaine,** par Hamy, servant de supplément. 1870, 1 vol. in-8, avec figures, cartonné.. 16 fr.

MACÉ (E.), Traité pratique de Bactériologie par E. Macé, professeur agrégé chargé du cours d'histoire naturelle médicale à la Faculté de médecine de Nancy. Paris, 1889, 1 vol. in-16 de 714 p., avec 173 figures.. 8 fr.

MAGITOT (E.) Mémoire sur les tumeurs du périoste dentaire et sur l'ostéo-périostite alvéolo-dentaire. 2ᵉ *édit.* 1873, in-8, avec 1 pl. 3 fr.

MAGNE. Hygiène de la vue. *Quatrième édition*, 1866, 1 vol. in-18 jésus de 350 p., avec 30 fig.. 3 fr.

MAGNIN (Antoine). Recherches sur la géographie botanique du Lyonnais, Bas-plateaux lyonnais, Cotière méridionale de la Dombes. 1880, 1 vol. gr. in-8, 160 p., avec 2 cartes coloriées............ 8 fr.

MAHÉ. Manuel pratique d'hygiène navale, ou des moyens de conserver la santé des gens de mer. 1874, 1 vol. in-18 de XV-451 p. Cartonné .... 3 fr 50

— **Programme de séméiotique et d'étiologie, pour l'étude des maladies exotiques et principalement des maladies des pays chauds.** 1879, 1 vol. in-8, 428 p............................ 7 fr.

MALPERT-NEUVILLE. (R.). Examen bactériologique des eaux naturelles. 1887, in-8, avec 32 figures................ 2 fr.

MARCHANT (G.). Des épanchements sanguins intracrâniens consécutifs au traumatisme. 1881, in-8, 200 p......... 4 fr. 50

MARTIN (F.). Les cimetières de la crémation, étude historique et critique 1881, in-8, 182 p.......................... 5 fr.

MARTIN SAINT-ANGE. Iconographie pathologique de l'œuf humain fécondé, en rapport avec l'étiologie de l'avortement. 1884, in-4, 188 p., avec 19 pl chromo-lithographiées.............. 35 fr.

MARTINS (Ch.). Du Spitzberg au Sahara. Étapes d'un naturaliste au Spitzberg, en Laponie, en Écosse, en Suisse, en France, en Italie, en Orient, en Égypte et en Algérie. 1886, 1 vol. in-8, XVI-620 p., avec 16 pl. 10 fr.

MARVAUD (ANGEL). **Les aliments d'épargne** : alcool et boissons aromatiques, café, thé, coca, cacao, maté, 1874, in-8 de 504 p. . . 6 fr.

-- **Le sommeil et l'insomnie**, étude physiologique, clinique et thérapeutique. 1881, in-8, 137 p . . . . 3 fr 50

MASSELON. **Précis d'ophthalmologie chirurgicale**, par le docteur MASSELON, chef de clinique de M. de Wecker. 1886, 1 vol.-in-18, jésus, avec 118 figures. . . . . 6 fr.

MATHIEU (M.). **Du cancer précoce de l'estomac**. 1884, gr. in-8, 150 p. . . . . 3 fr.

MAURIAC (CH.). **Leçons sur les maladies vénériennes**, professées à l'hôpital du Midi par CH. MAURIAC, médecin de l'hôpital du Midi, 1883, 1 vol. in-8, 1,072 p. 18 fr

— **Nouvelles leçons sur les maladies vénériennes**, professées à l'hôpital du Midi 1889. 1 vol. in-8, 1,100 p.

MAYER. **Des rapports conjugaux**, considérés sous le triple point de vue de la population, de la santé et de la morale publique. *Huitième édition*, 1884. 1 vol. in-18 jésus de 370 p. . . . . 3 fr.

— **Conseils aux femmes sur l'âge de retour**, médecine et hygiène, 1875. 1 vol in-12 de 216 p. 3 fr.

MAZET (A.). **Asepsie et antisepsie**, par le docteur Auguste MAZET, médecin de la marine, 1888, gr. in-8 de 93 p., avec figures. . . 2 fr. 50.

MÈLIER. **Relation de la fièvre jaune** survenue à Saint-Nazaire en 1861. 1863, in-4 de 276 p., avec 3 cartes. . . . . 10 fr.

MERCIER (J.) **Conseils aux personnes affaiblies**. 1883, in-18 1 fr.

MERLEY. **De l'Albuminurie intermittente cyclique**, 1887, in-8 . . . . 2 fr. 50

MIARD (A.). **Des troubles fonctionnels et organiques de l'amétropie et de la myopie**, en particulier de l'accommodation binoculaire et ciliaire dans les vices de la réfraction 1873, 1 vol. in-8. 7 fr.

MOITESSIER. **La Photographie appliquée aux recherches micrographiques**. 1866, 1 vol. in-18 jésus, avec 41 figures gravées d'après des photographies et 3 planches photographiques. . . . . 7 fr.

MOQUIN-TANDON. **Éléments de Botanique médicale**, contenant la description des végétaux utiles à la médecine et des espèces nuisibles à l'homme, vénéneuses ou parasites *Troisième édition*. 1875. 1 vol in-18 jésus, avec 128 figures. . . . . 6 fr.

— **Histoire naturelle des Mollusques terrestres et fluviatiles de France**, contenant des études générales sur leur anatomie et leur physiologie, et la description particulière des genres, des espèces, des variétés, 1855, 2 vol. gr. in-8 de 450 p., avec un atlas de 54 pl. Figures noires, 42 fr — Figures coloriées. . . . . 66 fr.

MORACHE. **Traité d'hygiène militaire**. *Deuxième édition* entièrement remaniée, mise au courant des progrès de l'hygiène générale et des nouveaux règlements de l'armée. 1886, 1 vol. in-8 de 936 p., avec 173 figures. . . . . 15 fr.

MOREL (CH.). **Traité élémentaire d'histologie humaine**, normale et pathologique, précédé d'un exposé des moyens d'observer au microscope. *Troisième édition*. 1880, in-8, 418 p. avec atlas de 36 planches dessinées d'après nature par A. VILLEMIN. . . . . 16 fr.

MORELLE (E.). **L'air atmosphérique** 1889, in-8. . . . . 2 fr. 50

NAEGELÉ et GRENSER. **Traité pratique de l'art des accouchements**, traduit, annoté et mis au courant des derniers progrès de la science, par G.-A. AUBENAS, professeur à la Faculté de médecine de Strasbourg. Ouvrage précédé d'une introduction par J.-A. STOLTZ, doyen de la Faculté de médecine de Nancy. *Deuxième édition*. 1880, 1 vol. in-8 de 800 p., avec 1 planche et 207 fig. . . . . 12 fr.

NUSSBAUM (J. de). **Le pansement antiseptique,** ses principes, ses nouvelles méthodes, manuel pratique par J. DE NUSSBAUM, traduit sur la cinquième édition allemande par le Dr Eug. DE LA HARPE (de Lausanne). 1888, 1 vol. in-18 de 360 p. ... 5 fr.

ORÉ. Hygiène des maternités. Résultats de huit années d'observation à la maternité de Bordeaux. 1886, in-8, avec 2 plans ... 2 fr. 50.

ORIBASE. Œuvres, texte grec, traduit en français, avec une introduction, des notes, des tables et des planches, par les docteurs BUSSEMAKER, DAREMBERG et A. MOLINIER. 1851-1876, 6 vol. in-8 de 700 pages chacun ... 72 fr.

OZANAM. La circulation et le pouls, histoire, physiologie, séméiotique, indications thérapeutiques. 1886, 1 vol. gr. in-8, 1,060 p., avec portraits et 493 figures ... 20 fr.

PARSEVAL (LUD) **Observations pratiques** de Samuel HAHNEMANN, et Classification de ses recherches sur les **propriétés caractéristiques des médicaments** 1857-1860, 1 vol. in-8 de 400 p. ... 6 fr.

PAULET et LEVEILLÉ. Iconographie des Champignons, de PAULET. Recueil de 217 planches dessinées d'après nature, gravées et coloriées, accompagné d'un texte nouveau présentant la description des espèces figurées, leur synonymie, l'indication de leurs propriétés utiles ou vénéneuses, l'époque et les lieux où elles croissent par J.-H. LÉVEILLÉ. 1855. 1 vol. in-folio de 135 p., avec 217 pl. col., cartonné ... 170 fr.

PENARD (LUCIEN). **Guide pratique de l'Accoucheur et de la Sage-Femme.** 6e *édition*. 1883, 1 vol. in-18, XXIV-697 p., avec 180 fig. cart. ... 6 fr.

PERRET (S.). **Clinique médicale de l'Hôtel-Dieu de Lyon.** 1887, 1 vol. in-8, 504 p. ... 8 fr.

PERTUS. Traité des maladies du chien, précédé d'une description des races et de l'âge. 1885, in-18 ... 1 fr. 50

PETER (MICHEL). **Traité clinique et pratique des maladies du cœur** et de la crosse de l'aorte, par Michel PETER, professeur à la Faculté de médecine de Paris, médecin de l'hôpital de la Charité. 1883, 1 volume, in-8 de 844 pages avec figures et 4 planches chromolithographiées ... 18 fr.

— Voy TROUSSEAU et PETER, *Clinique médicale*.

PEYROT. De la valeur thérapeutique et opératoire de l'iridectomie. 1878, gr. in-8, 104 p. ... 3 fr. 50

PICARD. Névroses des organes génito-urinaires de l'homme, par ULTZMANN, 1883, in-8, 100 p. ... 1 fr. 50

— **Maladies de la prostate,** 1 vol. in-8. — **Maladies de l'urèthre,** 1 vol. — **Maladies de la vessie,** 1 vol. in-8. Chaque volume ... 8 fr.

PICTET. Traité de paléontologie, ou Histoire naturelle des animaux fossiles considérés dans leurs rapports zoologiques et géologiques. *Deuxième édition*. 1853-1857, 4 volumes in-8, avec atlas de 110 pl., gr. in-4, cart ... 80 fr.

PIESSE (S). **Des odeurs, des parfums et des cosmétiques,** histoire naturelle, composition chimique, préparation, recettes, industrie, effets physiologiques et hygiène des poudres, vinaigres, dentifrices, pommades, fards, savons, eaux aromatiques, essences, infusions, teintures, alcoolats, sachets, etc. 2e *édition*. 1877, 1 vol. in-18 jés de XXXVI-580 p., avec 92 figures ... 7 fr.

POLLOSSON. Traitement de l'anus contre nature et des fistules stercorales 1883, in-8, 216 p. ... 4 fr.

POULET (J.). **Des diverses espèces de forceps,** leurs avantages et leurs inconvénients. 1883, in-8 avec 80 figures ... 6 fr.

POUSSON (A.). **De l'ostéoclasie.** 1886, gr. in-8, 263 p. avec fig. 5 fr.

PROST-LACUZON. Formulaire homœopathique usuel ou Guide homœopathique pour traiter soi-même les maladies, 6e *édition*. 1889, 1 vol. in-18 jésus de 583 pages .... 6 fr.

QUATREFAGES. Hommes fossiles et hommes sauvages, études d'anthropologie comparée, par A. DE QUATREFAGES, membre de l'Institut, professeur au Muséum d'histoire naturelle. 1883, 1 vol. gr. in-8 de 640 pages avec 209 figures et une carte........................ 15 fr.
Relié en toile, fers spéciaux.................................... 18 fr.

QUATREFAGES et HAMY. Les Crânes des races humaines, décrits et figurés d'après les collections du Muséum d'histoire naturelle de Paris, de la Société d'Anthropologie de Paris et les principales collections de la France et de l'Étranger, 1881, 1 vol. in-4 de 500 p. avec figures et 1 atlas de 100 pl. lith. cartonnés.............................. 160 fr.
L'ouvrage est complet en 11 livraisons, chacune de 5 à 6 feuilles de texte et 10 pl. — Prix de chaque livraison .... 14 fr.

RACLE. Traité de Diagnostic médical. Guide clinique pour l'étude des signes caractéristiques des maladies, contenant un Précis des procédés physiques et chimiques d'exploration clinique. *Sixième édition*, par CH. FERNET et I. STRAUS, médecins des hôpitaux, professeur à la Faculté de médecine de Paris. 1878, 1 vol. in-18 jésus, XII-860 p., avec 99 fig., cart.. 8 fr.

RANVIER (L.). Leçons d'anatomie générale, faites au collège de France. *Appareils nerveux terminaux des muscles de la vie organique* : cœurs sanguins, cœurs lymphatiques, œsophage, muscles lisses. 1880. 1 vol. in-8, VII-536 p. avec figures et tracés.............. 10 fr.
— *Terminaisons nerveuses sensitives, cornée*. 1881, 1 vol. in-8, XX-447 p. avec figures .... 10 fr.

RATTEL. Des cornets acoustiques et de leur emploi dans le traitement médical de la surdi-mutité. 1886, in-18 avec figures .... 1 fr. 50

REDARD (PAUL). Examen de la vision chez les employés de chemins de fer. 1880. in-8, 64 p. avec 4 pl. coloriées........ 4 fr.
— **Traité de thermométrie médicale** comprenant les abaissements de la température, l'algidité centrale et la thermométrie locale. 1885, 1 vol. in-8 de 700 p. avec 200 fig.............................. 12 fr.

REGUIS. Essai sur l'histoire naturelle des vertébrés de la Provence et des départements circonvoisins. 1882, 1 volume in-8 de 429 pages .... 8 fr.

REMAK. Galvanothérapie, ou de l'application du courant galvanique constant au traitement des maladies nerveuses et musculaires. 1860. 1 vol. in-8 de 467 p .... 7 fr.

REMY (S.). De la grossesse compliquée de kyste ovarique. 1886, gr. in-8, 240 pages.. 6 fr.

RENOUARD. Lettres philosophiques et historiques sur la médecine au XIXe siècle. 3e *édition*. 1861, 1 vol. in-8, 240 p. 3 fr. 50

REUSS (L.). La prostitution en France et à l'étranger. 1889, 1 vol. in-8 de 690 pages.................................. 7 fr. 50

RÉVEIL. Formulaire raisonné des Médicaments nouveaux et des médications nouvelles. 2e *édition* 1865, 1 vol. in-18 jésus de XII-608 p. avec fig.. 6 fr.

RÉVEILLÉ-PARISE. Guide pratique des goutteux et des rhumatisants. Édition refondue par E. CARRIÈRE. 1878, 1 vol. in-18 jésus, VIII-306 p.. 3 fr. 50
— **Physiologie et hygiène des hommes livrés aux travaux de l'esprit,** édition refondue et mise au courant des progrès de la science par le Dr Ed. CARRIÈRE. 1881, 1 vol. in-18 jésus, 435 p .... 4 fr.

REYMOND et STILLING. Des rapports de l'accommodation avec la convergence et de l'origine du strabisme. 1888. in-8, avec 1 pl.... 6 fr.

REYNIER (P.). **Des nerfs du cœur,** anatomie et physiologie. Paris, 1880. gr. in-8, 171 p. .... 4 fr.

RIBES. Traité d'Hygiène thérapeutique, ou Application des moyens de l'hygiène au traitement des maladies. 1860 1 v in-8 de 828 p. 10 fr.

RICHARD (David). **Histoire de la génération** chez l'homme et chez la femme. 1875. 1 vol. in-8 de 350 p., avec 8 pl. col. cart....... 12 fr.

— **Histoire de la génération** chez l'homme et chez la femme, 2e édition. 1883. 1 vol in-18 jésus de 360 p , avec fig.. .... 3 fr. 50

RICHELOT (G.). **Du tétanos.** 1875, in-8 de 147 p............. 3 fr.

— **Des tumeurs kystiques de la mamelle,**. 1878, gr. in-8°. 3 fr. 50

RICORD. Lettres sur la Syphilis. 3e *édition,* 1863, 1 vol. in-18 jésus de vi-558 p.... 4 fr.

RINDFLEISCH (E.). **Eléments de pathologie** par E Rindfleisch. professeur à l Université de Wurzbourg, trad. de l'allemand par J. Schmitt, professeur agrégé à la Faculté de médecine de Nancy, avec une préface par le professeur Bernheim, 1886. 1 vol. in-8, 395 p............. 6 fr.

— **Traité d'histologie pathologique.** Traduit sur la sixième édition allemande et annoté par F Gross, professeur à la Faculté de médecine de Nancy et Schmitt, professeur agrégé. 1888, 1 vol. gr. in-8, avec 359 figures .... 15 fr.

RIVIÈRE (E.) **Paléoethnologie. Antiquité de l'homme** dans les Alpes-Maritimes. 1887, 1 vol. in-4 avec 24 planches chromo lith. et 96 fig. Ouvrage complet en 12 livraisons, cartonné .... 65 fr.

Prix de chaque livraison .... 5 fr.

ROBIN (Albert). **Des troubles oculaires dans les maladies de l'encéphale.** 1880. 1 vol. in-8 de 601 p., avec 46 fig et 1 pl. lith. 9 fr.

— **Essai d'urologie clinique.** La fièvre typhoïde, par Albert Robin, professeur agrégé à la Faculté de médecine, 1877, 1 vol. gr. in-8 de 364 p. 4 fr. 50

ROBIN (Ch.). **Traité du microscope** et des injections, de leur emploi, de leurs applications à l'anatomie humaine et comparée, à la physiologie, à la pathologie médico-chirurgicale, à l'histoire naturelle animale et végétale et à l'économie agricole, 2e *édition.* 1877, 1 vol. in-8, 1101 p. avec 336 fig. cart .... 20 fr.

— **Leçons sur les humeurs** normales et morbides du corps de l'homme. 2e *édition* 1874, 1 vol in-8 de 1008 p. avec 35 fig .... 18 fr.

— **Anatomie et physiologie cellulaires,** ou des cellules animales et végétales, du protoplasma et des éléments normaux et pathologiques qui en dérivent. 1873, 1 vol. in-8 de 640 p., avec 83 fig......... 16 fr.

— **Programme du cours d'Histologie.** 2e *édition* 1870, 1 vol. in 8 de xl-416 p .... 6 fr.

ROBIN (Ch.) **et VERDEIL. Traité de Chimie anatomique et physiologique,** normale et pathologique, ou des Principes immédiats normaux et morbides qui constituent le corps de l'homme et des mammifères 1853. 3 volumes in-8, avec atlas de 45 pl. color .... 36 fr.

ROBINSKI. Du développement du typhus exanthématique, sous l'influence des eaux malsaines et d'une mauvaise alimentation. 1881. in-8.... 4 fr.

ROCHARD. Histoire de la chirurgie française au XIXe siècle, étude historique et critique sur les progrès faits en chirurgie et dans les sciences qui s'y rapportent, depuis la suppression de l'Académie royale de chirurgie jusqu'à l'époque actuelle, par le docteur J. Rochard, inspecteur du service de santé de la marine. 1875. 1 vol. in-8 de xvi-809 p.. 12 fr.

ROUBAUD (Félix). **Traité de l'impuissance et de la stérilité,** chez l'homme et chez la femme, comprenant l'exposition des moyens recommandés pour y remédier. 3e *édition*. 1876, 1 vol. in-8 de 804 p... 8 fr.

ROUSSEL (Th.). **Traité de la pellagre et des pseudo-pellagres.** Ouvrage couronné par l'Institut. 1866, 1 vol in-8 de 656 p...... 10 fr.

ROUX (J.). **De l'ostéomyélite et des amputations secondaires.** 1860, 1 vol. in-4, avec 6 planches.............................. 5 fr.

RUFUS (d'Ephèse). **Œuvres.** Texte collationné sur les manuscrits, traduit pour la première fois en français avec une introduction. Publication commencée par le docteur Ch. Daremberg, continuée et terminée par Ch.-Emile Ruelle. 1880. 1 vol. grand in-8, de 678 p....... 12 fr.

ROUSSEAU (Emm.). **Anatomie comparée du système dentaire,** chez l'homme et chez les principaux animaux. Paris, 1839, 1 vol. gr. in-8, avec 30 planches.. 15 fr.

SAUREL. Traité de Chirurgie navale. suivi d'un Résumé de leçons sur le **service chirurgical de la flotte,** par J. Rochard, 1861, in-8 de 600 pages, avec 106 figures................................ 8 fr.

SCHIMPER. Traité de Paléontologie végétale, ou la flore du monde primitif, dans ses rapports avec les formations géologiques et la flore du monde actuel, par W.-P. Schimper, professeur de géologie à la Faculté des sciences de Strasbourg, 1869 1874, 3 vol. gr. in-8, avec atlas de 110 pl. grand in-4 lith. cart............................ 150 fr.

SCHLEMMER. Etude sur les bronchites, dans leurs rapports avec les maladies constitutionnelles. 1883, in-8. 234 pages....... 4 fr.

SCHWARTZ (Ch.-Ed.). **Ostéosarcomes des membres.** 1880, gr. in-8, 267 pages.. 4 fr.

— **Des tumeurs du larynx.** 1886, gr. in-8, 294 pages......... 60 fr.

SCIENCE ET NATURE. Revue internationale illustrée des progrès de la science et de l'industrie. 1884-1885, 4 vol. gr in-8, broch. 40 fr. Reliés richement avec fers spéciaux, dorés sur tranches.......... 54 fr.

SCHRIBAUX et NANOT. Eléments de botanique agricole, à l'usage des Ecoles d'agriculture, des Ecoles normales et de l'enseignement agricole départemental. 1882, 1 vol. in-18. 328 p., avec 262 fig... 7 fr.

SCHACK. La physionomie chez l'homme et chez les animaux. dans ses rapports avec l'expression des émotions et des sentiments, par S. Schack, major de l'armée danoise. 1 vol. in-8 avec 154 fig....... 7 fr.

SEMMOLA. Médecine vieille et médecine nouvelle, par le Dr M. Semmola, professeur de thérapeutique à l'Université de Naples. 1881, 1 vol. in-8, 109 pages.. 2 fr. 50

SERRES (E.). **Anatomie comparée transcendante. Principes d'embryogénie,** de zoogénie, de tératogénie. 1859, 1 vol. in-4 de 942 pages avec 26 planches....................................... 16 fr.

SICARD (H.). **Eléments de zoologie,** par H. Sicard. prof. à la Faculté des sciences de Lyon. 1883, 1 vol. in-8, 842 p. avec 768 fig. cart. 20 fr.

SICHEL. Iconographie ophthalmologique, ou description avec figures coloriées de maladies de l'organe de la vue, comprenant l'anatomie pathologique, la pathologie et la thérapeutique médico-chirurgicales. 1852-1859, 2 vol. gr. in-4 dont 1 vol. de 840 pages de texte, et 1 vol. de 80 planches coloriées .... 172 fr. 50

Demi-rel. des 2 vol. dos de maroquin, très supérieure dorée... 15 fr.

Cet ouvrage est complet en 23 livraisons. Prix de chaque.... 7 fr. 50

SIEBOLD. Lettres obstétricales. Traduit de l'allemand, avec introduction et des notes. par J. A. Stoltz. 1866, in-18, 268 pages. 2 fr. 50

SIGNOL. Aide-mémoire du vétérinaire. Médecine, chirurgie, obstétrique, formules, police sanitaire, jurisprudence commerciale. 1884, 1 vol in-18 jésus de 543 pages avec 395 fig. cart................ 6 fr.

SIMON (Léon). **Des maladies vénériennes et de leur traitement homœopathique.** 1860, 1 vol. in-18 jesus, XII-744 pages....... 6 fr.

SIMON (P. Max.). **Crimes et délits dans la folie.** 1886, in-12, 285 pages.. 2 fr. 50

SIMPSON. Clinique obstétricale et gynécologique. 1874, 1 vol. gr. in-8 de 820 pages avec figures.................................... 12 fr.

SOUBEIRAN. Nouveau dictionnaire des falsifications et des altérations des aliments, des médicaments et de quelques produits employés dans les arts, l'industrie et l'économie domestique; exposé des moyens scientifiques et pratiques d'en reconnaître le degré de pureté, l'état de conservation, de constater les fraudes dont ils sont l'objet, par J.-Léon Soubeiran, professeur à l'école supérieure de pharmacie de Montpellier, 1874, 1 vol. gr. in-8 de 640 pages avec 218 fig. cart............ 14 fr.

STRAUS. Des ictères chroniques, par le docteur Isidore Straus, médecin des hôpitaux. 1878, in-8, 165 pages.................. 3 fr. 50

— Voy, Racle, *Diagnostic.*

TARDIEU (A.). **Médecine légale**; attentats aux mœurs, folie, pendaison, blessures, empoisonnement, avortement, infanticide, maladies accidentelles, identité. 9 vol. in-8 .... 54 fr.

— **Etude médico-légale sur les attentats aux mœurs.** *Septième édition.* 1878, in-8 de 224 p. 5 avec pl.............................. 5 fr.

— **Etude médico-légale sur l'avortement**, suivie d'observations et recherches pour servir à l'histoire médico-légale des grossesses fausses et simulées. *4e édition.* 1881, in-8, VII-300 pages.................. 4 fr.

— **Etude médico-légale sur la folie.** *2e édition* 1880. 1 vol in-8 de XXII-610 p avec 15 fac-similé d'écriture d'aliénés .... 7 fr.

— **Etude médico-légale sur la pendaison, la strangulation et la suffocation**, *2e édition.* 1879, 1 vol. in-8, XII-354 p avec pl. ... 5 fr.

— **Etude médico-légale et clinique sur l'empoisonnement**, *2e édition.* 1875, 1 vol in 8 de 1072 p. avec 2 pl. et 52 fig......... 14 fr.

— **Etude médico-légale sur l'infanticide**, *2e édition.* 1888, 1 vol. in-8, avec 3 planches coloriées .... 6 fr.

— **Etude médico-légale sur les blessures**, comprenant les blessures en général et les blessures par imprudence, les coups et l'homicide involontaire. 1879. 1 vol. in 8 .... 6 fr.

— **Etude médico-légale sur les maladies accidentellement ou involontairement produites** par imprudence, négligence ou transmission contagieuse 1878. 1 vol. in-8 de 300 pages..................... 4 fr.

— **Question médico-légale de l'identité**, dans ses rapports avec les vices de conformation des organes sexuels, contenant les souvenirs et impressions d'un individu dont le sexe avait été méconnu. *Deuxième édition.* 1874. 1 vol. in-8 de 176 pages.................................. 3 fr.

TCHIHATCHEF (P. de). **Espagne, Algérie et Tunisie.** 1880, 1 vol gr. in-8 de 995 planches avec 1 carte de l'Algérie......................... 12 fr

TEMMINCK et LAUGIER. Nouveau Recueil de planches coloriées d'Oiseaux, pour servir de suite et de complément aux planches enluminées de Buffon. Ouvrage complet en 102 livr. 1822-1838, 5 vol. gr in-folio, avec 600 planches gravées et coloriées......... 1,000 fr.

Le même avec 600 p. grand in-4, figures coloriées............ 750 fr.

Demi-reliure, dos en maroquin, des 5 vol. grand in-fol........ 90 fr.

— — des 5 vol. grand in-4........ 60 fr.

TESTE (A.). **Systématisation pratique de la Matière médicale homœopathique.** 1853. 1 vol. in-8 de 616 pages........ 8 fr.

Comment on devient homœopathe. *Troisième édition.* 1873. 1 vol. in-18 jésus de 322 pages.. 3 fr. 50

THOMPSON (H.). **Traité pratique des maladies des voies urinaires,** par sir Henry Thompson, professeur de clinique chirurgicale et chirurgien à University College Hospital. 2e *édition* précédée de **Leçons cliniques sur les maladies des voies urinaires** 1881, 1 vol in-8 de 1000 p. avec 280 fig .... 20 fr.

— **Leçons sur les tumeurs de la vessie et sur quelques points de la chirurgie des voies urinaires.** Traduit par le docteur Robert Jamin 1885, 1 vol. in-8 avec figures .... 4 fr. 50

THOMSON (James). **Essai d'une classification de la famille des Cérambycides.** 1861, gr. in-8, 396 p avec 3 pl.......... 8 fr.

— **Archives entomologiques.** 1857. 2 vol. gr in-8 avec 35 pl. fig. noires (60 fr.).. 15 fr.

— *Le même*, fig. coloriees. (75 fr.)................................ 30 fr.

— **Monographie des Cicindélides.** 1859, in 4. avec 10 pl (24 fr.) 8 fr.

TRÉVOUX. Les tumeurs à tissus multiples. 1888, in-8... 3 fr.

TRIPIER Aug. **Manuel d'électrothérapie.** 1861. 1 vol. in-18 jésus xii-624 p. avec 89 fig..................................... 6 fr

TRIPIER et BOUVERET. La fièvre typhoïde traitée par les bains froids. 1886 in-8. avec 27 traces.................. 6 fr. 50

TROUSSEAU. Clinique médicale de l'Hôtel-Dieu de Paris. *Septième édition*, par le docteur Michel Peter 1885, 3 vol. in-8, ensemble 2616 p., avec un portrait de l auteur....................... 32 fr.

TUKE (Hack). **Le corps et l'esprit,** action du moral et de l'imagination sur le physique, trad. de l anglais par V. Parant. 1886, 1 vol. in-8, 404 p.. avec 2 pl .... 6 fr.

VALETTE. Clinique chirurgicale de l'Hôtel-Dieu de Lyon. 1875, 1 vol. in-8 de 720 p. avec fig................................ 12 fr.

VALLEIX. Guide du médecin praticien, ou Résumé général de Pathologie interne et de Thérapeutique appliquées. *Cinquième édition*, contenant le résumé des travaux les plus récents, par P Lorain, professeur de la Faculté de médecine 1866, 5 vol. gr. in-8 de chacun 800 p., avec 81 fig.. 50 fr.

VAUTRIN. Traitement chirurgical des myomes utérins. 1886, gr. in-8, de 360 p... 6 fr.

VERLOT (B). **Guide du botaniste herborisant.** Conseils sur la récolte des plantes, la préparation des herbiers, l'exploration des stations des plantes phanérogames et cryptogames et les herborisations aux environs de Paris, dans les Ardennes, la Bourgogne, la Provence, le Languedoc, les Pyrénées, les Alpes, l'Auvergne, les Vosges, au bord de la Manche, de l'Océan, de la mer Méditerranée *Troisième édition* 1886, 1 vol. in-18. 764 p., avec fig , cartonné.................................. 6 fr.

VERNEUIL (A). **De la gravité des lésions traumatiques et des opérations chirurgicales chez les alcooliques,** communications à l'Académie de médecine, par MM. Verneuil, Hardy, Gubler, Gosselin, Richet 1871. in-8. 160 pages..................................... 3 fr.

VERNOIS (Max). **Traité pratique d'hygiène industrielle et administrative,** comprenant l'étude des établissements insalubres, dangereux et incommodes. 1860. 2 vol. in-8 de chacun 700 p ...... 16 fr.

VESQUE (J.). **Traité de botanique agricole** et industrielle par J. Vesque, maître de conférences à la Faculté des sciences de Paris. Paris 1885. 1 vol. in-8 de xvi-876 pages, avec 598 figures. cartonné... 18 fr.

VETAULT. Étude médico-légale sur l'alcoolisme. Des conditions de la responsabilité au point de vue pénal chez les alcoolisés. 1887, 1 vol, gr. in-8, de 237 pages.. 4 fr.

VIBERT. Précis de médecine légale, par le docteur Ch. Vibert, médecin expert près les tribunaux de la Seine, avec une introduction par le professeur BROUARDEL. 1886, 1 vol. in-18 jésus de 768 p. avec 79 fig. et trois pl. en chromotypographie. Cartonné .... 8 fr.

VIBERT. Étude médico-légale sur les blessures produites par les accidents de chemin de fer. 1888, 1 vol. in-8, 118 p. 3 fr. 50

VIDAL. Traité de Pathologie externe et de Médecine opératoire, avec des Résumés d'anatomie des tissus et des régions par A. VIDAL (de Cassis), professeur agrégé à la Faculté de médecine de Paris, *Cinquième édition*, par le docteur FANO. 1861, 5 vol. in-8, avec 761 figures.. 40 fr.

VILLAR. Des tumeurs de l'ombilic. 1887, in-8, avec 7 pl 3 fr 50

VILLEMIN. Étude sur la tuberculose, preuves rationnelles expérimentales de sa spécificité et de son inoculation. 1868, 1 vol. in-8 de 640 p.. 8 fr.

VIRCHOW. La pathologie cellulaire basée sur l'étude physiologique et pathologique des tissus *Quatrième édition*, par I. STRAUS, professeur à la Faculté de médecine. 1874, 1 vol in-8 de xxiv-582 pages avec 157 figures.. 9 fr.

VOISIN. Traité de la paralysie générale des aliénés, par le docteur Auguste VOISIN, médecin de l'hospice de la Salpêtrière. 1879, 1 vol. gr. in-8, xvi-440 p. avec 15 pl. lithographiées et coloriées, graphiques et fac-similé.. 20 fr.

— **Leçons cliniques sur les maladies mentales et sur les maladies nerveuses.** 1883 1 vol. gr in-8 de viii-770 p., avec photographies et figures.. 15 fr.

— **De l'Hématocèle rétro-utérine.** 1860, in-8, 368 p. avec 1 pl 4 fr 50

WEIL (E.). Des vertiges. 1886, in-8........................ 3 fr. 50

WUNDT. Traité élémentaire de physique médicale, par le Dr WUNDT, professeur à l'Université de Heidelberg, traduit avec de nombreuses additions, par les professeurs Monoyer et Imbert. 2e *édition* 1884, 1 vol. in-8 de 704 p. avec 396 fig. y compris 1 pl. en chromolithographie.. 12 fr.

YVAREN. Entretiens d'un vieux médecin sur l'hygiène et la morale. 1882. 1 vol in-18 jésus de 671 p........................ 5 fr.

ZEILLER. Végétaux fossiles du terrain houiller de la France. 1880, 1 vol. in-8, 185 p avec atlas de 18 pl. lith........................ 18 fr.

Tous les ouvrages portés dans ce Catalogue seront expédiés dans les départements, l'Algérie et les pays de l'Union postale, franco, sans augmentation de prix, à toute personne qui en aura envoyé le montant en une valeur sur Paris, en un mandat postal ou en timbres-poste.

Toute personne qui désirera que l'envoi à elle fait soit recommandé à la poste, devra joindre 25 centimes par paquet.

Les médecins ou pharmaciens français qui nous feront une commande d'au moins 100 fr. pourront se libérer en plusieurs paiements, dont un comptant et les autres échelonnés de trois mois en trois mois.

LES MERVEILLES DE LA NATURE

L'HOMME ET LES ANIMAUX

Par A.-E. BREHM

OUVRAGE COMPLET

9 volumes grand in-8 de chacun 800 pages, avec environ 6,000 *figures intercalées dans le texte et 176 planches tirées hors texte sur papier teinté*.............. 99 *fr.*

Chaque volume se vend séparément

Broché .... 11 fr.
Relié en demi-chagrin, plats toile, tranches dorées.............. 16 fr.

LES RACES HUMAINES ET LES MAMMIFÈRES

Édition française par Z. Gerbe

2 vol. gr. in-8, avec 770 figures et 40 planches.................. 22 fr.

LES OISEAUX

Édition française par Z. Gerbe

2 vol. gr. in-8, avec 500 figures et 40 planches.................. 22 fr.

LES REPTILES ET LES BATRACIENS

Édition française par E. Sauvage

1 vol. gr. in-8, avec 600 figures et 20 planches............. ... 11 fr

LES POISSONS ET LES CRUSTACÉS

Édition française par E. Sauvage et J. Kunckel d'Herculais

1 vol. gr. in-8 de 750 p. avec 524 fig. et 20 planches............ 11 fr

LES INSECTES

LES MYRIAPODES, LES ARACHNIDES

Édition française par J. Kunckel d'Herculais

2 vol. gr. in-8, avec 2.060 figures et 36 planches............... 22 fr.

LES VERS, LES MOLLUSQUES

LES ÉCHINODERMES, LES ZOOPHYTES, LES PROTOZOAIRES

ET LES ANIMAUX DE GRANDE PROFONDEUR

Édition française par A.-T. de Rochebrune

1 vol. gr. in-8 avec 1,200 figures et 20 planches............... 11 fr

NOUVEAU DICTIONNAIRE
DE MÉDECINE ET DE CHIRURGIE
PRATIQUES

ILLUSTRÉ DE FIGURES INTERCALÉES DANS LE TEXTE

OUVRAGE COMPLET

RÉDIGÉ PAR

ABADIE, ANGER, BALLET, BALZER, P. BERT, BOUILLY, BRISSAUD, CHATIN, CHAUFFARD, DANLOS, DELORME, A. DESPRES, DIEULAFOY, DUBAR, MATHIAS DUVAL, Alf. FOURNIER, Ach. FOVILLE, T. GALLARD, GOSSELIN, Alph. GUÉRIN, HALLOPEAU, HANOT, HARDY, HERGOTT, HEURTAUX, JACCOUD, JULLIEN, KOEBERLÉ, LABADIE-LAGRAVE, LANNELONGUE, LEDENTU, LETULLE, LÉPINE, LUTON, MAURIAC, MOLLIÈRE, ORÉ, PANAS, PONCET, POULET, PROUST, Jules ROCHARD, RICHET, SCHWARTZ, SCHMITT, SIREDEY, STOLTZ, I. STRAUS, S. TARNIER, VILLEJEAN, A. VOISIN.

Directeur de la rédaction : le Dr JACCOUD

Professeur de clinique médicale à la Faculté de médecine de Paris, médecin de l'hôpital de la Pitié, membre de l'Académie de médecine.

Son titre suffit à indiquer à la fois son but et son esprit.

Son but. C'est de rendre service à tous les praticiens qui ne peuvent se livrer à de longues recherches, faute de temps ou faute de livres, et qui ont besoin de trouver réunis et comme élaborés tous les faits qu'il leur importe de bien connaître; c'est de leur offrir une grande quantité de matières sous un petit volume, et non pas seulement des définitions et des indications précises comme en présente le dictionnaire de Littré, mais une exposition, une description détaillée et proportionnée à la nature du sujet et à son rang légitime dans l'ensemble et la subordination des matières.

Son esprit. Le *Nouveau Dictionnaire* n'est pas une compilation des travaux anciens et modernes; c'est une analyse des œuvres des maîtres français et étrangers, empreinte d'un esprit de critique éclairé et élevé; c'est souvent un livre neuf par la publication de matériaux inédits qui, mis en œuvre par des hommes spéciaux, ajoutent une certaine originalité à la valeur encyclopédique de l'ouvrage : enfin c'est surtout un livre pratique.

Le *Nouveau dictionnaire de médecine et de chirurgie pratiques* se compose de 40 volumes, grand in-8° cavalier, comprenant ensemble 33 000 pages avec 4 000 figures. 400 fr.

Prix de chaque volume de 800 pages 10 fr.

ENCYCLOPÉDIE INTERNATIONALE DE CHIRURGIE

ILLUSTRÉE DE FIGURES INTERCALÉES DANS LE TEXTE

Par GOSSELIN, VERNEUIL, DUPLAY, professeurs à la Faculté de médecine de Paris.
BOUILLY, P. SEGOND, NICAISE, ED. SCHWARTZ, G. MARCHANT, PICQUÉ, chirurgiens des hôpitaux de Paris.
OLLIER PONCET, VINCENT, professeurs à la Faculté de médecine de Lyon.
POINSOT, POUSSON, chirurgiens des hôpitaux de Bordeaux.
MAURICE JEANNEL (de Toulouse), POISSON (de Nantes).
S. STRICKER, professeur à l'Université de Vienne.
ALLINGHAM, MANSELL, MOULIN, R. BARWELL, F. TRÈVES, etc. (de Londres).
H. MORRIS, TH. ANNANDALE (d'Edimbourg).
J. ASHHURST, SOLIS COHEN, PACKARD, NANCRÈDE, WHITE, etc. (de Philadelphie).
VAN BUREN, LEWIS SMITH, STURGIS, J. LIDELL, etc. (de New-York).
ANDREWS (de Chicago), FENWICK (de Montreal), etc., etc.

OUVRAGE COMPLET

7 volumes grand in-8, comprenant ensemble 6,000 pages à 2 colonnes, avec 2,768 figures intercalées dans le texte. . 122 *fr.*
Chaque volume se vend séparément. . . . . 17 *fr.* 50

Tome I *Pathologie chirurgicale generale*, par S Stricker (de Vienne), A. Verneuil (de Paris), Van Buren (de New-York), Mansell Moulin (de Londres), etc. — *Maladies chirurgicales infectieuses et virulentes*, par A. Stillé (de Philadelphie), M. Jeannel (de Toulouse), White et Van Harlingen (de Philadelphie), etc.

Tome II. *Chirurgie générale :* Diagnostic chirurgical, petite chirurgie, chirurgie opératoire, anesthesie et anesthesiques. arsenal de la chirurgie contemporaine, methode antiseptique, pansement ouaté, amputations. chirurgie plastique, par Brinton (de Philadelphie), Gosselin (de Paris), Defontaine (de Paris), Watson Cheyne (de Londres), M. Jeannel (de Toulouse). John Ashhurst (de Philadelphie). G. Poinsot (de Bordeaux), etc. — *Maladies chirurgicales communes aux divers tissus organiques* : Abcès, fistules et phlegmon, contusions, plaies, plaies par armes à feu, ulceres, brûlures, effets du froid, gangrene, par H. Marsh (de Londres), Th. Bryant (de Londres), Conner (de Cincinnati), etc.

Tome III. *Peau, tissu cellulaire, bourses sereuses, muscles lymphatiques, vaisseaux sanguins et nerfs*, par White (de New-York), M. Jeannel (de Toulouse), Lidell (de New-York), R. Barwell (de Londres), Nicaise (de Paris), etc.

Tome IV. *Os, articulations, resections et tumeurs*, par L. Ollier, E. Vincent, Poncet (de Lyon), Packard, Andrews, Barwell, Fenwick, etc.

Tome V. *Tête, yeux, oreilles, bouche, face, nez, dents, cou et rachis*, par Masselon (de Paris), Guerder, Lefferts, Gerard Marchant (de Paris), Brasseur, Lidell, Treves et M. Jeannel (de Toulouse).

Tome VI. *Voies aériennes. thorax, seins*, par M. J. Solis Cohen, E. Le Bec (de Paris), T. Annandale. — *Abdomen, rectum et anus* (parois, ombilic, peritoine, estomac, intestins, foie, rate, pancréas, reins, hernies. obstructions intestinales, hémorroïdes, par H. Morris, L. Picqué (de Paris), Ashhurst et Allingham. — *Orthopedie*, par Barette (de Paris).

Tome VI. *Maladies de la vessie et de la prostate*, par Reg. Harrison. — *Maladies de l'urètre*, par S. Duplay (de Paris). — *Calculs urinaux et calculs vesicaux*, par A. Pousson (de Bordeaux). — *Organes genitaux de l'homme*, par Ed. Schwartz (de Paris). — *Maladies des ovaires*, par Poisson (de Nantes). — *Tumeurs des ovaires*. par P. Segond (de Paris). — *Maladies de l'uterus*. par Bouilly (de Paris). — *Maladies des organes genitaux externes de la femme*, par Picque (de Paris).

Grâce au concours des savants français et etrangers les plus illustres, cet important ouvrage a pu être entièrement acheve en moins de 4 annees, et ses premiers comme ses derniers volumes sont exactement au courant des progrès de la science contemporaine. Il forme le traite le plus complet de pathologie externe et de médecine opératoire.

NOUVEAU DICTIONNAIRE

DE

LA SANTÉ

Illustré de 700 Figures intercalées dans le texte

COMPRENANT

LA MÉDECINE USUELLE, L'HYGIÈNE JOURNALIÈRE, LA PHARMACIE DOMESTIQUE
ET LES APPLICATIONS
DES NOUVELLES CONQUÊTES DE LA SCIENCE A L'ART DE GUÉRIR

Par le Dr Paul BONAMI
Médecin en chef de l'hospice de la Bienfaisance,
Lauréat de l'Académie de médecine.

1 vol. gr. in-8 jésus de 950 pages, à 2 colonnes, avec 700 figures.. 16 fr.

L'attention et la curiosité des gens du monde se portent de plus en plus vers tout ce qui concerne les moyens de prévenir ou de guérir les maladies : c'est à ce public soucieux de sa santé et désireux de connaître les plus récents progrès réalisés par l'hygiène, la médecine et la chirurgie que s'adresse le **Dictionnaire de la santé**

L'ouvrage est illustré de 700 figures choisies avec discernement, d'une exécution parfaite, et semées avec profusion dans le texte, dont elles facilitent l'intelligence et à la clarté duquel elles ajoutent d'une façon très agréable pour les yeux.

Toutes les sciences médicales ont trouvé place dans le **Dictionnaire de la Santé**, parce qu'elles forment un ensemble dont toutes les parties s'éclairent et se complètent mutuellement; mais, tout en restant exact dans le fond, l'auteur s'est attaché à exclure de son langage ces termes à mine rébarbative qui effraient les profanes.

Ce livre sera le guide de la famille, le compagnon du foyer, que chacun, bien portant ou malade, consultera dans les bons comme dans les mauvais jours.

Tours. — Imp. Deslis frères.

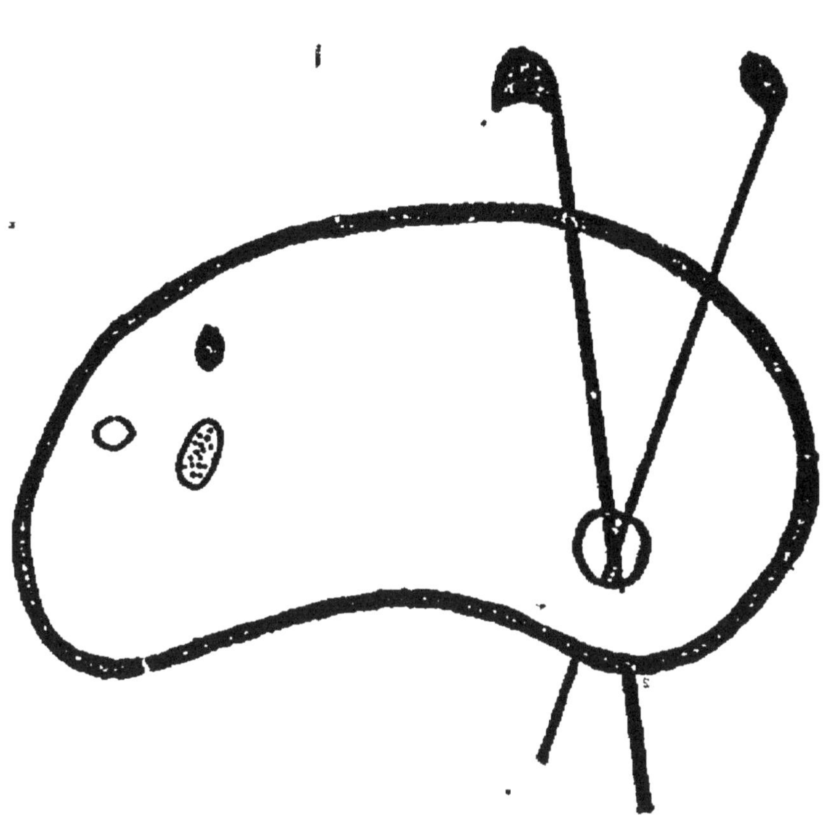

www.ingramcontent.com/pod-product-compliance
Ingram Content Group UK Ltd.
Pitfield, Milton Keynes, MK11 3LW, UK
UKHW012007240726
13965UKWH00001B/213

9 782012 81586